Über dieses Buch

Eine glänzende Idee für eine Feuilleton-Serie wurde zu einem ungewöhnlichen, überaus anregenden Lesebuch: 1977 lud der Feuilletonchef der Frankfurter Allgemeinen Zeitung, Günther Rühle, bekannte Publizisten und Wissenschaftler ein, sich in der Rubrik ›Wiedergelesen‹ unter dem Motto ›Wiederlesen ist Wiedererinnern, und Wiedererinnern ist Neu-Bedenken‹ mit ›Büchern, die das Jahrhundert bewegten‹ nochmals auseinanderzusetzen. Unter diesen Büchern sind Postulate, Prophetien und epochemachende Exegesen, vor allem aber Zeitanalysen und Deutungsversuche künstlerischer und gesellschaftlicher Entwicklungen – etwa Spenglers ›Der Untergang des Abendlandes‹, Landauers ›Aufruf zum Sozialismus‹, Lukács' ›Geschichte und Klassenbewußtsein‹, Bultmanns ›Jesus‹, Sieburgs ›Gott in Frankreich?‹, Gassets ›Der Aufstand der Massen‹, Kracauers ›Von Caligari zu Hitler‹ oder ›Der eindimensionale Mensch‹ von Herbert Marcuse. Zentrale Themen sind Visionen einer neuen Gesellschaft, die Ausdehnung von Technik und Automation, Vermassung und Entseelung, die Schuldverdrängung, politische Krisen und Möglichkeiten der Rebellion.
Die Autoren gehen der Frage nach, was uns diese Bücher heute noch bedeuten können, was an ihnen vergangen ist und was verdient, neu bedacht zu werden. Aus den Antworten entsteht auch ein Spiegel unserer Zeit.

Der Herausgeber

Günther Rühle, 1924 in Gießen geboren, studierte Germanistik, Geschichte und Volkskunde und promovierte mit einer Arbeit über Gryphius. Er ist seit 1960 Mitglied, seit 1974 Leiter der Feuilleton-Redaktion der Frankfurter Allgemeinen Zeitung.

Bücher, die das Jahrhundert bewegten

Zeitanalysen – wiedergelesen

Herausgegeben von Günther Rühle

Fischer
Taschenbuch
Verlag

Fischer Taschenbuch Verlag
Dezember 1980
Ungekürzte Ausgabe
Umschlagentwurf: Jan Buchholz/Reni Hinsch
Fischer Taschenbuch Verlag GmbH, Frankfurt am Main
Lizenzausgabe mit freundlicher Genehmigung des
R. Piper & Co. Verlages, München und Zürich
© R. Piper & Co. Verlag, München und Zürich 1978
Gesamtherstellung: Hanseatische Druckanstalt GmbH, Hamburg
Printed in Germany
980-ISBN-3-596-25008-0

Inhaltsverzeichnis

Im voraus
GÜNTHER RÜHLE
9

Der Erfolg und der Gnadenstand
Max Weber: »Die protestantische Ethik und der ›Geist‹ des
Kapitalismus« (1905)
WOLFGANG J. MOMMSEN
12

Aus dem Geist der Gerechtigkeit
Gustav Landauer: »Aufruf zum Sozialismus« (1911)
IRING FETSCHER
18

Ein Industrieller als Seher und Prophet
Walther Rathenau: »Von kommenden Dingen« (1917)
PETER BERGLAR
25

Die Zukunft als Erwartung
Ernst Bloch: »Geist der Utopie« (1918)
GÜNTER FIGAL
31

Die Zukunft als Dekadenz
Oswald Spengler: »Der Untergang des Abendlandes«
(1918/1922)
PAUL NOACK
37

Wider die rückwärtsgewandten Propheten
Theodor Lessing: »Geschichte als Sinngebung des
Sinnlosen« (1919)
JÖRG VON UTHMANN
43

Warnung vor einem gefährlichen Glück
Karl Barth: »Der Römerbrief« (1922)
JÜRGEN MOLTMANN   48

Verdinglichung und Entfremdung
Georg Lukács: »Geschichte und Klassenbewußtsein« (1923)
SILVIO VIETTA   54

Der Traum vom künftigen Reich
Arthur Moeller van den Bruck: »Das Dritte Reich« (1923)
GÜNTER MASCHKE   61

Mythos und geschichtliche Existenz
Rudolf Bultmann: »Jesus« (1926)
EBERHARD SCHULZ   68

Vom Feind und der Feindschaft
Carl Schmitt: »Der Begriff des Politischen« (1927)
JOHANNES GROSS   75

Eines Siegers Glück und Angst
Friedrich Sieburg: »Gott in Frankreich?« (1929)
FRANÇOIS BONDY   84

Vor dem Horizont der Seinsfrage
Martin Heidegger: »Was ist Metaphysik?« (1929)
JÜRGEN BUSCHE   90

Eros, Tod und Barbarei
Sigmund Freud: »Das Unbehagen in der Kultur« (1930)
LOTHAR BAIER   94

Die Flucht der Eliten
José Ortega y Gasset: »Der Aufstand der Massen« (1930)
WOLF LEPENIES   101

Die Erweckung der Rassenseele
Alfred Rosenberg: »Der Mythus des 20. Jahrhunderts«
(1930)
KURT SONTHEIMER   107

Existentielles Verhalten als Widerstand?
Karl Jaspers: »Die geistige Situation der Zeit« (1931)
KARL KORN   114

Die konservative Apokalypse
Ernst Jünger: »Der Arbeiter« (1932)
GERD-KLAUS KALTENBRUNNER   119

Diagnose des deutschen Schicksals
Helmuth Plessner: »Die verspätete Nation« (1935)
CHRISTIAN GRAF VON KROCKOW   127

Positionen im Trümmerfeld
Reinhold Schneider: »Das Unzerstörbare« (1945)
HERMANN GLASER   132

Die Grenzen des technischen Denkens
Friedrich Georg Jünger: »Perfektion der Technik« (1946)
HELMUT KOHLENBERGER   137

Übergang zur verwalteten Welt
Max Horkheimer/Theodor W. Adorno: »Dialektik der
Aufklärung« (1947)
ALFRED SCHMIDT   142

Deutscher Dämonenspuk auf der Kinoleinwand
Siegfried Kracauer: »Von Caligari zu Hitler« (1947)
WILFRIED WIEGAND   152

Der verlorene Gott und die Künste
Hans Sedlmayr: »Verlust der Mitte« (1948)
EDUARD BEAUCAMP   157

Falscher Alarm
Romano Guardini: »Das Ende der Neuzeit« (1950)
MICHAEL THEUNISSEN   164

Aufruf zur Rettung des dritten Menschen
Alfred Weber: »Der dritte oder der vierte Mensch« (1953)
NICOLAUS SOMBART   169

Der proletarische Bürger
Hans Freyer: »Theorie des gegenwärtigen Zeitalters« (1955)
GÜNTER MASCHKE   177

Der Mensch in der Welt der Geräte
Günther Anders: »Die Antiquiertheit des Menschen« (1956)
MICHAEL SCHWARZE   186

Kulturkritik zwischen Skepsis und Spekulation
Arnold Gehlen: »Die Seele im technischen Zeitalter« (1957)
KARL KORN   193

Die überschätzte Industriegesellschaft
Herbert Marcuse: »Der eindimensionale Mensch« (1964)
WOLF LEPENIES   200

Ein Buch als Gewittervogel
Karl Jaspers: »Wohin treibt die Bundesrepublik?« (1966)
HERMANN RUDOLPH   206

Der Wohlstand und die Schuld
Alexander und Margarete Mitscherlich: »Die Unfähigkeit zu
trauern« (1967)
IVO FRENZEL   212

Nachwort
Das Gesicht des Jahrhunderts
GÜNTHER RÜHLE   218

Die Autoren der Zeitanalysen   241

Die Autoren der Beiträge   263

Im voraus

Dieses Buch ist ein Buch über Bücher, obwohl es nur Aufsätze aus einer Zeitung sammelt. Was es anzubieten hat, ist nicht einmal die Ordnung seines Stoffs unter der Perspektive eines Verfassers, sondern viele Perspektiven vieler Autoren, deren gemeinsames Interesse sich in einer Frage bündeln ließ. Diese war hervorgetrieben von jener Situation Mitte der siebziger Jahre, als das von den verschiedensten Protestbewegungen gegen die staatliche und gesellschaftliche Ordnung erfüllte Jahrzehnt zu Ende ging und mit deren Zerfallsprodukt, dem Terrorismus, viel von der im Jahrhundert gespeicherten Zuversicht abermals in blutige Gewaltakte umschlug. Damals wandte sich der Blick von der Zukunft wieder ins Vergangene, nicht, um das Vergangene zu restaurieren (natürlich gingen auch Restaurateure ans Werk), sondern um zu sehen, wie dieses von Eruptionen und Kriegskatastrophen, Erneuerungsträumen, Hoffnungsschüben und schlimmsten Barbareien erfüllte zwanzigste Jahrhundert sich seinen jeweiligen Zeitgenossen dargestellt hat. Viele wache Beobachter haben die Zeit, in der *sie* lebten, diagnostiziert und der Zeit, die *wir* durchleben, die Prognose gestellt. Andere haben dem Jahrhundert, das ein Lehrstück über historische Psychopathologie ist, durch Einführung neuer Wertsetzungen, Aufrufe zu gesellschaftlichen Veränderungen, die Konstruktion kämpferischer Weltanschauungen oder auch durch Tröstungen zu helfen versucht. All das hat sich in Büchern niedergeschlagen, die charakteristisch für das Jahrhundert sind. Das große »Orientierungs- und Auslegungsgeschäft«, von dem Arnold Gehlen einmal sprach, ist einst von den Theologen und dann von Philosophen betrieben worden. In diesem Jahrhundert haben sich seiner noch Geschichtsphilosophen, aber immer mehr die Soziologen und jener neue Typus des Intellektuellen angenommen, der – von Nietzsche auf den Weg gebracht – aus der Kritik der bestehenden Kultur Funktion und Namen bezog. – Die Kulturkritik hat sich erst in diesem Jahrhundert als eigenständige Disziplin formiert. Dieser Vorgang ist ohne die sozialen Prozesse vor der Jahrhundertwende, den Wandel der Kulturvorstellungen, die Wahrnehmung der gesellschaftlichen Veränderungen von 1918, die zunehmende Konditionierung des Jahrhunderts durch die technische Entwicklung und die ökonomischen Interessen sowie das gleichzeitig mit hervorgebrachte Verlangen nach Verselbständigung und Selbstbestimmung des einzelnen, das aber sogleich mit jenen neuen übergreifenden Kräften in Konflikt geriet, nicht zu erklären. Daraus entstand jene weitgefächerte Literatur von Spengler bis Mitscherlich, die hier Revue passiert. Ihre Fragestellungen ergaben sich aus den jeweils aktuellen Problemen, und die vorgetragenen Analysen, Deutungen, Hinweise, Programme, Anweisungen waren jeweils Antworten, die einmal mehr oder weniger begierig aufgenommen worden sind. Das macht ihren hohen aktuellen Wert aus; ihre Bindung an den jeweiligen historischen Augenblick aber unterwarf sie auch der Ablösung durch neue, folgende Analysen. Anscheinend haben sich nur einige wenige Bücher wie Spenglers »Untergang des Abendlandes«, Moeller van den Brucks »Das dritte Reich« ins Bewußtsein des Jahrhunderts eingegraben oder sind wenigstens als Titel dem Gedächtnis noch gegenwärtig. Doch dieser Schein trügt, wie man aus den zunehmenden Rückgriffen etwa auf das Werk Max Webers, Theodor Lessings oder Carl Schmitts schließen kann. Die Frage also war: Was ergibt sich, wenn wir diese Bücher oder doch wenigstens eine repräsentative Auswahl von ihnen aus dem zeitlichen Abstand noch einmal betrachten und ein großes geistiges Feld zumindest in Andeutungen und Reflexen wieder sichtbar machen? Kann man die Probleme, die politischen wie die zivilisatorischen und geistigen von damals wiedererkennen und aus vergangenen Zeitanalysen noch Gewinn für heute ziehen? Ergibt sich wieder der Überblick über den Argumentations- und Problemzusammenhang, unter dem das Jahrhundert sich zu verstehen und zu verständigen suchte? Und: was wirkt noch in uns?

Solches Fragen ist, fängt es einmal an, bald aus auf Systematik, auf Darlegung des komplexen Zusammenhangs zwischen den Fragen und Antworten, den Situationen und den Schreibern. Und die Versuchung zu solcher Erwartung ist um so größer, als es eine Geistesgeschichte dieses Jahrhunderts, die eben diese das Jahrhundert charakterisierende Verschlingung von philosophischen, theologischen, historischen, politisch-weltanschaulichen, technischen und sozialen, nicht zuletzt kulturkritischen Positionen zur Grundlage hätte, noch nicht oder nur in monoperspektivischen Versuchen wie Lukács' »Zerstörung der Vernunft« gibt.

So ist die Aufsatzfolge in diesem Buch der zögernde und prüfende Versuch einer Orientierung durch Wiederbegegnung mit Büchern, die einst spürbare Wirkungen auf die Anschauungen ihrer Zeitgenossen und ihres Zeitalters gehabt haben. Die Aufgabe war, dem heutigen Leser zu sagen, was diese Bücher einmal bedeuteten, warum sie so wirken konnten, was heute noch richtig und vielleicht wert ist, erinnert zu werden, was von der Zeit verschlungen und – zu Recht oder Unrecht – um seine einstige Bedeutung gebracht wurde. Möglich wäre, aus der heutigen Antwort der »Wiederlesenden« selbst etwas über den gegenwärtigen Standort auszumachen. Es wäre der ideale Fall. Aber auf solcher Idealität konnte die Unternehmung nicht bestehen, erwies sich doch in vielen Fällen, wie schwierig manchem seine Wiederbegegnung mit einem Buch geworden ist, sei es, daß er es noch in der Verklärung der früheren Rezeption in sich aufgehoben hatte und sie nun beim Wiederlesen nicht mehr wiederfand oder daß er seinen Inhalt so verdrängt hatte, daß die wieder- oder neuentdeckte Substanz ihn irritierte und er unserem Unternehmen absagte. So enthält das Buch Annäherungen, auf jeden Fall subjektive Reaktionen verschiedensten Grades. Die Annäherungen verstehen sich als Anregungen zum eigenen Wiederlesen dieser Bücher, deren Lektüre sich heute im allgemeinen auf die wissenschaftlichen Seminare beschränkt hat. Das erscheint uns als zu enger Kreis, denn immer meinten diese Bücher unser Leben, unsere Gedanken, unsere Welt. So ist in dem hier versuchten Rückblick auch eine Absicht auf Wiederherstellung der historischen Wahrnehmung versteckt. Wiederlesen ist Wiedererinnern, und Wiedererinnern ist Neu-Bedenken. – Sollte einer der Leser von der Lektüre auf das Medium, in dem die »Aufsätze« erschienen, das Feuilleton der »Frankfurter Allgemeinen Zeitung«, schließen wollen, so hätte er eine zusätzliche Perspektive auf kulturelle Arbeit heute.

Frankfurt/M., im Juni 1978   g. r.

Der Erfolg und der Gnadenstand

Max Weber: »Die protestantische Ethik und der ›Geist‹ des Kapitalismus« (1905)

WOLFGANG J. MOMMSEN

Max Webers berühmte Aufsätze über »Die protestantische Ethik und der Geist des Kapitalismus« haben bereits bei ihrem ersten Erscheinen im Jahre 1905 großes Aufsehen gefunden und eine wissenschaftliche Kontroverse ausgelöst, die zumindest im Bereich der Sozialwissenschaften und der Geschichtswissenschaften bis zur Gegenwart andauert. Seine These, daß der moderne industrielle (wie man zum Zwecke der Präzision hinzufügen muß) Kapitalismus eine Frucht protestantischer Religiosität oder, genauer, der puritanischen Askese ist, steht in vieler Hinsicht am Anfang moderner sozialwissenschaftlicher Forschung zum Thema der nichtökonomischen Antriebskräfte und Vorbedingungen ökonomischen Handelns. In ihrer allgemeinen Form war diese These gar nicht einmal so neu: auch bei Marx konnte man schon finden, daß die industrielle Revolution in erster Linie vom puritanischen Bürgertum hervorgebracht worden sei. Ebenso war es schon zu Webers Lebzeiten eine verbreitete Meinung, daß die protestantische Religiosität für die Ausbildung des modernen Systems einer marktorientierten Erwerbswirtschaft günstige Voraussetzungen geboten habe, obgleich es natürlich, wie auch Max Weber immer wieder betont hat, kapitalistische Aktivitäten aller Art längst vor der Reformation und außerhalb des Einflußbereiches des Protestantismus gegeben hat.

Webers Argumentation faszinierte die Zeitgenossen und bis in unsere Gegenwart hinein die Forschung ebenso wie das allgemeine Publikum, weil sie den Zusammenhang zwischen religiöser Gesinnung und wirtschaftlicher Aktivität in die Form einer stringenten idealtypischen Korrelation kleidete, die weit über den konkreten Gegenstandsbereich hinaus aussagekräftig war und, wie man zeigen kann, auch heute noch aussagekräftig ist, ganz unabhängig davon, ob alle von ihm vorausgesetzten Prämissen heute noch als haltbar angesehen werden können. Die ursprünglich rein »äußerlich«, also an ausschließlich religiösen Vorstellungen orientierte Sorge der Puritaner um ihr Seelenheil gab, so argumentiert Weber, den Anstoß für die Ausbildung einer spezifischen Form von methodisch-rationaler Lebensführung, die alle Energien des einzelnen in den Dienst des eigenen Berufes stellt und ihn demnach zu innovatorischen Leistungen von revolutionierender Kraft befähigt.

Die bange Frage, ob der einzelne gemäß dem uneinsehbaren und unbeeinflußbaren Ratschluß des allmächtigen Gottes zu ewiger Seligkeit auserwählt sei, veranlaßte die Puritaner zu beständiger Selbstprüfung, ob ihr Leben den strikten moralischen Normen der puritanischen Religiosität genüge; zugleich sahen diese in konsequenter Pflichterfüllung innerhalb des Berufslebens ein Unterpfand auch der eigenen religiösen Bewährung. Beruflicher Erfolg, so schien es, war nicht nur ein Mittel, um den beständigen Versuchungen des Alltags aus dem Wege zu gehen und damit Gottes Geboten gemäß zu leben, sondern zugleich ein Indiz für den eigenen Gnadenstand, schien doch das Wohlwollen Gottes im diesseitigen Leben auch für das Jenseits gesteigerte Hoffnungen zuzulassen.

Diese, wie Max Weber selbst zu betonen nicht müde wurde, sich von den ursprünglichen Intentionen der reformatorischen Lehre Luthers und Calvins durchaus weit entfernende Umdeutung der puritanischen Lehre hat nach Max Weber den Anstoß zur Ausbildung einer spezifischen »Sozialethik« gegeben, die als eine der wesentlichen Voraussetzungen für die Entstehung des industriellen Kapitalismus angesehen werden muß und die den besonderen Charakter der kapitalistischen Kultur ausmacht. Die Identifikation des Individuums mit der eigenen Arbeit und deren Resultaten, unabhängig von der Frage, welche unmittelbaren Genüsse man aus dem Ertrag derselben zu ziehen vermöge, erscheint bei Weber als entscheidende Vorbedingung kapitalistischen Wirtschaftens schlechthin, zumindest während der Entstehungsphase des modernen Kapitalismus. Ohne das rastlose Streben des Unternehmers nach Vermehrung seines Gewinns, unter beständiger Kapitalakkumulation, übrigens bei häufig höchst bescheidener persönlicher Lebensführung, und ohne die Bereitschaft der Arbeiterschaft, ihre formal freie Arbeitskraft nicht nur auf dem Arbeitsmarkt anzubieten, sondern auch über die unmittelbare Bedürfnisbefriedigung hinaus einzusetzen, hätte sich nach Weber das System des modernen, hochdifferenzierten, extrem arbeitsteiligen rationalen industriellen Kapitalismus gegen die Übermacht traditionalistischer Wirtschaftsformen nicht durchsetzen können. Damit kommt ein Motiv ins Spiel, das, wie immer man seinen genauen Ursprung bestimmen mag, primär außerökonomischen Ursprungs ist, also nicht aus den Bedingungen des wirtschaftlichen Reproduktionsprozesses selbst abgeleitet werden kann.

In einer geistigen Situation, in der wir uns daran gewöhnt haben, das System des industriellen Kapitalismus im wesentlichen für eine Selbstverständlichkeit zu halten, und in der wir, aller krisenhaften Phänomene zum Trotz, im allgemeinen auf die Fähigkeit des ökonomischen Systems des Kapitalismus setzen, die innerhalb desselben auftretenden Mängel selbsttätig zu heilen, verdienen diese Thesen aufs neue unsere Aufmerksamkeit.

Im Zusammenhang der Frage nach den Möglichkeiten der Übertragung westlicher Technologie und des westlichen gesellschaftlichen Systems auf die Staaten der dritten Welt haben die Überlegungen Webers immer schon eine bedeutende Rolle gespielt; insbesondere die amerikanische Modernisierungstheorie mißt seiner These, daß bestimmte geistige Einstellungen und eine auf die Optimierung individueller Leistungen ausgerichtete Berufsethik notwendige Voraussetzungen für die Entfaltung des industriellen Kapitalismus darstellen, erhebliche Bedeutung zu. Im Kontext der europäischen Entwicklung selbst aber haben wir lange auf die immanente Steuerungskraft des industriellen Kapitalismus vertraut und den nichtökonomischen Voraussetzungen, aber auch den kulturellen Auswirkungen des industriellen Kapitalismus weit weniger Aufmerksamkeit geschenkt, als angemessen gewesen wäre.

Die große Periode des »Wirtschaftswunders« nach 1948 schien uns sowohl der Notwendigkeit kritischen Hinterfragens wie der positiven Rechtfertigung der bestehenden Wirtschafts- und Sozialordnung zu entheben. Die studentische Rebellion der 60er Jahre und die dann folgenden Rezessionen, verbunden mit strukturellen Veränderungen des weltwirtschaftlichen Systems, die an die Stelle der neokapitalistischen Euphorie der 50er und 60er Jahre Ernüchterung treten ließen, zeigten deutlich, daß die Existenz des industriellen Kapitalismus, auch von der kommunistischen Herausforderung abgesehen, letzten Endes so selbstverständlich auch wieder nicht ist.

Max Webers Analyse der Entstehung des Kapitalismus ist bekanntlich äußerst zwiespältigen Charakters. Einerseits wird der Kapitalismus als jene ökonomische Formation begrüßt, die den spezifischen bürgerlichen Werten, insbesondere den Ideen der individuellen Leistung und der persönlichen Selbstverwirklichung im Beruf, das materielle Fundament gegeben hat; andererseits wird gezeigt, daß dieser neue Typ gesellschaftlicher Organisation schwere Gefahren für die Freiheit des Individuums und für die Zukunft der Menschheit überhaupt in sich birgt. (Dies wird nicht dadurch aufgehoben, daß Weber gleichzeitig darauf verwies, daß durch eine Sozialisierung der Produktionsmittel die Lage nur verschlimmert werden würde.)

In fast apokalyptischen Formulierungen, die sich ihrer Herkunft nach als eine Kreuzung marxistischen und Nietzscheschen Denkens beschreiben lassen, bezeichnete Weber den modernen industriellen Kapitalismus als eine Form gesellschaftlicher Organisation, die den einzelnen mit unwiderstehlicher Gewalt zwingt, sich in sein Räderwerk einzufügen und sich gleichsam in eine »Erwerbsmaschine« zu verwandeln, unter Gefährdung der Fundamente seiner menschlichen Existenz. »Der Puritaner wollte Berufsmensch sein – wir müssen es sein.« In der Tat gleicht Webers Beschreibung »jenes mächtigen Kosmos der modernen, an die technischen und ökonomischen Voraussetzungen mechanisch-maschineller Produktion gebundenen Wirtschaftsordnung, die heute den Lebensstil aller einzelnen« ». . . mit überwältigendem Zwange bestimmt . . .«, in vieler Hinsicht den Analysen von Marx. Weber sah die reale Möglichkeit gegeben, daß innerhalb des »stahlharten Gehäuses« des voll entfalteten Kapitalismus »mechanisierte Versteinerung« und dürftige Mittelmäßigkeit herrschen könnten, während die sublimen Kulturwerte eines wahrhaft menschlichen Daseins verkümmern oder aber in die gesellschaftlich folgenlose und unverbindliche Privatsphäre abgedrängt würden.

Aus der Distanz eines halben Jahrhunderts läßt sich sagen, daß Max Webers düstere Voraussagen, die er übrigens späterhin in eine weit vorsichtigere Sprache gekleidet hat, über das Ziel hinausgeschossen sind. Der industrielle Kapitalismus westlichen Typs hat sich bis heute als ein bemerkenswert geschmeidiges Gebilde erwiesen und einstweilen jedenfalls nicht jene Zwangsläufigkeit an den Tag gelegt, die Weber ihm zumindest langfristig zuschrieb. Jedoch sind gerade jene Elemente des aufsteigenden Kapitalismus, die Weber als besonders positiv bewertete – der Zwang zur Rationalisierung im Rahmen eines möglichst unbeeinträchtigten Marktes, die uneingeschränkte Geltung des Leistungsprinzips und der Chancengleichheit anstelle von ererbten Privilegien, die durchgängige Identifikation des einzelnen mit seinem Beruf, die Maximierung ökonomischer und gesellschaftlicher Mobilität dank beständigen dynamischen wirtschaftlichen Wachstums –, in der Gegenwart entscheidend geschwächt worden oder gar in Verruf geraten.

Hat nicht der industrielle Kapitalismus unter heutigen Verhältnissen einen großen Teil seiner rationalisierenden Aggressivität eingebüßt? Ist nicht die Idee des Null-Wachstums angesichts wachsender ökologischer Probleme und sich verknappender Ressourcen populärer denn je? Und ist uns nicht gutenteils das Bewußtsein dafür verlorengegangen, daß die kapitalistischen Produktionsmethoden nicht an und für sich funktionieren, sondern nur im Rahmen eines gesellschaftlichen Systems, das die positiven, aber auch die negativen Konsequenzen der kapitalistischen Produktionsweise für den Menschen beständig reflektiert und damit zu neutralisieren vermag? Das Netz der Daseinsvorsorge des modernen Sozialstaats ist doch weitgehend äußerlich und hat, obschon es die Individuen vor akuter Not bewahrt, durchaus auch nachteilige Auswirkungen auf den einzelnen als einer selbstverantwortlichen, freien Persönlichkeit. Gerade der augenscheinliche Erfolg der deutschen Wirtschaft in den 50er und 60er Jahren hat uns für fundamentale Probleme dieser Art vielfach blind gemacht, zumal sich gleichzeitig ein romantischer Marxismus vieler Köpfe bemächtigte, der die »Entfremdung« des Menschen ohne Ansehung der realen technologischen und wirtschaftlichen Probleme überhaupt mittels eines irrationalen Sprungs in eine angeblich »herrschaftsfreie« Gesellschaft der Zukunft zu schaffen versprach.

Gerade in dieser Hinsicht vermag Max Webers »Protestantische Ethik« neue Perspektiven zu erschließen, auch wenn sie in einer Periode der Entwicklung des kapitalistischen Systems konzipiert wurde, die der unseren nicht mehr voll entspricht. Unsere äußerlich wie innerlich weitgehend säkularisierte, aber ihres überkommenen Selbstvertrauens teilweise beraubte Kultur hat sich daran gewöhnt, die verschiedenen Subsysteme gesellschaftlichen Handelns reinlich auseinanderzuhalten und möglichst gegeneinander zu isolieren. Religion und wirtschaftliche Aktivität, persönliche Werthaltungen und Verwertung der menschlichen Arbeitskraft innerhalb des industriellen Systems, systemimmanentes Handeln und Zukunftsorientierung werden meist sorgfältig voneinander getrennt. Die wachsende Differenzierung der Produktionsverhältnisse hat, so scheint es, ihr Äquivalent in der wachsenden Parzellierung menschlicher Seins- und Ausdrucksformen gefunden.

Auch wer Webers Thesen zur Entstehung des Kapitalismus aus dem Geiste des Puritanismus nicht zu folgen vermag, aus Gründen wissenschaftlicher oder persönlicher Art, wird in seinen Aufsätzen zur »protestantischen Ethik und zum Geist des Kapitalismus« ein exemplarisches Ausbrechen aus der Engstirnigkeit hochspezialisierter, ihren eigenen metawissenschaftlichen Voraussetzungen entfremdeter Forschung finden, das zur Nachahmung – in vielleicht ganz andersartiger Weise – anzuregen vermag. Die Kraft dieses Denkers, der die für den Menschen bedeutsamen Elemente moderner ökonomischer und gesellschaftlicher Strukturen in meisterlicher Form aufzuspüren und im Geiste eines zutiefst liberalen, dabei aber absolut nüchternen Menschenbildes kritisch zu durchleuchten verstand, ist – wie immer man über die konkreten Einzelergebnisse seiner weitgespannten Forschungen (die als Ganzes hier nicht Gegenstand unserer Betrachtungen sein können) urteilen mag – bis heute ungebrochen.

Zu dem Zeitpunkt, als Weber sich der Erforschung der Ursprünge des modernen industriellen Kapitalismus zuwandte und damit zugleich einem zentralen Moment des säkularen Rationalisierungsprozesses, der die Geschichte des Westens wesentlich bestimmt hat, war die Vorherrschaft des Okzidents in der Welt noch ungebrochen; in der Gegenwart ist Europa längst in die Defensive geraten. Dies mag ein geeigneter Moment sein, sich der Wurzeln der eigenen Kraft in historischem Rückblick neu zu vergewissern. Zugleich sollten wir uns immer wieder neu Rechenschaft über die Gefahren geben, die einer freiheitlichen Gesellschaft von den ökonomischen und gesellschaftlichen Subsystemen drohen, sofern sie sich selbst überlassen und der Herrschaft angeblicher Sachzwänge anheimgegeben werden. In beiderlei Hinsicht darf Webers soziologisches Werk, sowenig es jemals fertige Formeln geprägt hat, als ein zuverlässiger Wegweiser dienen.

Aus dem Geist der Gerechtigkeit

Gustav Landauer: »Aufruf zum Sozialismus« (1911)

IRING FETSCHER

Gustav Landauer gehört zu den vielen unschuldigen Opfern der Gegenrevolution. Am 2. Mai 1919, einen Tag nach der Niederwerfung der 2. Münchener Räteregierung, wurde er von einer aufgehetzten Soldateska ermordet. Seine letzten Worte sollen gelautet haben: »Erschlagt mich doch! Daß Ihr Menschen seid!«. Unter den freiheitlichen deutschen Sozialisten war Landauer der leidenschaftlichste Gegner der Gewalt, der idealistische Anwalt einer Erneuerung aus dem Geiste der Gerechtigkeit. Er wurde von denen getötet, für deren Befreiung er zeitlebens eingetreten war. Er, der die Proletarier vom verrohenden Druck einer inhumanen Umwelt entlasten wollte, wurde das Opfer eben jener brutalen Roheit. Ein deutscher Jude, der in prophetischem Aufschwung eine tiefe Schicksalsgemeinschaft von Juden und Deutschen annahm, ohne freilich deren Schwierigkeiten zu übersehen, wurde das Opfer antijüdischer Hetze und agitatorisch erzeugter Verwirrung des Geistes.

Man kann Landauers »Aufruf zum Sozialismus« nicht lesen, ohne an die sympathische Gestalt des Autors und an sein Schicksal zu denken. Aber man kann nicht umhin, heute abermals – wie schon sein Herausgeber Heydorn 1967 – die Frage zu stellen, was bleibt?

Viele Redewendungen und Schlagworte, die Landauer 1911 noch unbefangen anwendet, sind in der Zwischenzeit durch den Mißbrauch, den Nazis und andere mit ihnen getrieben haben, fragwürdig und schal geworden. Man muß sie als zeitbedingte Schwäche überlesen; es läßt sich wohl nicht ganz leugnen, daß Landauer an einer kulturellen Entwicklung teil hat, deren antiwestliche, antizivilisatorische, fortschritts- und technikfeindliche Tendenz, so berechtigt sie uns seit der ökologischen Krise erscheinen mag, unheilvolle Konsequenzen für die deutsche Bevölkerung gehabt hat. Manche Sätze könnte ich nicht ohne Unbehagen zur Kenntnis nehmen: »Wo Volk ist, ist ein Keil, der vorwärts drängt, ist ein Wille; wo ein Wille ist, ist ein Weg« (S. 59). »Keinerlei Technik, keinerlei Virtuosität wird uns Heil und Segen bringen; nur aus dem Geiste, nur aus der Tiefe unsrer inneren Not und unsres inneren Reichtums wird die große Wendung kommen, die wir heute Sozialismus nennen« (S. 66). »Wir sind ein Volk, das wieder aufwärts schreiten kann . . . wir sind das Volk, das nur zu retten, nur zur Kultur zu bringen ist durch den Sozialismus« (S. 68). Freilich wäre es ungerecht, wollte man aus solchen Zitaten folgern, Landauer habe die Volksgemeinschaftsideologie der Nazis inspiriert. Seine »sozialistische Erneuerung aus dem Geist« bleibt nicht so inhaltsleer wie die nazistische. Er spricht von der sozialen Gerechtigkeit, ruft zur Bildung von Wirtschafts-Gemeinden, von produzierenden und konsumierenden Genossenschaften auf und ist ein erklärter Feind allen expansiven Nationalismus und Imperialismus. Was an Gemeinsamkeiten – zum Beispiel mit den »linken Leuten von Rechts«, auf die er zweifellos eingewirkt hat, vorhanden ist, könnte gerade *das* sein, was noch immer ernst genommen zu werden verdient.

Hauptinhalt seines Aufrufs ist eine *Auseinandersetzung mit dem Marxismus.* Vieles, was Landauer hier sagt, kann man als eine Kritik am Kautskyanischen Marxismus, wie er damals die deutsche Sozialdemokratie beherrschte, ohne weiteres akzeptieren. Ein differenzierteres Marxverständnis gab es aber 1911 noch nirgends. Marxismus, das ist für Landauer ein pseudowissenschaftlicher *Entwicklungsglaube.* Der echte Sozialismus kann eine Wissenschaft sein, weil er schöpferisch Neues zu verwirklichen trachtet, ein Ideal realisieren möchte. Er ist ein moralisches Sollen, aber kein naturgesetzliches Müssen (S. 81). Landauer bekennt sich zum moralisch-wertenden Charakter seines Aufrufs und nimmt für ihn – im Gegensatz zum Marxismus – keinen Wissenschaftscharakter in Anspruch. »Wir sind Dichter; und die Wissenschaftsschwindler, die Marxisten, die Kalten, die Hohlen, die Geistlosen wollen wir wegräumen, damit das dichterische Schauen, das künstlerisch konzentrierte Gestalten, der Enthusiasmus und die Prophetie die Stätte finden, wo sie fortan zu tun, zu schaffen, zu bauen haben; im Leben . . . für das Mitleben, Arbeiten und Zusammensein der Gruppen, der Gemeinden, der Völker« (S. 86).

Der Hauptirrtum des Marxismus ist nach Landauer die Unterstellung, daß die Entwicklung des Kapitalismus gleichsam zwangsläufig den Sozialismus heraufführen helfe. Insbesondere kritisiert er die Annahme, daß bereits innerhalb des Kapitalismus die »Produktion vergesellschaftet« sei, daß – wenn einmal der Zentralisationsprozeß des Kapitals weit genug fortgeschritten und die Zahl der Kapitalmagnaten auf ein Minimum gesunken sei – die Revolution nur noch in der Enteignung dieser kleinen Minderheit zu bestehen habe.

»Das ist die wahre Lehre von Karl Marx: wenn der Kapitalismus ganz und gar über die Reste des Mittelalters gesiegt hat, ist der Fortschritt besiegelt und der Sozialismus so gut wie da« (S. 92). »Diesem *Kapitalsozialismus* stellen wir unsern Sozialismus gegenüber und sagen: der Sozialismus, die Kultur und der Bund, der gerechte Austausch und die freudige Arbeit, die Gesellschaft der Gesellschaften kann erst kommen, wenn ein Geist erwacht . . . und wenn dieser Geist fertig wird mit der Unkultur, der Auflösung und dem Niedergang, der wirtschaftlich gesprochen Kapitalismus heißt« (S. 92f). Hier tauchen überraschende Ähnlichkeiten mit dem neuesten französischen Antimarxismus von links auf. Auch für Bernhard-Henri Lévy und André Glucksmann ist der Marxismus unzulänglich, nicht weil er antikapitalistisch, sondern weil er noch immer viel zu kapitalistisch ist. Vermutlich gibt es über Ernst Niekisch (den Lévy erwähnt) sogar Verbindungen.

Die Kapitalismuskritik bei Landauer ist nicht – wie die Marxsche und marxistische – primär eine Kritik des ökonomischen Systems und seiner Krisenanfälligkeit, sondern eine Kritik am »Geist« des Kapitalismus, an seiner Vulgarität, Bestialität und Profitorientiertheit. Viele zeitgenössische Linke dürften von dieser moralisierenden Argumentation heute stärker angezogen werden als von der wissenschaftlichen von Marx. Das hängt damit zusammen, daß jedenfalls in den hochindustrialisierten Gesellschaften die materielle Not zumindest in der krassen Form wie in der Vergangenheit kein Problem mehr ist. Wir leiden nicht – wie Marx annahm – unter der Einschränkung der Produktion als solcher, unter dem Erlahmen der kapitalistischen Dynamik, sondern eher umgekehrt unter dem Zwang zu ständiger Ausweitung der industriellen Erzeugung bis über die Grenzen der Umweltbelastbarkeit hinaus und unter der Qualität der Produkte, die oft keinem sinnvollen Bedarf, sondern nur der kurzfristigen Befriedigung künstlich geweckter (schädlicher) Bedürfnisse dienen. Und hier berührt Landauer in der Tat ein Problem, um das sich erst in allerjüngster Zeit einige oppositionelle Marxisten (z. B. in Ungarn) zu kümmern beginnen: »Hat sich denn je«, so fragte er 1911, »ein Marxist um diese große, entscheidende Frage gekümmert, *was* für den Weltmarkt produziert, was an die Konsumenten verschlissen wird? Immer haftet ihr Blick nur an den äußeren . . . oberflächlichen Formen der kapitalistischen Produktion . . .« (S. 97).

Diese Blindheit für die Fragen der konkreten Gestalt der Produktion rührt nach Landauer von der »grenzenlosen Verehrung des Gevatters Fortschrittler für die Technik« her, von der Begeisterung für die industrielle Großproduktion. Wegen dieser Begeisterung für den technologischen Fortschritt (»für den Dampf«) akzeptiere der Marxismus auch die Konzentration in Riesenbetrieben und überantworte leichten Herzens den Klein- und Mittelbetrieb dem Untergang. Entsprechend dieser technizistischen Fortschrittsgläubigkeit optiere er auch für den zentralisierten Einheitsstaat und lehne den Föderalismus wie die selbständigen kleinen Genossenschaften als Organisationsform des Sozialismus ab. Was Landauer als Inbegriff der barbarisierenden Tendenzen des Industriekapitalismus erscheint, wird von Marx und Engels geradezu als Zukunftsideal im »Kommunistischen Manifest« beschworen: »Gleicher Arbeitszwang für alle, Errichtung industrieller Armeen, besonders für den Ackerbau« (S. 100). Auch hier nimmt er wieder Gedanken von André Glucksmann vorweg, der in seinen »Les Maître-Penseurs« die These aufstellt, das »Archipel Gulag« sei kein Entartungs-, sondern ein konsequentes Endprodukt des Marxismus, der den Sozialismus in Form eines bürokratischen Staatskapitalismus konzipiert habe. Die Gefahr der bürokratischen Öde eines sozialistischen Zukunftsstaates (S. 104) habe Marx einfach nicht gesehen.

Im Zusammenhang mit seiner Kritik an der Technikgläubigkeit des Marxismus gelangt Landauer – eher nebenbei – zu einer Art Vorwegnahme der Spenglerschen Kultur-Zyklentheorie. Er meint nämlich, der »wirkliche Fortschritt der Technik« hänge mit der »Niedertracht der Zeit« zusammen und bilde gleichsam mit ihr »die tatsächliche materielle Grundlage für den ideologischen Überbau . . . die Utopie des Entwicklungssozialismus der Marxisten« (S. 105). Die Technik schreite insbesondere in »Zeiten des Verfalls, der Individualisierung des Geistes und der Atomisierung der Massen« voran (ebd.). Ganz ähnlich sollte Spengler 1918 in seinem »Untergang des Abendlandes« den technischen Fortschritt zivilisatorischen Spät- und Niedergangsphasen einer Kultur zuordnen. Wobei freilich Spengler (und nach ihm Ernst Jünger) diese Entwicklung als ein Fatum heroisch bejaht und sich in ihr einzurichten empfiehlt, während Landauer zum Widerstand aufruft.

Träger seines idealen Sozialismus ist keine spezifische Klasse, sondern zumindest anfangs nur eine kleine Anzahl »Einsamer, Abgesonderter«, zu »denen Volk und Gemeinschaft . . . geflüchtet sind« (S. 105). Von diesen wenigen Sensiblen werde der Widerstand ausgehen und sich ausbreiten durch Wort und vorbildliche Tat. Nur sie vermögen eine wirkliche Alternative dem Kapitalismus und dem praktisch seelenverwandten Staatssozialismus gegenüberzustellen. Dem »Kapital-Staats-Proletariats-Sozialismus der Marxisten« (S. 109) könne nur ein anarchistischer, bündischer, föderaler Sozialismus entgehen, wie ihn Proudhon und Kropotkin geahnt hätten. Hier münden Landauers Gedanken in bekanntes Proudhonsches Gedankengut ein, das in Frankreich 1871 und zumindest unterschwellig auch 1968 eine Rolle gespielt hat. Der Sozialismus muß von unten, durch kleine Gruppen aufgebaut werden. Weder die Eroberung der Staatsmacht, noch der Sieg der Gewerkschaften könnten das Ziel realisieren, nur der Aufbau einer neuen Organisationsform der Produktion und Konsumtion und die Beseitigung des zentralistischen Staates können einen Ausweg weisen. – Im Kontext seiner kritischen Würdigung der Gewerkschaften erörtert Landauer ausführlich den Zusammenhang von Lohn und Preis und liefert unerwartet Argumente für eine Niedriglohnpolitik: »Bei steigenden Löhnen steigen die Preise unverhältnismäßig hoch . . . Es ergibt sich: auf die Dauer und im Ganzen muß der Kampf der Arbeiter in ihrer Rolle als Produzenten die Arbeiter in ihrer Wirklichkeit als Konsumenten schädigen« (S. 121). Innerhalb der kapitalistischen Wirtschaft gibt es keine dauernde Verbesserung der Lage. Eine bemerkenswerte Schwäche seiner Argumentation über ökonomische Fragen ist übrigens die Ausklammerung der Investitionsfrage, die auch bei der Diskussion des Mehrwertproblems nicht erwähnt wird.

Auffallend aktuell sind dagegen wieder Landauers Bemerkungen zur Bedeutung der Arbeitszeitverkürzung und zur Notwendigkeit der Bildung im Interesse der Entfaltung besserer Nutzungschancen der Freizeit. Energisch lehnt er in diesem Zusammenhang »eine sogenannte sozialistische Kunst oder Wissenschaft oder Bildung« (S. 128) ab und meint: »Es ist ein großer Fehler, an dem alle marxistischen Richtungen Anteil haben, daß in den Kreisen der Arbeiter alles Stille und Ewige mißachtet und nicht gekannt ist, während dagegen das Agitatorische und das oberflächliche Tagesgeschrei überschätzt wird« (S. 129). Als Beispiel solcher »stillen« Literatur, die für die zu emanzipierenden Menschen wichtiger sei als Agitationstraktate, zitiert Landauer die Erzählungen *Adalbert Stifters*.

Es genügt aber nicht, die Freizeit zu verlängern. Wenn die arbeitenden Menschen wirklich befreit werden sollen, dann muß die Art und Weise ihrer Tätigkeit sich ändern, dann müssen sie in kleinen, überschaubaren Produktionseinheiten selbst über ihre Tätigkeit bestimmen, und dann werden sie u. a. auch eine völlig *andere Technik* entwickeln als die heutige, die »ganz im Banne des Kapitalismus steht« (S. 134). Auch hier wirft Landauer den Marxisten eine sträfliche Blindheit vor, weil sie außer acht lassen, »wie gründlich sich . . . die Technik der Sozialisten von der kapitalistischen . . . unterscheiden wird«. Unter dem Zwang der stets wachsenden industriellen Großproduktion müsse heutzutage sogar der Unternehmer leiden, der genötigt sei, um auf dem Weltmarkt konkurrenzfähig zu bleiben, immer mehr und immer kostspieligere Maschinen zu erwerben (hier kommt über die technologische Seite das Investitionsproblem doch noch zur Sprache). Um aber die massenhaften Produktionsmittel nutzen zu können, werde immer mehr »Schundluxus fürs Proletariat« (S. 136) erzeugt.

Am schwächsten ist Landauers Aufruf in seinem letzten, praktischen Teil. Hier plädiert er 1. für die Aufhebung des Grundeigentums, wobei als erster Schritt der Ankauf von Grund und Boden für agrarische Produktiv- und Konsum-Genossenschaften ins Auge gefaßt wird, 2. für die Einführung eines Schwundgeldes nach Silvio Gesell, durch das die ausbeuterischen Funktionen des Geldes unmöglich gemacht und die Zirkulation beschleunigt würde, 3. für einen »Bund selbständig wirtschaftender und untereinander tauschender Gemeinden« (S. 166), die sozusagen innerhalb der kapitalistischen Wirtschaft eine rasch wachsende Insel bilden, auf der sich der »sozialistische Geist« entwickelt.

Der »Geist«, der immer wieder als Schlüsselbegriff bei Landauer auftaucht, ist am ehesten mit Hegels »objektivem Geist« vergleichbar. Er soll die Verbindung stiftende Größe sein, die mit dem Zerfall gewachsener Gemeinschaften am Ende des Mittelalters verlorenging und durch die beiden äußeren, verdinglichten Surrogate, Kapital und Staat, ersetzt wurde. Während in den modernen Gesellschaften eine Masse isolierter Individuen zwangsweise durch Kapital und Staat zusammengehalten und in Verbindung gebracht wird, werde in einer wirklich sozialistischen Gemeinde »der Geist« wechselseitiger Hilfsbereitschaft, Liebe und Gerechtigkeit herrschen.

Während Landauer mit gutem Grund viele Züge des Kautsky-anischen Marxismus kritisiert, stellt er – ohne es zu wissen – an anderen Stellen Aspekte des Marxschen Denkens heraus, die erst seit der Rezeption des frühen Marx allgemein bekannt geworden sind. So spricht er z. B. von den verdinglichten Beziehungen zwischen den Menschen, vom Götzencharakter des Geldes (S. 177), von entfremdeter Arbeit und davon, daß »was immer die Arbeiter, was irgendein Mensch im Gefüge des Kapitalismus tut, alles ihn nur immer tiefer und fester in die kapitalistische Verstrickung verwickelt« (S. 165). Auch wenn er betont, daß das Kapital »kein Ding« ist, sondern eine spezifische Beziehung von Personen, trifft er sich, ohne es zu wissen, mit Marx. Die Grenzen seines Marxverständnisses werden aber insbesondere dort deutlich, wo er die Mehrwertlehre oder die »bitterböse Verdoppelung der Dingwelt« erwähnt, von der es bei ihm heißt: ». . . als ob es außer der einen und einzigen Bodenwelt auch noch die Kapitalwelt als Sache gäbe . . .« (S. 173). Hier berührt sich Landauer mit Proudhon, der gleichfalls außerstande war, den erkenntnistheoretischen Status ökonomischer Kategorien richtig zu bestimmen.

Als Eugen Leviné die Führung der Münchner Räteregierung übernommen und eine Diktatur errichtet hatte, die sich gegen die anstürmenden Militärs verteidigen mußte, schrieb ihm Landauer: »Ich verstehe unter dem Kampf, der Zustände schaffen will, die jedem Menschen gestatten, an den Gütern der Erde und der Kultur teilzunehmen, etwas anderes als Sie. Der Sozialismus, der sich verwirklicht, macht sofort alle schöpferischen Kräfte lebendig . . . Es liegt mir fern, das schwere Werk der Verteidigung, das Sie führen, im geringsten zu stören. Aber ich beklage aufs Schmerzlichste, daß es nur noch zum geringsten Teil mein Werk, ein Werk der Wärme und des Aufschwungs, der Kultur und der Wiedergeburt ist, das jetzt verteidigt wird« (zit. nach der Einleitung von Heydorn, S. 22). Der Kommunist Edwin Hörnle hat 1919 Gustav Landauer und Ernst Toller wenigstens bescheinigt, daß sie ehrlich und begeistert gewesen seien, als »klare Köpfe« aber erschienen ihm lediglich Rosa Luxemburg und Eugen Leviné.

Landauer ist als praktischer Politiker gescheitert, aber in seinem »Aufruf zum Sozialismus« hat er oft genug mit genialem Blick Tendenzen und Probleme erkannt, die erst viel später – in der Ära Stalins und im Neomarxismus – diskutiert wurden. Sozialisten wie Nichtsozialisten können noch immer von ihm lernen – auch wenn uns allen sein expressionistischer Stil fremd geworden ist. Ein unorthodoxer Marxist wie Ernst Bloch wäre ein guter Gesprächspartner für Landauer gewesen.

Ein Industrieller als Seher und Prophet

Walther Rathenau: »Von kommenden Dingen« (1917)

PETER BERGLAR

»Dieses Buch handelt«, so beginnt Walther Rathenaus Schrift
»Von kommenden Dingen« aus dem Jahre 1917, »von materiellen
Dingen, jedoch um des Geistes willen. Es handelt von Arbeit, Not
und Erwerb, von Gütern, Rechten und Macht, von technischem,
wirtschaftlichem und politischem Bau, doch es setzt und schätzt
diese Begriffe nicht als Endzwecke.« Das klingt schwungvoll, auch
heute noch, und es machte damals gespannt auf die Ausführungen, die diesem nüchtern-visionären Auftakt folgten.

Der Autor: Walther Rathenau, 1867 in Berlin geboren, war ein
allgemein bekannter Mann. Als Sohn des AEG-Begründers Emil
Rathenau hatte er in führenden Positionen der Industrie- und
Bankwelt seinen Weg auf den gesellschaftlichen Höhen des wilhelminischen Deutschland zurückgelegt. Audienzen beim Kaiser,
Beziehungen zu Kanzlern, Ministern, Staatssekretären und Gene-
rälen, aber auch zu Dichtern, Malern und Theaterleuten, halb-
und dreivierteloffizielle Sonderaufgaben in wirtschaftlich-politi-
schen Grenzzonen hatten nicht gefehlt. Zu Beginn des Krieges war
er der führende Kopf der neugeschaffenen »Kriegsrohstoffabtei-
lung« im Kriegsministerium gewesen, und er betrachtete sich, zu
Recht, als der Schöpfer und Organisator der deutschen Kriegswirtschaft, als der Vater der Rohstoffbewirtschaftung, der systemati-
schen Produktionsplanung und Ersatzstofffabrikation. Seit 1915, in
der Nachfolge seines Vaters, an der Spitze der AEG, stand er
mindestens so im Lichte der Öffentlichkeit wie heute ein Wolff
von Amerongen, Beitz oder Schleyer. Doch diesen gegenüber kam
bei ihm noch ein weiterer wesentlicher Umstand hinzu: Rathenau
sah sich selbst als einen Mann des geistigen Schöpfertums, er
fühlte sich, auch wenn er perfekt die Bescheidenheitsattitüde
beherrschte, als universaler Denker, als Weiser der Zeit und
Künder der Zukunft. Daß er schon seit mehr als einem Jahrzehnt
regelmäßig und über die verschiedensten Themen für Zeitungen

und Zeitschriften schrieb, darunter auch, meist pseudonym, für Maximilian Hardens »Zukunft« – erschien ungewöhnlich, paßte nicht zum Bild eines Wirtschaftsmagnaten und erregte ebensosehr bewundernde wie auch abschätzige Reaktionen.

Zwischen 1912 und 1917 hatte der AEG-Chef über die Tagespublizistik hinausgestrebt; 1912 in seinem ersten großen Buch »Zur Kritik der Zeit«, einer heute noch lesenswerten Bestandsaufnahme Deutschlands und Europas am Vorabend des Ersten Weltkriegs, dann 1913 in seinem – wie er fest überzeugt war – philosophischen Hauptwerk »Zur Mechanik des Geistes oder vom Reich der Seele«, in welchem er ein eklektizistisch-synkretistisches Gebräu vorlegte, eines jener vielen chiliastischen Opera des europäischen Geistes, in dem neben Plato, den Chassidim und deutschem Idealismus auch Darwin und Haeckel ihr Wort durch Rathenaus Mund sprechen. Den Durchbruch aber für den Schriftsteller Rathenau brachte erst das im Februar 1917 erschienene Buch mit dem suggestiv wirkenden Titel, das eine Art von Reliefkarte der künftigen Welt, halb Vollzugsplan, halb Prophetie, zu entwerfen unternahm. Es erlebte allein bis 1925 über siebzig Auflagen in Einzelausgaben, sieben im Rahmen der Gesammelten Schriften. Es wurde in viele Sprachen übersetzt und weltweit rezensiert und diskutiert. Die Leserschaft des Buches reichte von der bündischen Jugend bis zur Wirtschaftsprominenz und seine Beurteilung von Schmähungen aus »völkischen« Kreisen bis zur fachmännischen Auseinandersetzung.

Fragt man sich, worauf dieser Erfolg beruhte, so wird man, zumindest hinsichtlich der deutschen Leserschaft, eine Antwort im Blick auf die Lage in jenem Erscheinungsjahr 1917 finden. Deutschlands Hoffnungen auf einen schnellen Sieg hatten sich zerschlagen, die auf einen Sieg überhaupt begannen zu wanken; mehr oder minder resigniert hatte man sich auf lange Kriegsdauer mit anschließendem »Unentschieden« eingestellt. Zwar hielten sich ermutigende Impulse (wie die Berufung Hindenburgs und Ludendorffs an die Spitze der Kriegsführung 1916, die Entscheidung für den unbeschränkten U-Boot-Krieg und der Ausbruch der Russischen Revolution im Frühjahr 1917) und schwere Depressionen (wie die Ablehnung des Friedensangebots der Mittelmächte 1916, die Kriegserklärung der USA und das Scheitern der päpstlichen Friedensmission 1917) einander noch in etwa die Waage. Doch veränderten in der gleichen Zeit zunehmender Hunger und Mangel, einsetzende Kriegsbeendigungspropaganda, die enttäuschende Osterbotschaft des Kaisers, welche immer noch keine Demokratisierung und Parlamentarisierung des Reiches gebracht hatte, die Abspaltung des radikalen SPD-Flügels als USPD (= Unabhängige Sozialdemokratische Partei Deutschlands) sowie das Ende des parteilichen »Burgfriedens« im Reichstag das innenpolitische Klima des Landes nachhaltig. Hin- und hergerissen zwischen den heterogensten Antrieben, Empfindungen, Plänen, Sehnsüchten und Ängsten, bildeten die bürgerlichen Intelligenzschichten, vorzüglich weite Bereiche der Jugend, ein breites Publikum, das nach Deutung und Führung, nach Ansporn neuer Hoffnungen und Proklamation neuer Ziele verlangte.

Genau dieser Mischung der Wünsche entsprach »Von kommenden Dingen«. Da erhob ein Industrieller seine Stimme, ein Pragmatiker, ein Mann der Produktionsziffern und Bilanzen, ein Preuße und Jude, erhob sie in der Sprache der Weisen und Seher.

Im ersten Teil des Buches, überschrieben »Das Ziel«, diagnostizierte Rathenau klar und scharf die soziale Wirklichkeit seiner Gegenwart, als deren beklemmendsten Teil er das Proletariat, »den proletarischen Zustand« der kapitalistischen Gesellschaft, erkannte. Die Änderung oder gar Behebung dieses unwürdigen Zustandes erwartete er nicht vom »Dogma des Sozialismus«, nicht vom Marxismus Kautskyscher Interpretation, den er als »flach« und als »ein Produkt bürgerlicher Gesinnung« durchschaute – dazu noch als die ungewollt, aber dialektisch notwendige »stärkste Stütze von Thron und Altar und Bürgertum: indem (jenes Dogma) mit dem Gespenst der Expropriation den Liberalismus schreckte, so daß er alles freie und eigene Denken fahren ließ und hinter den erhaltenden Mächten Schutz suchte«. Seine grundsätzliche Verwerfung des parteilich-dogmatischen Sozialismus sprach Rathenau absichtlich gleich zu Anfang des Buches aus. Von vornherein soll der Leser wissen, daß ihm hier eine Alternative zu Marx geboten wird, zu dem »gewaltigen und unglücklichen Menschen«, der »so weit irrte, daß er der Wissenschaft die Fähigkeit zuschrieb, Werte zu bestimmen und Ziele zu setzen«. Anders als Max Weber unterschied Rathenau in »Von kommenden Dingen« nicht zwischen sittlichen Wertungs- und wissenschaftlich-rationalen Erkenntnisakten, sondern zwischen intuitiven und intellektuellen Wertungs- und Erkenntniswegen.

Schon in der »Kritik der Zeit« (1912) hatte Rathenau ausgesprochen, daß der Kapitalismus so lange fortbestehen werde wie die Mechanisierung, deren Wirtschaftsform er sei – also auf unabsehbare Zeit. An diese Auffassung knüpfte er jetzt wieder an. Er warf dem Sozialismus vor, nur den Weg »der unmittelbaren Stillung« (der Proletarierwünsche) zu suchen und diese von der Aufteilung oder von der Verstaatlichung des Kapitals zu erwarten. Beides aber, so sagte er, heißt, »das Gesetz des Kapitals in seiner gegenwärtig entscheidenden Hauptfunktion, nämlich als desjenigen Organismus, der den Weltstrom der Arbeit nach den Stellen des dringendsten Bedarfs lenkt«, zu verkennen. Gleich Marx erkannte Rathenau, daß der Kern des Kapitalismus-Problems Kapital*macht* heißt – doch im Verständnis dessen, worin diese Macht besteht, drang er tiefer als der Trierer. Das hochspezifizierte Machtsystem des Kapitalismus beruht *nicht* auf der Tatsache des Besitzes an Produktionsmitteln als solchen, sondern es beruht auf der Behandlung der Arbeit als *Ware*.

Gerade hierin aber stimmen Marx und der Kapitalismus ja überein: auch Marx sah die Arbeit als Ware. Die Arbeit zur Ware erklären, um die zwischen den beiden Gruppen, den Eigentümern der Arbeits*kraft* und den Eigentümern der Arbeits*mittel*, gefeilscht wird, heißt tatsächlich den Kapitalismus verharmlosen, ja sogar indirekt unterstützen und den Sozialismus versimpeln und degradieren – weshalb denn Spengler Karl Marx den »Stiefvater des Sozialismus« genannt hat.

Rathenau hat – darin Spengler ähnlich – die Arbeit als Ethos und den Sozialismus als Lebenshaltung postuliert und den moralischen Gemeinschaftscharakter der wirtschaftlichen Welt herausgestellt: »Wirtschaftlich betrachtet ist die Welt . . . eine Vereinigung Schaffender; wer Arbeit, Arbeitszeit oder Arbeitsmittel vergeudet, beraubt die Gemeinschaft. Verbrauch ist nicht Privatsache, sondern Sache der Gemeinschaft, Sache des Staates, der Sittlichkeit und Menschheit . . . Der Sinn aller Erdenwirtschaft ist die Erzeugung idealer Werte. Deshalb ist das Opfer materieller Güter, das sie erfordern, nicht Verbrauchsaufwand, sondern endgültige Erfüllung der Bestimmung. Deshalb scheiden alle echten Werte der Kultur aus der ökonomischen Erwägung; sie sind . . . nicht Mittel und Rechnungsgrößen, sondern Wesenheiten aus eigenem Recht.«

In solch ethischer Betrachtungsweise wird der »proletarische Zustand« als weit mehr denn als bloßes Besitzproblem deutlich: an der Wurzel des Proletariertums liegt nicht die Armut, sondern die *Ohnmacht*. Ihr aber kann nicht mit Umverteilung der Güter, sondern nur mit Wandel der Eigentumsgesinnung begegnet werden.

Dieser Wandel hin auf Versittlichung von Besitzform und

-anwendungen muß sich, nach Rathenau, in drei – freiwilligen oder verordneten – Verzichten beziehungsweise Verpflichtungen vollziehen: in der Beseitigung des Monopolismus, in der Einschränkung der Erblichkeit des Besitzes und in der Unterbindung eines übermäßigen und ungehemmten Luxus. Diese drei Forderungen lassen sich unter die eine leitende Überzeugung Rathenaus von der Treuhänderfunktion des Staates für die Wirtschaft subsumieren: »Im Staate darf und soll nur einer ungemessen reich sein: der Staat selbst. Aus seinen Mitteln hat er für die Beseitigung aller Not zu sorgen. Verschiedenheit der·Einkünfte und Vermögen ist zulässig, doch darf sie nicht zu einseitiger Verteilung der Macht und der Genußrechte führen.«

Abgesehen davon, daß hier die tiefe innere Verwandtschaft von politischer Romantik des frühen neunzehnten und dem Sozialismus des späten neunzehnten Jahrhunderts wieder einmal zu greifen ist – es dürfte heute wohl keine politische Gruppe in der Bundesrepublik wagen, diesen Postulaten prinzipiell und offen zu widersprechen.

Ausgehend von seiner Meinung, daß die Wirtschaft die Politik bestimme, hat Rathenau in »Von kommenden Dingen« die künftige staatliche Ordnung folgerichtig aus der neuen, der ethischen Wirtschaftsgesinnung abgeleitet. Allerdings legte er seine kühnsten Gedanken hierüber erst in späteren Schriften nieder, was damit zusammenhängt, daß in den Sommermonaten des Jahres 1916, in denen er am letzten Abschnitt seines Buches arbeitete, die Beseitigung der Monarchie noch nicht ernsthaft zur Debatte stand – schon gar nicht für ihn, der ein zwiespältiges, von Anziehung und Abstoßung gleichermaßen geprägtes Verhältnis zu ihr besaß. So bleibt, was Rathenau in seinem »Bestseller« über den Staat sagt, weit hinter den ungefähr gleichzeitigen Schriften Friedrich Naumanns und Max Webers zurück; ein Neu-Aufguß von romantischer Staatslehre, von Adam Müller und oberflächlich interpretiertem Hegel. Doch war es gerade diese Verquollenheit, die vielen Menschen, vor allem jungen, damals ermöglichte, den Edel-Sätzen (»Die dreifache Verantwortung: den göttlichen, den inneren und den staatlichen Mächten gegenüber, schafft jenes wundervolle Gleichgewicht der Freiheit, das nur dem Menschen beschieden ist und ihn zum Grenzbewohner des planetaren Reiches erhebt«) ihre eigenen Selbstfindungsversuche zuzuordnen.

Rathenaus Demokratieverständnis, wie es sich in »Von kommenden Dingen« darbietet, war weniger das der Ideen von 1776 und 1789, das sich in der westlichen Welt und nach dem Zweiten

Weltkrieg in der Bundesrepublik durchgesetzt hat, als das eines Othmar Spann, ja, wenn man will, eines Franco. Er wollte zwar nicht das Volksvertretungsprinzip in toto treffen, wohl aber seine parteien-parlamentarische Ausformung, wenn er schrieb: ». . . im wesentlichen geht die Gesetzgebung von der Regierung aus, während die Volksvertretung dauernd in Formen der Kontrolle und Bewilligung sich in die Geschäfte der Exekutive mischt . . . Vorwiegend verschlechtern sie die Gesetzesentwürfe und stören die Verwaltung . . . Gedacht sind die Parlamente als Organe der Beratung: das Volk im verkleinerten Abbild und Auszug bearbeitet seine Geschäfte.« Beim Lesen solcher Stellen, denen sich viele ähnliche anreihen ließen, fühlt man sich in die Frühzeit des Konstitutionalismus, etwa zwischen 1820 und 1848, zurückversetzt.

Gleichsam »in scribendo« rückte Rathenau, der sowohl von seiner beruflichen Stellung wie von seinem Naturell her ein »Liberaler« war, vom Liberalismus immer weiter ab. Am Schreibtisch löste er sich innerlich von der AEG, von Harden, vom Milieu des Berliner Automobilclubs und des Großbürgertums, um, beschattet vom Genius loci seines Preußenschlosses Freienwalde – wo er Nachbar Bethmann Hollwegs war –, im Geiste die Straße von Manchester zum Potsdam Friedrich Wilhelms I. zurückzugehen: »Es festigt sich die Vorstellung, daß der Staat nicht als Kostgänger der Privaten mit einem notdürftigen Zehnten abzufinden ist, sondern, daß er nach freiem Bedarf über Besitz und Einkommen seiner Glieder verfügt.«

Es ist schwer zu glauben, das Buch »Von kommenden Dingen« könne wieder einen Aktualitätswert gewinnen, dergestalt, daß daraus Schlüsse und Handlungen für unsere Gegenwart abzuleiten wären. Seine Bedeutung ist historischer Art – doch darin groß: es verrät als Autor einen phänomenal vielgestaltigen *Darsteller* seiner Zeit, in den alle Facettierungen und Berechnungen dieser Zeit eingegangen sind. Die Vielzahl der »Rollen«, die Rathenau verkörperte, der Umfang seines Repertoires entsprachen dem gewaltigen Umwälzungsprozeß der Epoche. »Von kommenden Dingen« – das war und das ist eine unbestimmte Summenformel, die aber gerade deshalb fasziniert.

Die Zukunft als Erwartung

Ernst Bloch: »Geist der Utopie« (1918)

GÜNTER FIGAL

»Eine neue deutsche Metaphysik« – dieses Urteil der Schriftstelle-
rin Margarete Susman sprach aus, was Ernst Blochs »Geist der
Utopie« für viele zeitgenössische Leser bedeutete. Das Buch,
geschrieben in den Jahren 1915 bis 1917 und 1918 in der ersten von
insgesamt drei Fassungen erschienen, begründete den Ruhm seines Verfassers. Ein anderer Rezensent nannte es »ein wertvolles,
wenn nicht das wertvollste Dokument überhaupt dieser Zeit«, und
diese Beurteilung legt nahe, das Werk als Gedankenbild der
Situation zu begreifen, in der es geschrieben wurde. Sein doku-
mentarischer Charakter liegt aber weniger darin, daß es, mit Hegel
gesagt, seine Zeit in Gedanken faßt; Bloch bezieht sich zwar auf die
Situation seiner Zeit und ihre intellektuelle Verarbeitung, auf
kulturpessimistische Verfallstheorien, deren bekannteste Spenglers »Untergang des Abendlandes« war, und auf die Endzeitbilder
des Expressionismus in Dichtung und Malerei, aber er will mehr
als deren Diagnose liefern. Weil sein Buch zu einer Zeit, die
gekennzeichnet ist durch die Schwierigkeit, Perspektiven eines
sinnvollen, also vernünftigen Lebens und Handelns zu entwickeln,
Gegenentwurf sein wollte, war es bedeutend. Unter dem Eindruck
der Katastrophe des ersten Weltkrieges nahm es das beherrschen-
de Motiv der expressionistischen Kunst auf: die Forderung nach
einem neuen, gegen die fremd und bedrohlich empfundene Welt
sich behauptenden Menschen. Diesem Motiv verschaffte es philosophische Geltung. Das traf genau auf die Erwartungen eines
durch den Expressionismus geprägten Leserpublikums. In dem
mit »Absicht« überschriebenen Einleitungstext heißt es: »Hier
nun aber, in diesem Buch, setzt sich genau ein Beginn, neu ergreift
sich das unverlorene Erbe; . . . kein feiges Als Ob, kein wesenloser
Überbau, sondern es hebt sich über allen Masken und abgelaufe-
nen Kulturen das Eine, stets Gesuchte, die eine Ahnung, das eine
Gewissen, das eine Heil«. Wie nun versteht Bloch diesen immen-

sen Anspruch seines Buches, von dem Walter Benjamin schrieb, es sei das einzige, »an dem ich mich als an einer wahrhaft gleichzeitigen und zeitgenössischen Äußerung messen kann«, einzulösen? Diese Frage stellt sich dem heutigen Leser, dem gerade der Messianismus Blochs keine unmittelbar einleuchtende Botschaft mehr ist.

Die Themen, die im »Geist der Utopie« abgehandelt werden, sind vielfältig und auf den ersten Blick vielleicht disparat. Der Meditation über einen alten Krug folgt eine Theorie des Ornaments, dieser eine umfangreiche Philosophie der Musik; das Kapitel über »die Gestalt der unkonstruierbaren Frage« vereinigt geschichtsphilosophische, systematische, vor allem auf Kant, Hegel und Kierkegaard bezogene Gedanken mit solchen über Christologie, Sexus und das Tragische. Der abschließende Teil mit dem barocken Titel: »Karl Marx, der Tod und die Apokalypse oder über die Weltwege, vermittelst derer das Inwendige auswendig und das Auswendige wie das Inwendige werden kann« ist eine theologische Revolutionstheorie. Diese Vielfalt soll jedoch nicht Disparatheit sein, sondern im Zusammenhang deutlich gemacht werden; der Anspruch des »Geistes der Utopie« geht auf ein philosophisches System. Ein solches aber braucht einen Kern, eine ursprüngliche Einsicht, von der her es konstruierbar ist. Nach der philosophischen Tragfähigkeit dieser Einsicht bei Bloch müssen wir fragen.

Blochs ursprüngliche Einsicht ist der Gedanke von der Dunkelheit des gelebten Augenblicks. Diese Formel hat im wesentlichen zwei Bedeutungsmomente: Zum einen ist sie individuell gemeint, auf das erfahrene Subjekt bezogen. Die Gegenwart kann nicht erlebt werden: »Erst unmittelbar danach kann ich solches (das Erlebte G. F.) vor mich hinhalten, es gleichsam vor mich drehen«. Nur vergangene Erlebnisse und Erfahrungen können Gegenstand des Denkens sein. Aber in dem Vergangenen kommt das lebendige Subjekt selbst nicht mehr vor; zwar sind es *seine* Erlebnisse und Erfahrungen, die es nun denken oder auch träumen kann, aber sie haben sich von ihm abgelöst und geben ihm keinen Aufschluß mehr über seine Lebendigkeit, über die eigentümliche Verfaßtheit seines Denkens und Wollens. Diesen Gedanken nun, und das ist das zweite Bedeutungsmoment der Formel, überträgt Bloch auf allgemeinere Zusammenhänge, auf die »Tatsachenlogik« der Einzelwissenschaften, auf gesellschaftliche Verhältnisse und Kulturen; er bildet damit das Muster seiner Wissenschafts-, Gesellschafts- und Kulturkritik. Ebenso wie dem einzelnen erfahrenden

Subjekt ergeht es der Wissenschaft, die ihre Gegenstände nur in einem leeren Schematismus zu fassen bekommt und sie darin eben verfehlt, der modernen Gesellschaft, die sich in ihren Produkten nicht wiedererkennt, einer Kultur, die vergebens versucht, vermittels ihrer Geschichte eine Identität auszubilden. Das Vergangene bleibt in allen diesen Fällen auf, wie Bloch sagt, »spukhafte Weise« an die Gegenwart gebunden. Diese findet sich in ihm nicht, kommt aber genausowenig von ihm los. Deutlich spricht aus solchen Gedanken die Zeiterfahrung, derzufolge die Welt so, wie sie ist, nicht wirklich sein kann, sondern nur Chimäre: Totentanz, wie Otto Dix und George Grosz sie dargestellt haben, und mythisierte Technik, deren Bild etwa aus Fritz Langs »Metropolis« bekannt ist.

In diesen Erfahrungszusammenhang stellt Bloch seine Theorie einer wirklich gelingenden Selbstbegegnung; sie entspricht der Übertragung der individuellen Selbsterfahrung auf allgemeinere, komplexere Bereiche. Gelingende Selbstbegegnung findet im Hoffen statt. Bezogen auf das Individuum ist Hoffen Wachtraum, entgegengesetzt dem Nachttraum, in dem nur das abgelebte Vergangene wiederkehrt. Bloch bezieht sich damit ausdrücklich auf die Psychoanalyse Sigmund Freuds, aber deren Technik einer Aufarbeitung des Vergangenen traut er keinen Erfolg hinsichtlich einer wirklichen Selbstbegegnung zu. Das heißt auch, die Aufarbeitung der Geschichte, die Anstrengungen, gesellschaftliche Produkte wieder vertraut zu machen, bringen keine Lösung, keine Perspektive auf vernünftiges gesellschaftliches Handeln und auf die erfolgreiche Identität einer Kultur mit sich selbst. Diese Perspektive erscheint ihm nur möglich in einer Verallgemeinerung des Wachtraums. Prinzipiell genommen bedeutet Wachtraum mehr als nur Wunschdenken; er ist die Dimension, in der das Gegenwärtige sein Ziel, seine Bestimmung erfährt. Die Verallgemeinerung des Wachtraums führt zum Gedanken der Entelechie.

Indem das erfahrende Subjekt im Wachtraum seiner Möglichkeiten gewahr wird, begibt es sich aus der Dunkelheit des erlebten Augenblicks in einen Prozeß, der seine Vollkommenheit im Sinne seiner vollständigen Realisierung zum Ziel hat; auch die Vergangenheit ist in diesen Prozeß einbegriffen. Die Lehre des Aristoteles von der Entelechie, von der Kraft des Seienden, seine Möglichkeiten zu verwirklichen und damit im Endeffekt erst ›es selbst‹ zu werden, ist als Prinzip das Fundament, auf dem Bloch seine Philosophie der Hoffnung entwickelt. Ist der Gedanke von der

Dunkelheit des gelebten Augenblicks der Kern, die ursprüngliche Einsicht des »Geistes der Utopie«, so ist Entelechie die Denkweise seines Gegenentwurfs. Das wird besonders deutlich an der Philosophie der Musik. Die Musik ist für Bloch Ausdruck des Noch-Nicht-Seienden, der noch ausstehenden Möglichkeiten der Menschen und der Welt, weil sie zwar Bedeutung zu haben scheint, aber noch nicht wie eine Sprache verständlich ist: »Der Ton ›spricht‹ noch nicht, er ist überdeutlich genug, aber noch kann ihn niemand ganz verstehen«. Ziel der Entelechie ist der gelungene, vollständig transparent gewordene Ausdruck. Daran zeigt sich, wie sehr der »Geist der Utopie« in seiner philosophischen Systematik den Kunstprogrammen des Expressionismus verhaftet bleibt. Die Kraft des Lebendigen, seine Möglichkeiten zu realisieren, ist Ausdruckskraft, und für diese ist die Welt, wie sie ist, ungeliebte, aber um so wirkungsvollere Voraussetzung. Die in der Meinung Blochs entfremdete technische Welt, Ursache des – gesellschaftlich – gelebten dunklen Augenblicks, bleibt gleichberechtigt und von dieser unangetastet neben der »großen Expression« stehen. Auch das Vergangene kommt nur in den Blick, soweit es Zeugnis der Ausdruckskraft ist. Bloch vernachlässigt nicht nur, daß ein wesentlicher Teil der modernen Kunst Auseinandersetzung mit der technischen Welt ist; er verstellt auch zugleich die Möglichkeiten der Kunst, in dieser Auseinandersetzung Medium einer höchst realen Selbstbegegnung des Menschen zu sein. Statt dessen bleiben wie in der spätantiken Gnosis die schlechte, aber wirkliche Welt und der Gegenentwurf unvermittelt zueinander.

Das gilt auch für die Revolutionstheorie des »Geistes der Utopie«. Erst in einer sozialistischen Gesellschaft, so heißt es, wird der Gegenentwurf der Utopie »konkret«; aber die konkrete Utopie ist nicht gleichbedeutend mit der Errichtung dieser Gesellschaft: »Was wirtschaftlich kommen soll, ist bei Marx bestimmt, aber dem neuen Menschen . . . ist hier noch nicht die wünschenswerte Selbständigkeit in der endgültigen sozialen Ordnung zugewiesen«. Die Endgültigkeit dieser Ordnung steht in merkwürdigem Kontrast zu der Offenheit der Selbstbegegnung, durch die Utopie charakterisiert wird. Bloch setzt die Theorie von Marx und die nach ihren Prinzipien zu errichtende ökonomische Ordnung genauso voraus wie die Welt, zu der der verallgemeinerte Wachtraum Gegenentwurf sein sollte. Die Marxsche Konzeption wird damit jeder kritischen Diskutierbarkeit entzogen, und die Welt wird selbst da nicht wirklicher, wo sie nicht mehr bedrohlich ist.

Die Unverbundenheit von realer Welt und Ausdruck macht auch verständlich, wieso Bloch in der eingangs zitierten Passage sagen konnte, hier, in diesem Buch, setze sich ein Beginn, der Beginn der wirklichen Selbstbegegnung des Menschen nämlich. Indem die Philosophie z. B. die Musik auf ihre Entelechie hin interpretiert, wird sie zum Organ des verallgemeinerten Wachtraums. Für Bloch ist Philosophie Ausdruckskraft. Dieser Ausdruckscharakter der Philosophie, in Verbindung mit dem Anspruch, System zu sein, Theorie des Ganzen, hat wohl in der Hauptsache die Wirkung des »Geistes der Utopie« begründet. Das Buch mußte eindrucksvoll für alle jene Intellektuellen sein, denen die strengen, methodisch orientierten Studien des Neukantianismus akademisch vorkamen und denen andererseits die von Nietzsche inspirierten Kulturpessimismen aus guten Gründen als irrational verdächtig waren; dazu kam noch, daß die Kritik der politischen Ökonomie von Marx hier in eine sie umgreifende Philosophie des Ganzen integriert zu sein schien. Diese Integration störte allerdings auch Blochs Verhältnis zum orthodoxen Marxismus. Für Georg Lukács war »Geist der Utopie« Anlaß, sich von dem Freund philosophisch zu distanzieren.

Der Ausdruckscharakter des Buches markiert auch die Grenze seiner Wirkungsmächtigkeit. Wo Philosophie Ausdruck ist, hat sie ihre Berechtigung in sich selbst und muß sich nicht mehr in der Diskussion mit anderen Theorien und in der kritischen Analyse der Wirklichkeit ausweisen. Die Sprache des »Geistes der Utopie« war anders als die aus zeitgenössischen philosophischen Werken vertraute, anders als etwa die Sprache von Georg Simmel oder Emil Lask. Auf sie und ihre poetische Tradition allein stützt sich Blochs Anspruch, einen Neubeginn zu setzen, nicht auf rationale Kritik. In einer kritischen Analyse wäre z. B. die Übertragung individueller Erfahrung auf allgemeinere Zusammenhänge, aus der Bloch seine suggestivsten Formulierungen bezieht, nicht zu halten. Individuelles Bewußtsein hat eine andere Struktur als Wissenschaften, Gesellschaften oder Kulturen. Bereits Benjamin, der nicht im Bann des Expressionismus stand und schärfer dachte, hat von den »ungeheuren Mängeln« des Buches gesprochen; aus der Perspektive der Gegenwart ist es gerade in der Art, wie es seinen Anspruch, Gegenentwurf zu sein, umsetzt, nicht mehr als das Dokument eines Versuches expressionistischer Philosophie.

Wenn man die Offenheit der neuen Möglichkeiten, auf deren Darstellung Bloch die Philosophie verpflichten wollte, heute ernst nimmt, dann ist Philosophie als Ausdruck sicher kein geeigneter

Weg. Ansätze wie die subtile Wissenschaftskritik Paul Feyerabends oder auf andere Weise der ethnographisch orientierte
Strukturalismus von Claude Lévi-Strauss scheinen da verbindlicher. Beide Theorien versuchen, Offenheit zu erreichen, indem sie
zeigen, daß kein System, sei es Theorie oder Kultur, das Recht hat,
sich als allein gültig und verbindlich zu behaupten; in beiden
Fällen geschieht das durch Analyse und Kritik, also durch ein
genaues Sicheinlassen auf die Wirklichkeit. Für den »Geist der
Utopie« aber ist diese Wirklichkeit nur die Dunkelheit des gelebten
Augenblicks.

Die Zukunft als Dekadenz

Oswald Spengler: »Der Untergang des Abendlandes« (1918/1922)

PAUL NOACK

Ist von Spenglers »Untergang des Abendlandes« mehr geblieben als ein zwölfhundert Seiten langes Schlagwort? 1918 ist der erste Band erschienen, 1922 der zweite. 1917 war der »Untergang des Abendlandes« ein Durchhaltewerk, 1922 ein Trost für die Erschöpften. Die Resonanz, die das Buch damals in Deutschland fand, erklärt sich sicher nicht aus Spenglers Kulturmorphologie, sondern daraus, daß hier die deutsche Niederlage mit dem Untergang des Westens gleichgesetzt werden durfte. Nicht die eigene Schuld hatte die Niederlage heraufbeschworen; hier war klar: Die deutsche Entfaltung war von der Geschichte verhindert worden.

Spengler liebte die weltgeschichtliche Betrachtungsweise; sie war weder neu noch originell. Doch wie es so oft ist: Erst in der Vergröberung (so wie sich später im Faschismus der Darwinismus zum Sozialdarwinismus vergröberte) wurde sie wirksam. Was Spengler entwarf (und vor ihm, seit der Jahrhundertwende, Leo Frobenius schon entworfen hatte), war eine »biologische Anthropologie«. Danach werden Kulturen nicht vom Menschen getragen, sondern entwickeln sich weitgehend unabhängig von ihm. Wie bei anderen Organismen auch sind die »Lebensstile« der Menschen geprägt von der Umgebung, die sie erzeugte. Kulturen werden und vergehen; sie durchlaufen ein Stadium der Kindheit, des Mannesalters, siechen im Greisenalter dahin, und sie sterben schließlich, unwiderruflich. Spengler trieb diesen morphologischen Ansatz nunmehr so weit, daß die acht Kulturkreise, die er erkannte, bei ihm zu Monaten wurden. Hier gibt es keine Querverbindungen zu anderen Kulturen mehr. Jede siecht für sich allein. So hieß sein Befund für die abendländische Gegenwart: Absterben durch Erlöschen der Lebenskraft.

Mochten die Wissenschaften schon damals Spenglers Thesen viel Ungereimtes nachweisen: Ein Buch wie der »Untergang des Abendlandes« hat sicher nie seine Wirkung daraus bezogen, daß seine Einzelheiten »stimmen«. Wichtig war, daß es mit dem Zeitgeist übereinstimmte. Freilich wollte Spengler gar nicht den Zeitgeist treffen. Wohl aber traf der Zeitgeist auf ihn, der aber war tragisch-heroisch. Nicht am Scheitern an sich wuchs der Deutsche nach 1918, wohl aber in der Art, wie er sein Scheitern auf sich nahm, durfte er Größe entwickeln und sein Schicksal als ein verhängtes begreifen.

An den Universitäten muß er in den zwanziger Jahren wie Herbert Marcuse in den sechziger Jahren gewirkt haben. So liest man aus Heidelberg: »Es ist zu Anfang dieses Semesters an der hiesigen Universität – wie wohl auch an allen anderen – fast kein Kolleg gewesen, in dem der Vortragende nicht zu Anfang irgendwann einmal auf den ›Untergang des Abendlandes‹ zu sprechen kam.« Aber was war schon der erste Satz für ein Paukenschlag: »In diesem Buch wird zum ersten Mal der Versuch gemacht, Geschichte vorauszubestimmen.« Und folgend die nervenstarke Prophetie des Mannes, der wegen Nervenschwäche vom Wehrdienst befreit worden war: »Es stand bis jetzt frei, von der Zukunft zu hoffen, was man wollte . . . Künftig wird es jedem Pflicht sein, vom Kommenden zu erfahren, was geschehen kann und also geschehen wird . . . Gebrauchen wir das bedenkliche Wort Freiheit, so steht uns nicht mehr frei, dies oder jenes zu verwirklichen, sondern das Notwendige oder nichts.« Wenn das kein Marxismus von rechts ist – wie sollte er dann anders lauten? Und wenn dies nicht das Gegenbild ist jenes amerikanischen Glaubens an das Machbare, von dem wir erst seit wenigen Jahren nur insoweit Abstand nehmen, daß wir uns fragen, ob das Machbare auch das Wünschbare sei – wie denn anders?

Europa hat bei Spengler abgedankt; an der Stelle der »ptolemäischen« europazentrischen Betrachtung setzte Spengler Weltgeschichte als ein Blühen und Vergehen von Kulturen. Dies ist die kopernikanische Wende der Geschichte überhaupt. Und diese Wende zeigt, daß der Dreischritt Altertum–Mittelalter–Neuzeit nicht Vollendung als Fortschritt, sondern Vollendung als Niedergang ist. Das engere Thema – so Spengler – sei »eine Analyse des Untergangs der westeuropäischen, heute über den ganzen Erdball verbreiteten Kultur«.

Die Gesetze, die den unabwendbaren Prozeß steuern, hat er 1917 zu artikulieren versucht; 1922 hat er die Einzelteile des Niedergangs herauspräpariert: die Wende von der Stadt zum Land, die Weltstadt als Schicksal, der »dritte Stand« als Stand des Niederganges, das Geld als Verhängnis, die Maschine und der Ingenieur als Akzessorien eines Weltzustandes, in dem Kultur unwiederbringlich verlorengegangen ist. Der Mensch verliert seine Wurzeln. Seine »Fellachisierung« wird begleitet von der Herrschaft der großen einzelnen, Gehorchenkönnen wird zur Tugend der Masse.

Kaum jemals hat ein Autor so unverhüllt seine persönliche Vorliebe zu geschichtlichen Gesetzen umformuliert. Kaum jemals hat einer seine eigenen Widersprüche so unretuschiert gelassen. Denn Spengler schreibt: »Allgemeingültigkeit ist immer der Fehlschluß von sich auf andere«, und fordert strikteste Allgemeingültigkeit für jede seiner Thesen. Er negiert jede Theorie, obwohl er die denkbar umfassendste Theorie liefert. Er leugnet Kausalität in der Geschichte und definiert Weltgeschichte durch Kausalität. Mit einem Wort: Er hebt ständig die Voraussetzungen auf, unter denen er denkt – und macht daraus noch eine Tugend.

Der erste Eindruck beim »Wiederlesen« ist daher Ärger, der zweite Fremdheit. Ärger auch, weil man sich dabei ertappt, daß man allzuoft einem Satz zustimmt, die Folgerung daraus aber als so dümmlich empfindet, als habe man es nicht mit demselben Autor zu tun. Da findet man etwa den Satz: »Es gibt keinen tieferen Gegensatz als den von Hungertod und Heldentod«, der mit der Folgerung endet: »Der Krieg ist der Schöpfer, der Hunger ist der Vernichter aller großen Dinge.« Was »geschehen« wird, bedarf keiner Beweisführung. Spengler wollte sich mit der Erkenntnis begnügen: »Die großen Theorien sind Evangelien. Ihre Überzeugungskraft beruht nicht auf Gründen . . ., sondern auf der sakramentalen Weihe ihrer Schlagworte.« Was soll man schon auf eine ernst zu nehmende Weise gegen den Satz einwenden: »Edle Menschenrassen unterscheiden sich – in ganz derselben geistigen Weise wie edle Weine«?

Allerdings muß man auch das sehen: Der »Untergang des Abendlandes« ist ein Buch der Umprägungen. Rasse etwa ist etwas anderes als das, was Gobineau oder Hitler meinten. Für Spengler hat der Mensch »Rasse« wie ein Rassepferd. »In Form sein« ist eine seiner Lieblingsformeln für »Rassemenschen«. Volk ist etwas anderes als das, was das Lexikon definiert. (»Für mich ist ›Volk‹ eine Einheit der Seele.«) Und Sozialismus schließlich wird umgeprägt zu einem Synonym für Preußentum. Es ist »kein System des Mitleides, der Humanität, des Friedens und der Fürsorge, sondern des Willens zur Macht«. Erst in diesem Zusammenhang bekommt der Satz einen Sinn, der lautet: »Wir alle sind Sozialisten, ob wir es wissen und wollen oder nicht. Selbst der Widerstand gegen ihn trägt seine Form.« Sozialismus als die Erfüllung eigener Träume, das ist Sozialismus: »Echter Sozialismus ist preußischer Schutzgeist.«

Was heute an Spengler politisch interessieren könnte, ist nicht die Tatsache, daß er den großen Menschen das Schicksal der Welt an die Hand gab, ist nicht seine an Nietzsche geschulte Vorstellung vom Übermenschen, in dem sich Natur sublimiert. Warum sich noch an einem Satz wie diesem reiben: »Demokratie ist die vollendete Gleichsetzung von Geld und politischer Macht«? Schließlich haben die vergangenen Jahrzehnte gelehrt, was es heißt, die Anerkenntnis demokratischer Schwächen mit einer Ablehnung der politischen Demokratie gleichzusetzen.

Fünfzig Jahre nach Spengler läßt sich der »Untergang des Abendlandes« ohne große Schwierigkeiten vor allem als großes Handbuch des Konservativismus interpretieren, geradezu als ein Gegen-Marx. Hier wie dort die Determiniertheit der Geschichte, hier wie dort die Zurechtweisung aller bisherigen Wissenschaft; hier wie dort die prophetische Gebärde (»Ich sage es voraus: Noch in diesem Jahrhundert . . . wird ein neuer Zug von Innerlichkeit den Willen zum Siege der Wissenschaft überwinden«), hier wie dort die moderne Welt als die Welt des Geldes.

Aber dann doch die Unterschiede: Statt der Dialektik die Kontrapunktik, in der nichts aufgehoben bleibt (etwa: »Der indische Mensch vergaß alles, der ägyptische konnte nichts vergessen«); statt der Klasse das große Individuum (»Der Erfinder der Dampfmaschine ist maßgebend, nicht der Heizer«). Statt der Zukunft als Erfüllung die Zukunft als Dekadenz der Zeit, statt neuer gesellschaftlicher Formen die Erschöpfung aller Formenbestände, statt der Ökonomie die Philosophie als die entscheidende Bezugswissenschaft. Spengler will Philosophie als exakte Wissenschaft konstituieren. Hätte er heute geschrieben, so wäre sicher eine Kultursoziologie daraus geworden.

Man darf auch nicht verkennen, daß Spengler doch ein fruchtbarer Vorläufer war. Jedenfalls ist Arnold Gehlens Kristallisationstheorie – das heißt: alles Politische ist schon gedacht worden, so daß alles, was kommt, nur noch Wiederholung sein kann – von Spengler schon ausführlich vorgedacht worden. Seine Zyklentheorie ließe sich durchaus als noch unfertige Systemtheorie verstehen. Allerdings sind es nicht lernfähige Systeme, die er im Sinne hat; sie nehmen keine Informationen auf, können sich deshalb auch nicht auf eine veränderte Umwelt einstellen.

Am fruchtbarsten wurde Spengler in Arnold Toynbee (»Der Gang der Weltgeschichte«, 1934–1954). Doch obwohl der Brite nach eigener Auskunft von der Kreislauftheorie Spenglers viel lernte, bedachte er die Methode der biologischen Analogie, wie sie Spengler bis zum Exzeß pflegte, mit dem vernichtenden Urteil, sie sei nur »ein Beispiel der mythenschaffenden oder dichtenden Schwäche des Geistes der Historiker«. Auch in Toynbees nunmehr 26 Kulturkreisen wird gelebt und gestorben; aber der Tod kann verhindert werden, die Vernichtung ist nicht mit eingebaut. Vor allem: Hier bleibt der Mensch – besonders die schöpferische Minderheit – weiterhin Herr des eigenen Schicksals.

Aus der Tatsache menschlichen Todes entsteigt nicht die düstere Schicksalsmelodie der Kulturen, sondern immer noch die Möglichkeit von Hoffnung. Die »Schicksalsdoktrin« scheint Toynbee eine zu einfache Beweisführung. »Man könnte ebenso argumentieren, daß, weil Hans-guck-in-die-Luft in den Sumpf der Verzweiflung gefallen ist, es deshalb keinen Weg über diesen geben. könnte.« So endet der gemeinsame Ansatz doch schließlich in entgegengesetzten Projektionen. Und die »diktatorisch-suggestive Manier« (Jonas Cohn) Spenglers weicht der kritisch-empirischen, Einwände berücksichtigenden Schreibart Toynbees.

Kein Zweifel: Niemand (außer vielleicht orthodoxe Marxisten) würde es heute noch wagen, historische Prognosen von solcher Reichweite aus seinen Beobachtungen zu ziehen, wie Spengler dies tat. Diese Prognosen waren allzuoft Fehlprognosen: Sein Glaube etwa daran, daß sich die Menschheit aus Überdruß am Intellekt einer neuen Innerlichkeit zuwenden werde. Was hätte Spengler, der die Weltzivilisation ausschließlich als Zivilisation der Weltstädte sah, dazu gesagt, falls er erfahren hätte, daß die Revolutionäre aller Länder den Verlauf der gegenwärtigen Geschichte als den Aufstand des Landes gegen die Städte (sprich: der Peripherie gegen die Metropolen) interpretieren? Was hätte er angesichts des chinesischen Kommunismus gesagt, da man bei ihm liest: »Das echte Bauerntum fällt für den Sozialismus so wenig in den Kreis der Betrachtung wie für Buddha und die Stoa«?

Wahrscheinlich hätte er gesagt, ebendies habe er prognostiziert. Indem die Stadt auch das Land ihrem Einfluß unterwirft, erfülle sie gleichzeitig ihr geschichtliches Gesetz, das lautet: sich selbst zu zerstören, indem sie ständig expandiert. Auch da fände man wieder den Bezug zur marxistischen Interpretation des Kapitalismus (»Den Kapitalismus zerstören nicht seine Feinde, sondern seine Erfolge«), zu einem Sozialismus also, von dem Spengler meinte, er werde erst dann zu sich selbst finden, wenn er sich von Marx freigemacht habe. Die Unangreiflichkeit solcher Analysen beruht nicht zuletzt auf den Definitionen, die so breit sind, daß sie auf alles passen.

Spengler revisited: Nach fünfzig Jahren entdeckt man ihn als den letzten konsequenten Vertreter eines Law-and-order-Denkens globalen Maßstabes. Aber man hat nicht mehr das – wirklich dunkle – Gefühl, mit ihm Urfragen zu entdecken. »Realpolitik« als Metaphysik serviert – wer spricht darauf noch an? Für seine Weltsicht gilt das, was er an den technischen Formen bewundert: Windschnittigkeit. »Für die prachtvollen klaren, hochintellektuellen Formen eines Schnelldampfers, eines Stahlwerkes, einer Präzisionsmaschine, die Subtilität und Eleganz gewisser chemischer und optischer Verfahren gebe ich den ganzen Stilplunder des heutigen Kunstgewerbes samt Malerei und Architektur.« Die technisch perfekte Linie als Ausdruck höchster Rationalität – darin erschöpft sich zuletzt das Spenglersche Denken. Danach läßt sich dann gut über den »Satanismus der Maschine« schreiben.

Aus einer Rezeptur für Weltgeschichte wurde für den Leser, der noch immer auf den Untergang des Abendlandes wartet, fünfzig Jahre danach eine permanente Aufforderung zum Widerspruch.

Theodor Lessing: »Geschichte als Sinngebung des
Sinnlosen« (1919)

JÖRG VON UTHMANN

Wer war Theodor Lessing? Man mache einmal die Probe und frage
ein paar Leute, die sich auf ihre Kenntnis der deutschen Literatur
und Geistesgeschichte etwas zugute halten. In den meisten Fällen
wird betretenes Schweigen die Antwort sein. Von Lessings vielen
Büchern ist nur ein einziges, seine Studie über den Massenmörder
Haarmann, im Handel erhältlich. Sein Standardwerk über den
jüdischen Selbsthaß wird in Hans Mayers »Außenseitern« immerhin erwähnt – mit Recht, denn ein Außenseiter ist Lessing zeitlebens gewesen.

In der Weimarer Republik eine bekannte, wenn auch kontroverse Figur, gehört er zu denjenigen Schriftstellern, deren Ruhm den
Boykott durch die Nazis nicht überlebt hat. Dabei mag es eine
Rolle gespielt haben, daß er weder eine Schule begründet noch sich
sonderlich um die Schranken zwischen den wissenschaftlichen
Disziplinen gekümmert hat. Derlei ist, wie man weiß, in der
deutschen Gelehrtenwelt keine Empfehlung.

Theodor Lessing wurde am 8. Februar 1872 als Sohn eines
Arztes in Hannover geboren. In Freiburg, Bonn und München
studierte er zunächst Medizin, später Mathematik und Philosophie. Mit seinem Jugendfreund Ludwig Klages teilte er die Bewunderung für Nietzsches Kulturpessimismus und die Verachtung für
den rationalistischen Fortschrittsglauben der Gründerzeit. Das
gleichgestimmte Lebensgefühl der beiden Freunde verrät sich
noch in den Titeln ihrer Bücher: Beklagte Lessing den »Untergang
der Erde am Geist«, so hieß es fünf Jahre später bei Klages: »Der
Geist als Widersacher der Seele«. Durch Klages kam Lessing auch
in Berührung mit dem George-Kreis, dessen esoterisches Getue
ihm allerdings bald ebenso auf die Nerven ging wie der autoritäre
Herrschaftsanspruch des »Meisters«.

Auch zu anderen literarischen Größen seiner Zeit stand Lessing
auf gespanntem Fuß, wie er sich denn überhaupt Gelegenheiten

zur Polemik nur ungern entgehen ließ. So geriet er 1910 in eine Fehde mit Thomas Mann, in deren Verlauf der sonst so gemessene Lübecker versicherte, »daß die Atemnähe dieses Menschen mich ekelt«, und sich zu der Behauptung verstieg, Lessing habe in seiner Münchner Zeit »mit anderen Schwabinger Ekstatikern beiderlei Geschlechts ganz nackend ein Feuer umtanzt«. Lessing revanchierte sich mit einer Duellforderung, der Thomas Mann jedoch vornehm auswich.

Im Jahre 1908 war Lessing Privatdozent für Philosophie und Pädagogik an der Technischen Hochschule seiner Vaterstadt Hannover geworden. Später erhielt er dort eine Professur für Geisteswissenschaften. 1926 mußte er seine Lehrtätigkeit aufgeben, weil er im »Prager Tagblatt« Hindenburgs Kandidatur für die Reichspräsidentschaft dem öffentlichen Gespött preisgegeben hatte. Der Aufsatz, in seiner Mischung aus herablassender Güte und beißender Ironie ein wahres Meisterstück, schloß mit den prophetischen Worten: »Man kann sagen: Besser ein Zero als ein Nero. Leider zeigt die Geschichte, daß hinter einem Zero immer ein künftiger Nero verborgen steht.« Diesen Angriff auf ihren Ersatzkaiser haben ihm die nationalen Sittenwächter nie verziehen. Von jetzt an lebt Lessing als Geächteter. Als Hitler zur Macht kam, ahnte er, welche Gefahr ihm drohte; er verließ Deutschland sofort. Es half ihm nichts: Am 31. August 1933 machten gedungene Mörder in Marienbad seinem Leben ein Ende.

Lessings Hauptwerk »Geschichte als Sinngebung des Sinnlosen« erschien im Jahre 1916. Entstanden war es während des Ersten Weltkrieges, also gleichzeitig mit Spenglers »Untergang des Abendlandes«, dem es im Rang nicht nachsteht. Sowohl Spengler wie Lessing sind Nietzsche tief verpflichtet; beide kommen jedoch zu diametral entgegengesetzten Ergebnissen. Während Spengler in der Weltgeschichte organische Strukturen und deterministische Zwänge zu entdecken glaubt, leugnet Lessing jede historische Gesetzmäßigkeit. Sinn und Logik seien in der Geschichte nicht objektiv vorhanden, sondern würden erst vom betrachtenden Subjekt in sie hineingetragen: »Die wohlbekannte Unvermeidbarkeit der historischen Fakta ist nichts anderes als Forderung der Vernunft. Nachdem das Unerwartete, Widersinnige, Absurde, Abrupte, plötzlich eingebrochen und Ereignis geworden ist, wird der Mensch immer Gründe suchen und immer Gründe finden, daß alles so habe kommen müssen, wie es eben kam . . . So liegt aller Geschichte eine logificatio post festum zugrunde, was auch immer auf Erden geschehen mag.«

Mit dieser Auffassung knüpft Lessing an die Kategorienlehre Kants und Schopenhauers an, die gleichfalls die Kausalität aus dem Reich des Seins in das Reich des Bewußtseins verwiesen hatten. Rankes bis heute maßgebend gebliebenes Postulat, die Geschichtsschreibung solle zeigen, »wie es eigentlich gewesen«, wird demgegenüber als illusionäre Forderung verworfen. Zwar hätten die Historiker von alters her die leidige Gewohnheit, sich als »rückwärtsgewandte Propheten« (Friedrich Schlegel) aufzuspielen; doch sei, was sie betreiben, »Willenschaft« statt Wissenschaft, da nicht sachlich nachprüfbare Kriterien, sondern persönliche Vorurteile für Auswahl und Arrangement der geschichtlichen Tatsachen den Ausschlag gäben. Am schärfsten attackiert Lessing die dialektische Geschichtsphilosophie Hegels, dessen »tollhäuslerische Annahme, daß das Denken eines Prozesses der Prozeß selbst sei«, er als Gipfelpunkt menschlicher Geistesverwirrung hinstellt.

Für seine These von der Nichtexistenz historischer Gesetzmäßigkeiten führt Lessing eine Fülle von Beispielen an, die auf höchst instruktive Weise die Rolle des Zufalls in der Geschichte illustrieren: »Wäre Cromwell, wie er beabsichtigte, erfolglos und unbekannt, nach Jamaika ausgewandert, so wäre Karl I. am Leben geblieben; nur eine zufällige Verordnung Karls I. verhinderte diese Auswanderung, womit dieser selbst sich das Todesurteil schrieb. Hätte der Vater Mirabeaus seinen hoffnungslos vorbeigeratenen Sohn nach den holländischen Besitzungen verschickt, woran ihn wiederum nur ein zufälliger Erlaß Ludwigs XVI. im letzten Augenblick hinderte, so wäre die französische Revolution in ganz andere Bahnen gekommen . . . Bekanntlich war es ein großer Fehler, daß Napoleon die Schlacht bei Waterloo so spät am Tage begann. Der Verzug entstand aber durch ein langes Bad, welches Napoleon seines Darmleidens wegen verordnet war.«

Was von der logischen Seite der Geschichte gilt, trifft natürlich erst recht für ihre moralische Seite, die sogenannte historische Gerechtigkeit, zu. Schon Jacob Burckhardt hatte in seinem Aufsatz über »Glück und Unglück in der Weltgeschichte« gezeigt, daß die Bewertung vergangener Ereignisse ausschließlich vom Blickwinkel des gegenwärtigen Betrachters abhängt: Ob es gut war oder schlecht, daß die deutschen Kaiser im Kampf mit den Päpsten unterlagen oder daß die Reformation nur die Hälfte Europas erfaßte, wird von einem Italiener und einem Deutschen, einem Katholiken und einem Protestanten durchaus unterschiedlich beurteilt.

»Anders philosophiert das Pferd über die Peitsche, anders der

Fuhrmann«, schreibt Lessing und weist darauf hin, daß etwa die – damals besonders populäre – Kriegsgeschichte nicht von den Toten, sondern von den Überlebenden, häufig sogar von den unmittelbar Beteiligten geschrieben zu werden pflegt, was eine beschönigende, apologetische Aufbereitung der Fakten begreiflich, ja nahezu unvermeidlich macht: »Im römischen Senat beantragte Cato, Cäsar wegen Verletzung des Völkerrechts an die Gallier auszuliefern. Da wir jedoch die Vorgänge in Gallien nur aus Cäsars eigenem Munde kennen, blieb von der Geschichte alles verborgen, was den großen Feldherrn belasten könnte.« Bereits Prokopius von Cäsarea bemerkt in seiner Darstellung der Gotenkriege, die Geschichte werte nicht nach dem Verdienst, sondern nach dem Erfolg: »Die Sieger werden gepriesen und die Mittel des Sieges nicht untersucht.«

In einem Punkt stimmt Lessing mit seinem Antipoden Spengler überein, nämlich in seiner Kritik am europazentrischen Weltbild der abendländischen Geschichtsschreibung und ihrer Vorliebe für die »große« Politik, die das Leben der meisten Menschen überhaupt nicht berührt. »Unsere Geschichtsquellen bewahren nicht die Schicksale der bei der Eroberung Brüssels zertretenen Veilchen, nicht die Wolkenbildungen vor Belgrad, nicht die Leiden der Kühe im Brande Löwens, sondern mit ungeheuer verengter Einstellung das für gewisse menschliche Interessengruppen Selektiv-Wirksame, und auch keineswegs alle Umstände dieses Wirksamen, denn alles Nicht-Soziale, Nicht-Politische, also just das eigentlich Seelische, soweit es bloß einmalig, bloß personal, nur intim ist, wird grob überrädert, sofern es nicht als ›wesentlich‹ gelten kann für jene zuletzt doch nur gespenstisch-abstrakten und wertlosen Staats- und Landkartenverschiebungen, die der Mensch, seiner selbst spottend, ›geschichtliche Wirklichkeit‹ nennt.«

Von dem französischen Mathematiker Henri Poincaré stammt der Satz: »Alles ist relativ. Das ist die einzige absolute Gewißheit, die wir haben.« Lessings Werk stellt sozusagen die Übertragung dieser Erkenntnis auf die Geschichtswissenschaft dar. Wie aktuell sie immer noch ist, das zeigt nicht nur die unverminderte Beliebtheit der dialektischen Geschichtsphilosophie (die heute freilich seltener im Namen Hegels als seines Musterschülers Marx verkündet wird), sondern auch der Erfolg eines Buches wie »Griff nach der Weltmacht«, in dem der Hamburger Historiker Fritz Fischer, ausschließlich gestützt auf deutsche Quellen, die Hauptschuld am Ersten Weltkrieg dem Deutschen Reich in die Schuhe schiebt. Hätte Fischer statt dessen nur französische oder nur russische Quellen ausgewertet, so hätte er ebenso mühelos die Alleinschuld Frankreichs oder Rußlands beweisen können.

Daß sich Lessings federnde, polemisch zugespitzte Prosa wohltuend von der trockenen Schwerfälligkeit abhebt, die hierzulande als die eines Wissenschaftlers einzig würdige Diktion gilt, ist nicht der geringste Vorzug seines Werkes. Als es 1919 herauskam, wurde es von den konservativen Historikern als Skandal empfunden. Der Skandal ist geblieben. Er liegt aber nicht im Inhalt des Buches begründet, sondern darin, daß es im Handel nicht zu haben ist.

Warnung vor einem gefährlichen Glück

Karl Barth: »Der Römerbrief« (1922)

JÜRGEN MOLTMANN

Karl Barths unwissenschaftlicher, unorthodoxer, aber zutiefst bewegender Kommentar zum Römerbrief wurde »zwischen den Zeiten« geschrieben und wird wohl nur in Krisen »zwischen den Zeiten« recht verstanden. Durch den 1. Weltkrieg war damals eine Welt aus den Fugen geraten. Zwischen Spartakus und Freikorps, Geldinflationen und seelischen Zusammenbrüchen brach die bürgerliche Epoche in Europa zusammen. Diese Zeitstimmung und zugleich eine erste christliche Antwort auf sie brachte die »Theologie der Krise«, die sogenannte »dialektische Theologie« zum Ausdruck.

In der Zeitschrift »Zwischen den Zeiten« schrieben seit 1922 Barth, Brunner, Thurneysen, Gogarten, Bultmann und viele andere. »Zwischen den Zeiten« weiß man, daß die Traditionen nicht mehr tragen und die Institutionen keine Sicherheit mehr geben. Man spürt die Krise des Bestehenden und fördert sie durch rückhaltlose Kritik. »Zwischen den Zeiten« weiß man aber nicht, was kommen wird. Man weiß noch nicht einmal, was kommen soll. Darum ist man zwischen den Zeiten stark in der Negation und schwach im Positiven. Doch in dieser Pause zwischen einer unwiederbringlichen Vergangenheit und einer noch unbekannten Zukunft wird etwas merkwürdiges Drittes erfahren: die Freiheit der Armen, die sagt: »Ich hab' mein' Sach' auf nichts gestellt«, und der transzendente Glaube, der sich im Bodenlosen dieser Zeit in Ewigkeit gehalten weiß.

»Zwischen den Zeiten« wurde damals die Wirklichkeit Gottes in einer Tiefe innerer und äußerer Erschütterungen erfahren, wie sie zusammenhängend dahinfließenden Zeiten unbekannt ist. Mir kam Barths Römerbrief 1947 in einem englischen Kriegsgefangenenlager in die Hände. Ich habe ihn damals verschlungen und wurde von ihm verschlungen. Er sprach unvermittelt zu mir. Ich bin später im geregelten Leben nicht oft wieder so zwischen die

Zeiten geraten. Aber mir ist das Gefühl geblieben, daß unter der Oberfläche des Lebens und des Betriebs jener Abgrund Gottes ständig da ist, von dem ich damals mit Barths Hilfe etwas gemerkt habe. Für den Schweizer Pfarrer Barth stellte sich die Gottesfrage allerdings nicht kulturkritisch und ganz allgemein. Er wurde von ihr durch seine eigene theologische Existenz überfallen. Wie kann ein Mensch auf die Kanzel steigen und nicht religiöse Reden über einen Gottesbegriff, sondern das Wort Gottes selbst verkünden? Barth brachte diesen Widerspruch so zum Ausdruck: »Der Theologe befindet sich in der außerordentlichen Lage, reden zu müssen von dem, wovon man doch nicht reden kann. Sein Standpunkt ist der Punkt, auf dem man nicht stehen kann . . . Wir sollen als Theologen von Gott reden. Wir sind aber Menschen und können als solche nicht von Gott reden. Wir sollen beides, unser Sollen und unser Nichtkönnen wissen und eben damit Gott zu Ehre geben« (1922). Das klang paradox und ist bis heute vielen ein Rätsel geblieben. Aber es exponierte den Widerspruch aller menschlichen Gotteserkenntnis und bewies die Bereitschaft, diesen Widerspruch auszuhalten und ihn nicht nach der einen oder der anderen Seite hin bequem aufzulösen. Barth fügte damals jenen Sätzen hinzu: »Das ist unsere Bedrängnis. Alles andere ist daneben ein Kinderspiel.« Man kann nur wünschen, daß Theologen auch heute sich von der Wirklichkeit des ganz-anderen Gottes so hart bedrängt fühlen und sich nicht zu leicht mit allem möglichen »Kinderspiel« beschäftigen. Gott erkennen heißt: Gott erleiden, und dem weicht jeder lieber aus. Barths Römerbrief ruft die Theologen nicht nur »zur Sache«, sondern mehr noch in die bedrängende Wirklichkeit Gottes hinein. Ich will versuchen, das an drei Punkten zu vergegenwärtigen:

Das fromme Bürgertum hatte im 19. Jahrhundert Religion als die Fähigkeit gefeiert, »sich alle Begebenheiten in der Welt als Handlungen eines Gottes vorzustellen«. Religion sei jene »heilige Musik, die alles menschliche Tun begleiten soll«. Sie sei »Sinn und Geschmack für das Unendliche«. Diese ästhetische Salonreligion wurde spätestens in den »Begebenheiten« des Massensterbens an der Somme und vor Verdun durch »menschliches Tun« zerstört. Der Geschmack fürs Unendliche hielt schon dem Verwesungsgeruch der Schlachtfelder nicht stand. Was aber Religion vor der Wirklichkeit des ganz anderen Gottes ist, beschrieb Barth so: »Die Wirklichkeit der Religion ist Kampf und Ärgernis, Sünde und Tod, Teufel und Hölle . . . Religion kann man niemandem wünschen, anpreisen oder zur Annahme empfehlen: sie ist ein Unglück, das mit totaler Notwendigkeit über gewisse Menschen hereinbricht und von ihnen auf andere kommt . . . Sie ist das Unglück, unter dem wahrscheinlich jeder zu seufzen hat, der Mensch heißt« (241). Denn Religion, das ist das Entsetzen des Menschen vor Gott, dessen Existenz »wie eine feindliche Festung, wie eine geballte Faust mitten in sein Leben hineinragt«. Religion ist darum auch »das Entsetzen des Menschen vor sich selbst«. »Ein religiöser Mensch sein heißt: ein zerrissener, unharmonischer, unfriedlicher Mensch sein.«

Barth deutet damit die Selbstzerrissenheit, von der Paulus Römer 7 spricht, und steigert sie bis zu dem Satz: »Der Sinn der Religion ist der Tod.« So hatte man es bis dahin nur von den Außenseitern der Gesellschaft, von Kierkegaard, Dostojewski und Nietzsche gehört. Barth attackierte damit die Kulturreligion der bürgerlichen Welt. Er attackierte sie nicht von außen, sondern von innen her, indem er diese Religion mit der Wirklichkeit Gottes konfrontierte. Später hat Barth als einer der wenigen Theologen auch Feuerbachs funktionale Religionskritik positiv aufgenommen. Wichtiger aber ist der religionskritische Glaube, den er selbst in seiner Dogmatik entfaltete. Weite Kreise der öffentlichen Theologie und Kirche sind heute über den unangenehmen Störenfried Barth hinweggegangen. Seit der hausgemachten »Tendenzwende« 1971 trägt man wieder »Religion«, läßt Kinder religiös sozialisieren und bietet Dienste als religiöse Sinnstifter, Lebensbegleiter und Krisenbewältiger an. Es macht sich eine beschwichtigende Harmlosigkeit breit, so als wäre es unwichtig oder beliebig sozusagen, auf wen und was man sich einläßt mit der Religion, mit dem Glauben und der Theologie. Soll das noch einmal zu einer Religion ohne Gott und einem Christentum ohne Kreuz führen? Dann wäre Barth aktueller denn je.

Barths Römerbrief ist kein wissenschaftlicher exegetischer Kommentar. Sein Buch ist vielmehr Dokument des unmittelbaren Gesprächs eines betroffenen Menschen mit dem Apostel Paulus über Gott und seine Sache in der Welt. Die wissenschaftliche Bibelauslegung pflegt die biblischen Schriften historisch-kritisch in der Zeit ihrer Entstehung darzustellen. Nur gelegentlich finden sich religiöse oder sittliche Bemerkungen für die eigene Gegenwart eingestreut. Bei Barth fallen in atemberaubender Weise alle diese Distanzen dahin, die historischen ebenso wie die persönlichen. Was er in der 1. und 2. Auflage, 1919 und 1922, bietet, sind eher Glossen, Bemerkungen, Eindrücke, Aufschreie, Auseinandersetzungen mit Paulus und sich selbst, und mit dem ganz Anderen, mit Gott. Aus der Ferne betrachtet, kommt einem dieser »Kommentar« wie ein expressionistisches Gemälde vor, ähnlich darin dem gleichzeitig erschienenen »Geist der Utopie« von Ernst Bloch. Läßt man sich aber auf Barth ein, dann dringt man tiefer in den Römerbrief des Paulus ein als mit Hilfe vieler wissenschaftlicher Kommentare. Barth will nicht über Paulus schreiben, sondern mit Paulus über die gemeinsame Sache reden.

Das ist ein theologisches Programm: »Paulus hat als Sohn seiner Zeit zu seinen Zeitgenossen geredet. Aber viel wichtiger als diese Tatsache ist die andere, daß er als Prophet und Apostel des Gottesreiches zu allen Menschen aller Zeiten redet . . . Meine ganze Aufmerksamkeit war darauf gerichtet, durch das Historische hindurch zu sehen in den Geist der Bibel, der der ewige Geist ist.« Barth wollte bis zu dem Punkt vorstoßen, »wo ich nahezu nur noch vor dem Rätsel der Sache, nahezu nicht mehr vor dem Rätsel der Urkunde als solcher stehe«, wo also »das Gespräch zwischen der Urkunde und dem Leser ganz auf die Sache konzentriert ist«.

Dieses Programm und sein erstes Ergebnis haben Barth zunächst nur den Hohn der wissenschaftlichen Theologen Jülicher, Lietzmann, Schlatter und Harnack eingetragen: »pneumatische Exegese«, »naiver Biblizismus«, »willkürliche Umdeutung«, »Verachtung der Wissenschaft« wurden ihm nachgesagt. Mit einer Ausnahme: Rudolf Bultmann erkannte bei aller Einzelkritik bei Barth die Möglichkeiten einer neuen Hermeneutik, nämlich die später von ihm selbst geübte »existentiale Interpretation«. Dennoch sind hier tatsächlich Fragen offengeblieben.

Ob Barth nun eine naiv-vorkritische oder, wie seine Schüler gern sagen, reflektiert-nachkritische Bibelauslegung ins Leben gerufen hat, das Verhältnis zum historisch-kritischen Wahrheitsbewußtsein blieb unbestimmt. Nicht um Barth, sondern um Bultmann entstand darum der neue Kirchenstreit über die historische Kritik. Auch hier prophezeien die Auguren heute eine ihnen genehme Tendenzwende: fort von der historischen Kritik – hin zur biblischen Überlieferung. Erstaunlicherweise muß der junge Barth jetzt für die fromme Verabschiedung der Theologen vom kritischen Bewußtsein der Zeitgenossen herhalten. Wenn die »nach-kritischen« Theologen doch Barths Römerbrief wieder lesen würden, die Kritik würde ihnen in die Knochen fahren: die Kritik des Kreuzes gegen alle honigsüßen Harmonien in Bibel, Geschichte und Gesellschaft.

Die »Theologie der Revolution«, entwickelt in Lateinamerika, überfiel die europäische Theologie 1966 unvorbereitet. Erst danach förderten Dissertationen über Barth seine frühe Auseinandersetzung mit Lenin, Staat und Revolution, zutage und reklamierten ihn für Sozialismus. Barth war in der Tat neben Ragaz und Tillich einer der wenigen Theologen, die Lenin als Herausforderung ernst nahmen. Ironischerweise finden sich Barths Ausführungen zur Revolution in seiner Auslegung der klassischen protestantischen Obrigkeitsstelle Römer 13: »Seid untertan der Obrigkeit . . .« Er läßt den »reaktionären Menschen« unbeachtet rechts liegen, damit »zur Ehre Gottes der revolutionäre Mensch zur Strecke gebracht wird« (462).

Barth möchte den Revolutionär überwinden, nicht um ihn reaktionär zu machen, sondern um ihn für die »wahre Revolution« zu gewinnen. Aus der Erkenntnis des Bösen in der Ordnung wird der Revolutionär geboren. »Er meint die Revolution, die die unmögliche Möglichkeit ist: die Vergebung der Sünden, die Auferstehung der Toten. Das ist die Antwort auf die Beleidigung, die im Bestehenden als solchem liegt. Jesus ist Sieger! Aber der revolutionäre Mensch macht die andere Revolution, die mögliche Möglichkeit der Unzufriedenheit, des Hasses, des Aufruhrs, der Zerstörung . . . Er meint die Revolution, die die Aufrichtung der wahren Ordnung bedeutet, und er macht die andere Revolution, die die wahre Reaktion ist« (465).

Die wahre Revolution ist nach Barth die Überwindung des Bösen durch das Gute. Die falsche Revolution, die in Wahrheit nur Reaktion ist, ist die Vergeltung des Bösen durch Böses. Von dieser Tolstoi-Haltung gegen Lenin kommt Barth dann zu der Empfehlung: »Es gibt keine energischere Unterhöhlung des Bestehenden als das hier (Römer 13) empfohlene sang- und klang- und illusionslose Geltenlassen des Bestehenden . . . Nicht-Revolution ist die beste Vorbereitung der wahren Revolution.«

Wenn man diese Ausführungen nicht als Trick der Reaktion ablehnt, sondern wörtlich nimmt, dann liegt in ihnen eine Überholung des reaktionären und revolutionären Geistes durch eine Haltung, die insofern anarchistisch zu nennen ist, als sie aus dem Kampf um Macht und Recht überhaupt aussteigt. Als aber das bestehende Unrecht des Dritten Reiches durch bloßes Geltenlassen keineswegs ausgehungert wurde, hat Barth dann eine Lehre vom aktiven Widerstandsrecht entwickelt. Doch bleibt der Gedanke wichtig, daß Revolution gegen das Bestehende nur durch eine Zukunft legitimiert ist, die Verringerung der Macht und Gewalt und Vergrößerung der menschlichen Solidarität bringt.

Barths Römerbrief-Kommentar ist viel kritisiert worden. Er war zu allen Zeiten umstritten. Das ist auch seine Ehre. Barth war frei genug, sich später selbst zu korrigieren. Dennoch steckt in diesem theologischen Vulkanausbruch mehr an Feuer, als sich in den letzten 50 Jahren an Lavagestein in der theologischen und kirchlichen Landschaft abgelagert hat. Das ist keine Empfehlung zum Lesen dieses Buches, sondern eher eine Warnung, die Warnung vor einem gefährlichen – Glück.

Verdinglichung und Entfremdung

Georg Lukács: »Geschichte und Klassenbewußtsein« (1923)

SILVIO VIETTA

Am Anfang der Wissenschaft der Neuzeit steht die Idee einer Katastrophe. Der englische Philosoph Thomas Hobbes beginnt Mitte des 17. Jahrhunderts seine Überlegungen zu einer »Philosophie der Natur« »mit der Idee einer allgemeinen Weltvernichtung« (»annihilation of all things«) und fragt sich, was, wenn alle Dinge vernichtet wären, einem Menschen noch übrigbleibe. Übrig bleibt in diesem Gedankenexperiment eben nicht mehr die Natur, sondern nur die Vorstellungswelt des Menschen, seine Idee, Erinnerungen, sein Denken – das jedenfalls nimmt Hobbes in seinen »Elementen der Philosophie« an.

Das Gedankenexperiment hatte ihm in ähnlicher Form bereits Descartes vorgemacht. Eingewickelt in einen Winterrock sitzt er in seinen »Meditationes«, diesem »Grundbuch der neuzeitlichen Philosophie«, am Kamin und fragt sich, welche Erkenntnis eigentlich jedweden Zweifel überleben würde. Auf welchem absolut sicheren Fundament kann man eine neue Wissenschaft gründen?

Das Experiment ist für die Welt der Erscheinungen vernichtend, aber die Atmosphäre erscheint nicht ungemütlich. Denn die Frühaufklärer wußten schon, worauf sie hinauswollten: das denkende, vorstellende Ich selbst wird ihnen zum Angelpunkt aller Erkenntnis. Kopernikus, Kepler, Galilei hatten die neue Wissenschaft schon vorgeführt. Die Sinne können täuschen, aber der Verstand, wenn er nur richtig gebraucht wird, nicht. Und der Verstand: das ist die mathematische Methode. Überall in den Schriften der Frühaufklärer schlägt einem der Jubel entgegen, nach jahrhundertelanger Verwirrung nun endlich auf der Spur des wahren Denkens und der Entdeckung der wirklichen Welt zu sein.

In seinem »Dialog über die Weltsysteme« spricht Galilei das neue Selbstbewußtsein des mathematischen Denkens aus: An Umfang ist das menschliche Denken nichts gegen den unendlichen Geist Gottes, aber an objektiver Gewißheit steht er ihm in den mathematischen Wahrheiten, auch wenn wir unsere Erkenntnis in kleinen Schritten, sozusagen kleckerweise, vollziehen müssen, nicht nach. Als mathematische Methode ist menschliches Denken gottgleich.

Noch der naturwissenschaftliche Positivismus des 19. Jahrhunderts ist, zunehmend gelöst von herkömmlichen metaphysischen Bezügen, von diesem Optimismus getragen. Es war ja auch das Jahrhundert der angewandten Rationalität, der technischen Erfindungen. Dennoch, irgendwann zwischen Nietzsche und Jahrhundertwende, kippt die Stimmung merklich um. Literarhistorisch liegt die Wende zwischen dem bei aller Milieukritik letztlich wissenschafts- und fortschrittsgläubigen Naturalismus und der tiefen Zivilisationsskepsis des Expressionismus.

Wie alle Bücher, die eine intellektuelle Erschütterung auslösen, traf auch Georg Lukács' »Geschichte und Klassenbewußtsein« auf eine geistige Disposition, die der Aufnahme des Buches entgegenkam. Es ist jene neuere kulturkritische Stimmung der Zeit, eine »Stimmung der Verzweiflung über den Weltzustand«, wie sie nach eigener Aussage auch Lukács' 1914/15 geschriebener »Theorie des Romans« zugrunde lag und die wir in mannigfacher Form vor und nach 1900 bei Nietzsche, Rathenau, Simmel, Spengler und bei vielen Expressionisten antreffen. Lukács' brillanter Aufsatz »Die Verdinglichung und das Bewußtsein des Proletariats«, das zentrale Stück von »Geschichte und Klassenbewußtsein«, bringt in einer kraftvollen und umgreifenden Gedankensynthese die Kultur- und Zivilisationskritik der Zeit wie in einem Brennglas auf den Begriff und scheint ihrem Fatalismus zugleich sich zu entwinden.

Was sind die zentralen Thesen dieses Aufsatzes? Lukács beginnt mit der Analyse des »Phänomens der Verdinglichung« im modernen Warentausch und der Produktion. Mit Marx sieht er in der »Warenstruktur« die Beziehung zwischen Personen den Charakter einer Dinghaftigkeit und . . . »gespenstigen Gegenständlichkeit« annehmen, aber nachdrücklicher noch als Marx betont er dabei etwas anderes: »das Prinzip der auf Kalkulation, auf Kalkulierbarkeit eingestellten Rationalisierung«.

Der Tendenz nach führt dieses Prinzip zur »rationell mechanisierten Arbeit«. Gesamtablauf der Produktion und Zeittakt der einzelnen Arbeitsschritte werden im modernen Produktionsprozeß so organisiert, daß der »Mensch . . . weder objektiv noch in seinem Verhalten zum Arbeitsprozeß als dessen eigentlicher Träger, sondern . . . als mechanisierter Teil in ein mechanisiertes

System eingefügt« erscheint. Als Anschauungsmaterial für seine Thesen hatte Lukács damals nicht nur die Rationalisierungsstudien von Wirtschaftswissenschaftlern wie Gottl-Ottilienfeld vor Augen, sondern auch bereits die quantitativen Zeit- und Bewegungsstudien, die F. Taylor und seine Schüler am Arbeitsplatz vornahmen.

Zu den großen gedanklichen Leistungen von Georg Lukács gehört nun, daß er bei diesem Hinweis auf Verdinglichungsphänomene in der ökonomischen Sphäre nicht stehen bleibt, sondern den Voraussetzungen dieser Erscheinungen in der neuzeitlichen Wissenschaftsgeschichte nachgeht. Damit wird die Verdinglichungsanalyse zu einer Metakritik der neuzeitlichen rationalen Wissenschaften. Mit großer Gedankenschärfe, materialreich und u. a. in Anlehnung an Max Webers religionssoziologische Studien versucht Lukács zweierlei aufzuzeigen.

Erstens: der neuzeitlich-rationalistische Denkansatz, wie wir ihn bei Hobbes, Descartes, Spinoza, Leibniz u. a. finden, ist in gewissem Sinne »technisch« (Lukács selbst gebraucht diesen Ausdruck nicht), da der Gegenstand der Erkenntnis nicht als naturwüchsig Vorgegebenes oder von Gott Geschaffenes erscheint, sondern als »eigenes Produkt« des Erkenntnissubjekts. Im rationalistischen Erkenntnismodell »hat« das Ich seinen Gegenstand nicht, indem es ihn im Bewußtsein empfängt, sondern indem es ihn selbst produziert. »Rationelle Erkenntnis« versteht sich selbst als »eigenes Produkt« des Geistes.

Zweitens: ihre Konstruktionsmethode übernimmt die neue rationale Wissenschaft aus der Mathematik. Es wird somit zum Prinzip der neuen Wissenschaft, »daß der Gegenstand der Erkenntnis deshalb und insofern von uns erkannt werden kann, weil und inwiefern er von uns selbst erzeugt worden ist. Und die Methoden der Mathematik und der Geometrie, später die Methoden der mathematischen Physik, werden damit zum Wegweiser und Maßstab der Philosophie, der Erkenntnis der Welt als Totalität.«

Der mit den Wassern der bürgerlichen Wissenschaft gewaschene Lukács – Schüler von Simmel, Rickert, Lask und persönlicher Freund Max Webers – war 1918 der Kommunistischen Partei Ungarns beigetreten und hatte in der Räterepublik unter Béla Kun das hohe politische Amt eines Volkskommissars für das Unterrichtswesen innegehabt. 1919 schon war es mit der Räterepublik zu Ende. Vor der Regierung Horthy mußte Lukács nach Österreich fliehen.

Das aber war neu in der marxistischen Theorie: zehn Jahre vor der Entdeckung der Frühschriften von Marx und ihres Zentralbegriffs »Entfremdung« analysiert hier ein philosophisch hervorragend ausgebildeter Marxist den Gesamtprozeß der neuzeitlichen Philosophie, Wissenschaft und Ökonomie als eine Einheit. In der Kategorie der Totalität sieht er das »Wesen der Methode, die Marx von Hegel übernommen« hat, und er selbst, Lukács, hat die Kenntnisse und die gedankliche Kraft, ihrer Forderung nicht nur äußerlich zu genügen.

Sein Hauptvorwurf gegen die Logik der Neuzeit ist, daß ihre Geschichte die einer – ohne daß hier schon der Begriff fiele – zunehmenden Entfremdung ist. Weder der rationalistischen Philosophie noch den empirischen Naturwissenschaften kommt es auf die Einsicht in das »qualitative Sosein« der Dinge an. An der Wirklichkeit interessiert im rationalistischen Weltentwurf nur so viel, als im Bewußtsein davon exakt reproduziert und das heißt mathematisiert und quantifiziert werden kann.

Die rationale Wissenschaft packt die Wirklichkeit in zeitlosen mathematischen Gesetzen ab und formalisiert dabei den Menschen selbst zu einem von allem Anthropomorphen beschnittenen, »rein formellen Subjekt«. Schließlich findet sich der Mensch in einer nach mathematisch-naturwissenschaftlichen Gesetzen von ihm selbst erzeugten zweiten Wirklichkeit wieder, dessen »menschenfremder« Charakter die Menschenfeindlichkeit seiner Denkmethode widerspiegelt. So die wissenschaftskritische Zentralthese des Verdinglichungsaufsatzes von Lukács.

Entfremdungserscheinungen in der modernen Arbeits- und Lebenswelt, die ja von anderer Seite auch ein »bürgerlicher« Soziologe wie Arnold Gehlen in seinem Buch »Die Seele im technischen Zeitalter« konstatiert, erscheinen in dieser Geschichtstheorie letztlich als Konsequenz einer langen Wissenschaftsentwicklung. Ihr Prinzip, alle qualitativen Bestimmungen in quantitative Meßwerte zu übersetzen und dadurch die Wirklichkeit berechenbar zu machen, wird als das Grundprinzip der Neuzeit, ihrer Wissenschaft, Produktion, Verwaltung erkannt.

Man kann allerdings fragen, ob der Begriff »Verdinglichung« zur Kennzeichnung des neuzeitlichen Prinzips der Kalkulation von Lukács gut gewählt wurde. Verdinglichung – da stellt man sich eher ein System von Gegenständen vor als ein gedankliches Prinzip. Und in der Tat benutzte die linke Theorie der fünfziger und sechziger Jahre den Begriff häufig zur Kritik der Waren-, Reklame- und Konsumwelt der »bürgerlich-kapitalistischen Gesellschaft«. Und bringt nicht der Begriff auch zum Ausdruck, daß die moderne Industriegesellschaft – bei aller inneren Dynamik – zu einem verfestigten System geronnen ist und dieser Verfestigung häufig auch eine eigentümliche Geschichtslosigkeit des Denkens entspricht?

Wie und wo aber zeigt sich, wenn Verdinglichung ein so universaler Prozeß ist, ein rettender Ausweg? Der Marxist Lukács führt uns hier eine schöne dialektische Gedankenbewegung vor: die Arbeiterklasse, im Prozeß der Verdinglichung selbst zur quantifizierten Ware Arbeitskraft degradiert, »reines und bloßes Objekt« des Prozesses, hat gerade deshalb die Chance, sich von diesem Zustand zu emanzipieren. Der Arbeiter, so heißt es, ist »gezwungen, sein Zur-Ware-Werden, sein Auf-reine-Quantität-reduziert-Sein als Objekt des Prozesses zu erleiden. Gerade dadurch wird er aber über die Unmittelbarkeit dieses Zustandes hinausgetrieben.«

Wie das geschehen soll, bleibt ein Geheimnis. Lukács vertritt hier die These, daß zunächst eine intellektuelle Avantgarde die Theoriebildung vorantreiben muß, denn: »Das Klassenbewußtsein ist . . . zugleich eine klassenmäßig bestimmte Unbewußtheit über die eigene gesellschaftlich-geschichtliche ökonomische Lage.« Das zunächst nur »zugerechnete Bewußtsein« kann, wenn nach Lukács der Akt der Bewußtwerdung selbst ein Motor der Geschichte ist, als solcher nur dadurch wirksam werden, daß im Proletariat selbst das Bewußtsein »über das dialektische Wesen seines Daseins« erwacht. Der von Max Weber her entwickelte Begriff des »zugerechneten Bewußtseins« hat sich denn auch den Vorwurf zugezogen, eine Art luftiges Begriffsgespenst und in keinem Kopf verankert zu sein.

Im Grunde zeichnet sich in Lukács' Verdinglichungsanalyse ein Schlüsselproblem der linken Kulturkritik ab: Gerade indem Lukács radikaler und umfassender als jeder andere Marxist in diesem Jahrhundert die gedanklichen Grundlagen und realen Auswirkungen einer neuzeitlichen Form von Entfremdung aufzeigt, wirken solche Rettungsaktionen wie aufgesetzt, die das Proletariat wie das auserwählte Volk in die Rolle des »identischen Subjekt-Objekt« einer Geschichte schieben, in der alles sonst Zerfall ist. Stilistisch korrespondiert diesem Umschlag von Analyse in Heilserwartung der Übergang von einem scharfsinnig analytisch-deskriptiven Stil zu formal-dialektischen Denkbewegungen und zu eigentümlich verblasenen Formulierungen vom Typ: »Und mit der zunehmen-

den Verschärfung dieses Gegensatzes wächst für das Proletariat . . . die Möglichkeit, seine positiven Inhalte an die Stelle der
entleerten und platzenden Hüllen zu stellen . . .« Da platzen die
Begriffe selbst auf wie entleerte Hüllen.

Gerade die Totalität des kulturkritischen Ansatzes straft die Hoffnung auf die dem Proletariat zugeschriebenen »positiven Inhalte«
Lügen. Die Hoffnung ist so irrig, weil – wie Lukács' Analyse selbst
deutlich macht – das Problem der Verdinglichung gar kein klassen-
spezifisches Problem ist. De facto ist der Kommunismus in Europa
bis heute bürokratischer, rigider und in diesem Sinne verdinglich-
ter als der »bürgerliche« Kapitalismus. Lukács' eigene Kritik an der
»modernen Bureaukratie« und der von ihr verlangten »völligen
Unterordnung« im kapitalistischen Staat liest sich heute wie eine
Vorwegnahme jener Kritik, die von internen Kennern des Marxismus und der jungen französischen Philosophie am Totalitarismus
und Bürokratismus der Parteiapparate in den sozialistischen Ländern geübt wird.
    Schon Lukács' eigene Biographie ist ein politischer Eiertanz, bei
dem die Schritte zusehends enger werden. Anders als in »Wilhelm
Meisters Lehrjahren« geht es dabei nicht ohne zerschlagenes Gut
ab. Es ist die Geschichte dauernder Selbstkorrekturen und Zensu-
ren, um sich von »Links-« und »Rechtsabweichungen« her auf
Parteilinie zu bringen, wobei doch, ähnlich wie bei dem Chaplin-
schen Koffer, immer etwas über das Normenpaket der Partei
hinausquillt. Im Aufsatz über »Rosa Luxemburg als Marxistin«
aus dem Jahre 1921 nimmt Lukács noch Stellung für die »spontane
Wesensart der revolutionären Massenaktionen« und gegen die
Partei als »bloße Organisationsform«, 1922 aber kritisiert er die
»Unterschätzung der Rolle der Partei in der Revolution« und
betont, daß der Anspruch auf Freiheit erst einmal den »Verzicht
auf individuelle Freiheit« bedeute, ein »Sich-Unterordnen« unter
den in der kommunistischen Partei repräsentierten »Gesamt-
willen«.
    Dem Genossen Lukács selbst wurde solches »Verzichten« im-
mer aufs neue eingebleut. Auf die Kritik, die von orthodox-
marxistischer Seite, etwa von G. Sinowjew und L. Rudas, an
»Geschichte und Klassenbewußtsein« geäußert wurde, antwortete
Lukács mit Selbstkritik und 1924 mit einer Broschüre, die ihn als
ordentlichen Leninisten ausweisen sollte. Anders als K. Korsch
und A. Pannekoek versucht er sich immer wieder und auch gegen
besseres eigenes Wissen in die dogmatische Organisation der

Partei einzureihen, ohne den Vorwurf des »Revisionismus« und den goût des »Bürgerlichen« je abschütteln zu können.

Das Buch »Geschichte und Klassenbewußtsein« aber ist bedeutend wegen seiner groß angelegten Verdinglichungsanalyse und der Fülle von Aspekten in ihrem Kontext. Auch und gerade weil ihre Konsequenzen eine tiefgreifende Problematik bloßlegt: Sie ist wohl darin zu sehen, daß Lukács einerseits und zu Recht den Prozeß der neuzeitlichen Verwissenschaftlichung und Ökonomisierung der Welt als einen universalen Prozeß beschreibt, andererseits aber mit der »bürgerlich-kapitalistischen Gesellschaft« identifiziert, so als könnten die kommunistischen und sozialistischen Gesellschaften ihm ausweichen. Der Arbeiterklasse werden die pauschalen und ungenauen Hoffnungen auf einen ganz anderen Zustand jenseits der Verdinglichung aufgelastet. Die Kritik an der Verdinglichung als einem universalen Prozeß verfährt selbst so totalitär, daß eine solche Transzendenz, die eine »objektive Möglichkeit« der Geschichte sein soll, aus dem Blickfeld schwindet.

Der Entwicklungsprozeß neuzeitlich-rationaler Wissenschaften und der in der Technik vergegenständlichten Rationalität ist aber in Wahrheit ambivalenter, als er bei Lukács erscheint. Der Begriff der Verdinglichung kehrt nur die negativen Aspekte hervor, nicht jene Entfaltung des Denkens, die auch ein Produkt neuzeitlicher Rationalität ist. Lukács kritisiert das »antigeschichtliche Wesen des bürgerlichen Denkens« pauschal so, als habe er nicht selbst die Waffen seiner Analyse in der bürgerlichen Wissenschaft geschmiedet. Auf Hegel und die Ästhetik um 1800 greift er ja explizit zurück. Aber auch die bürgerliche Geschichtsphilosophie vor und nach 1900 gehört zu den wesentlichen Voraussetzungen von »Geschichte und Klassenbewußtsein«.

Aus Lukács' wenn auch einseitiger Verdinglichungsanalyse jedenfalls ist die Tiefe des Geschichtsschachtes abzumessen, an deren Oberfläche die Probleme der Gegenwart angesiedelt sind. Angesichts dieser Tiefendimension erscheinen die von Restmetaphysik gespeisten politischen Heilserwartungen und der Glaube, durch Zerschlagen des Systems die Voraussetzungen einer modernen Industriegesellschaft ändern zu können, als gefährliche Naivität. Die Irrationalität solcher Hoffnungen ist Ausdruck ihrer Irrealität. Den durch den Prozeß der modernen Zivilisation aufgeworfenen Problemen aber ist nicht durch weniger, sondern durch mehr Vernunft zu begegnen.

Der Traum vom künftigen Reich

Arthur Moeller van den Bruck:
»Das Dritte Reich« (1923)

GÜNTER MASCHKE

Unbefangenheit gegenüber der intellektuellen Rechten der Weimarer Republik ist noch immer selten. Wie vielgestaltig und
widersprüchlich, wie sehr in Grüppchen zersplittert und in Zirkeln
isoliert die ideologische Bewegung auch war, die wir unter dem
paradoxen Begriff »Konservative Revolution« zusammenfassen:
notiert wird meist nur, daß es sich um Vorläufer des Nationalsozialismus handelt. Vom »Kulturpessimismus« einer von Nietzsche und Spengler geprägten Rechten, deren »antidemokratisches
Denken« Teile der Bevölkerung dem Experiment Weimar entfremdete, zieht man die Linie zu Hitlers Verbrechen. Sicherlich
trug die »Konservative Revolution« dazu bei, ein für die Agitation
der Nazis günstiges Klima zu schaffen. Doch wer dies überbetont,
ignoriert die Ursachen der kritisierten Ideologien, vergißt die
Komplexität der geistigen Lage, schönt die triste Realität der
Weimarer Demokratie. Vor allem aber: wer von den prominenten
Intellektuellen jener Zeit zählte denn zu den entschlossenen Ver-
teidigern der Republik? Wenn es eine Mitschuld der Intelligenz
am Untergang Weimars gibt, so gilt das für Linke wie für Rechte;
so tragen an ihr die marxistischen Theoretiker ebenso wie Carl
Schmitt, Bertolt Brecht wie Ernst Jünger, Tucholsky oder George
Grosz nicht weniger als Moeller van den Bruck.

Arthur Moeller van den Bruck, der am 23. April 1876 in
Solingen geboren wurde, am 30. Mai 1925 in Berlin den Freitod
wählte, wird freilich in besonderem Maße der geistigen Vorläufer-
schaft für verdächtig gehalten. Es ist der Titel seines 1923 erschienenen Hauptwerkes »Das Dritte Reich«, das wohlfeile Assoziatio-
nen auslöst – obgleich die Nationalsozialisten sich heftig von
diesem Wortführer des revolutionären Nationalismus distanzierten und er selber für Hitler nichts als Verachtung übrig hatte.

In »Das Dritte Reich« kulminiert Moellers ekstatische Sehnsucht nach einem erneuerten, starken Deutschland, das, auf der

Basis eines elitär-ständestaatlichen »Sozialismus« die geeinigte Nation gegen den liberalen, dekadenten, blutsaugerischen Westen der Entente mobilisiert und so die Schande von Versailles auslöscht. Hinter dem hier zu findenden verzweifelten Ekel an einer Demokratie, die als eine der Kompromißler, Schieber und Kapitulanten vorgestellt wird, die sich in Parteikämpfen erschöpfte und Frankophilie betrieb, »während die Franzosen im Lande stehen«, wird seine Gestalt noch deutlicher als in den früheren Schriften. Was hier vorliegt, ist kein politisches Buch. Sondern ein hypersensibler Ästhet unterwirft die Politik politikfremden Prinzipien, verwirft oder kombiniert nach Belieben Ideologien, Klassenlagen, soziale Interessen – zugunsten einer ästhetisch gedachten Nation. Es ist der Moeller des literatur- und kunsthistorischen Frühwerkes, der décadent, der 1902 vor dem Gestellungsbefehl nach Paris flüchtet und dort zum Nationalisten wird, der Freund Däublers und Barlachs, Holz' und Dehmels, der Übersetzer Maupassants und Defoes, der seinen politischen Schmerz am deutschen Schicksal in eine ästhetische Vision sublimiert – so gesehen, ist Moeller prototypisch für eine lange Reihe deutscher »Schöngeister«.

Die Entfremdung, die Isolierung, der Selbsthaß des Ideen willkürlich in Bezug setzenden Intellektuellen ist hier am Werke, der das Politische reinigen will vom banalen Kampf der Interessengruppen. Das große Individuum und die große Idee sollen agieren und der Staat nicht länger ein zweckrationaler Schutz- und Herrschaftsverband eines chaotischen Pluralismus sein, sondern der Motor einer unaufhörlichen nationalen Mobilisierung, über deren praktische politische Zielsetzung freilich wenig nachgedacht wird und die eher als Denkmöglichkeit denn als konkretes Zukunftsbild besteht.

Es ist die These von den »jungen Völkern«, von der Moeller ausgeht. Das kulturell alte, aber – angeblich – biologisch junge Deutschland hat nach der Niederlage von 1918 die Chance, dem dekadenten Westen, dem es vielleicht nach einem Siege anheimgefallen wäre, zu entrinnen. Die proletarisierte deutsche Nation muß erkennen, daß ihr Heil nicht im Arrangement mit den Siegern, nicht in der Nachahmung von deren Liberalismus liegt, den Moeller nur als System ausbeuterischer französischer Rentnermentalität und englischer Verlogenheit denken kann, sondern im entschiedenen Kampf gegen diesen Westen.

Der Bündnispartner in diesem Kampf kann nur das bolschewistische Rußland sein, das außenpolitisch ähnliche Interessen wie Deutschland hat. Wie sehr Moellers Rußland-Bild auch von seiner

Beschäftigung mit Dostojewskij, dessen Werke er herausgab, romantisch gefärbt ist, wie sehr er in dem Staate Lenins auch das bäuerliche, ewige Rußland sah, das dem rationalistischen und seelenlosen Westen widersteht – an dieser Stelle berührten sich seine Überlegungen doch mit der Realpolitik der jungen Weimarer Republik, mit der Ostorientierung der Brockdorff-Rantzau, Seeckt, Malzahn.

Ordnungspolitisch blieb freilich unklar, was Moeller unter »Sozialismus« verstand. Wenn er von »Nationalisierung« sprach, meinte er kaum das, was wir heute darunter verstehen. Moeller wurde nie müde, die Überlegenheit des Unternehmers über den Proletarier zu betonen, auf dessen Abhängigkeit von der Fähigkeit des Managements und des Kapitalisten zur Disposition, Arbeitsorganisation und zur Öffnung der Märkte hinzuweisen. Moeller schwebte eher eine Art Betriebsgefolgschaft und eine korporativ organisierte Volksgemeinschaft vor, in der der Arbeiter den Dienstcharakter seiner Tätigkeit erkennt und gerade dadurch seine Würde erobert.

Man muß sich fragen, welchen Proletarier Moeller mit einem solchen Konzept gewinnen wollte. Doch wie im Ruhrkampf proletarische Sabotagetrupps unter ehemaligen Offizieren kämpften, so sollte hier der Proletarier erkennen, daß Sozialismus nur national, also im Rahmen der deutschen Denktradition, möglich sei. Der tatsächliche deutsche Sozialismus war für Moeller entweder aufklärerisch und liberal durchseucht oder geriet, bei den Kommunisten, zur stumpfsinnigen Kopie des russischen. Damit mochte Moeller zwar die Realität definieren – treffen konnte er sie aber nicht; denn er setzte den Organisationen keine Organisationen gegenüber – sondern nur die vagen Abstraktionen des »konservativen« und des »revolutionären« Menschen, die auf rätselhafte Weise zusammenfinden sollten.

Daß jede Revolution einen konservativen Zustand will, insofern sogar »konservativ-revolutionär« ist, hat Moeller immer wieder betont. Aber was sagen solche allgemeinsten Übereinstimmungen? Wie sehr Moeller auch die Illusionen des Internationalismus durchschaute, wie sehr er darum wußte, daß die nationale Loyalität stärker ist als die klassenmäßige und daß die »Weltrevolution nur national möglich ist« – er konnte die Kräfte nicht benennen, die bei ihm zudem nicht zu einem Bündnis auf Zeit zusammengehen, sondern das »Dritte Reich« erbauen sollten. Als 1923 mit der Rede Karl Radeks über Leo Schlageter vor dem Exekutivkomitee der Komintern sich die Möglichkeit einer Kooperation zwischen revolutionären Sozialisten und revolutionären Nationalisten abzeichnete – da wich Moeller zurück. Er wies darauf hin, daß die proletarischen Massen Deutschlands »niemals im Ernst auf katastrophische Realitäten gerichtet« wurden, daß Sowjetrußland »die deutsch-russische Verständigung nicht paritätisch, sondern bolschewistisch und parteikommunistisch« betreibe, sich die »deutsche Revolution nicht deutsch, sondern russisch vorstelle«. Die realistische Furcht vor dem machttechnisch überlegenen und ideologisch klareren Partner trieb Moeller, der hier wohl ahnte, daß er ein General ohne Truppen sei, zurück in seine Privatmythologie vom »Dritten Reich«.

»Ein Volk ist niemals verloren, wenn es seine Niederlage versteht«, schrieb Moeller 1919 in seinem Aufsatz »Die drei Generationen«. Jetzt drohte aber sogar die Revolution verlorenzugehen. Denn die Novemberrevolution enttäuschte nicht nur die sozialistischen Hoffnungen, sondern auch die nationalen: Das neue Regime wich zurück vor der Entente. Die zweite Phase der Revolution, die eigentliche Revolution, mußte »konservativ« sein; Aufgabe dieser Revolution war es, das »Dritte Reich« zu erkämpfen. War das Erste Reich in Wahrheit unpolitisch und das Zweite Reich nur ein »Zwischenreich«, so mußte das Dritte Reich, in dem der Verheißungsmythos des mittelalterlichen Mystikers Joachim von Floris endlich erfüllt würde, den »ewigen Frieden« konstituieren. »Ein germanisches Ideal, ein ewiger Morgen«, – so charakterisierte schon der sehnsuchtsvolle Skeptiker Spengler dieses Reich.

Es beweist das occassionalistische Denken Moellers, daß er als Titel seines Hauptwerkes zuerst »Der dritte Standpunkt« und dann »Die dritte Partei« vorgesehen hatte. Moellers »Drittes Reich« sollte das »Reich der Zusammenfassung« sein, in dem die deutschen Gegensätze zwischen den Stämmen, Konfessionen, Klassen erlöschen, in dem die »deutsche Unendlichkeit von dem Abendland hinweg und hinüber nach Asien« zu ihrem Recht kommt und in dem das soziale Problem gelöst wird, weil das nationale gelöst wurde. Der wichtigste Feind bei diesem Vorhaben, über dessen militärische, ökonomische und diplomatische Problematik Moeller wenig sagen konnte, war der Liberalismus und damit das Mehrparteiensystem des Gebens und Nehmens, in dem jedes reine und entschiedene Konzept sich in Kompromissen auflöste. Freilich ist Moellers »Liberalismus« eine Karikatur. Moeller konstruierte erst einmal einen »liberalen Menschen«, der an die englischen und jüdischen »Händler« in Sombarts 1915 erschienenen »Händler und Helden« erinnert; »einen Menschen mit einem, je nachdem, aufgeweichten oder abgefeimten Gehirn, der entweder seine Grundsätze nicht mehr auseinanderzuhalten vermag oder der sich über sie hinwegzusetzen pflegt: einen Menschen jedenfalls, den es nicht die geringste Selbstüberwindung kostet, sie preiszugeben, im Gegenteil, der sich daraus bezahlt macht und sich dabei in seinem eigentlichen Geschäfte fühlt.« Dieser Liberalismus, der nichts mit Freiheit zu tun hat, beschützt nur die Willkür, und der liberale Mensch, der die auflösende Individualisierung vorantreibt, sieht das Leben nur noch unter dem Aspekt von Sättigung und Nutznießertum. Der Liberale lebt, um zu leben – auf diesem Grund läßt sich weder ein Staat bauen, noch ein Volk in Form halten. Ja, selbst das Bismarck-Deutschland war ein Opfer des Liberalismus geworden. Ganz allgemein: »Am Liberalismus gehen die Völker zugrunde«. Ein nicht nur politisches, sondern auch ethisches Konzept wird bei Moeller reduziert zu einer betrügerischen Geschäfts- und Konsumphilosophie verbunden mit etwas von Libertinage. Selbst Friedrich Julius Stahl und Wilhelm II. werden von Moeller zu Liberalen ernannt. Die Aufgabe des wirklichen Konservativen ist es da, »dem Liberalismus den Protest entgegenzusetzen, der Ratio die Religion, dem Individuum die Gemeinschaft und dem ›Fortschritt‹ das ›Wachstum‹.«

Dabei hat der nationale Gedanke den absoluten Primat und steht über dem monarchistischen. Die konservativ-revolutionäre Bewegung Moellers mußte in einem »deutschen Sozialismus« münden, der das von Marx und Engels wie von der Sozialdemokratie unbegriffene Bedürfnis der Massen nach geistiger Erneuerung sättigte. Die SPD besaß lange genug das Monopol auf den Sozialismus, – es mußte ihr entrissen werden, da sie doch nur noch an der Demokratie festhielt, den Sozialismus aber 1918 verriet. Moellers »deutscher Sozialismus« ist eine »körperschaftliche Auffassung von Staat und Wirtschaft, die vielleicht revolutionär durchgesetzt werden muß, aber alsdann konservativ gebunden sein wird«. Dieser Sozialismus sollte wurzeln in den mittelalterlichen Zünften und bei Thomas Münzer. Moellers Sozialismus ähnelt Wichard von Moellendorfs »deutscher Gemeinwirtschaft«. Moellendorf hatte, als Mitarbeiter Walter Rathenaus in der AEG, diesen zuerst auf die im Weltkrieg notwendige staatliche Rohstoffbewirtschaftung hingewiesen und daraus einen »konservativen Sozialismus« gefolgert. Danach wurde die Wirtschaft vom Staat nach funktionalen Gesichtspunkten gegliedert, der Plan trat an die Stelle der Konkurrenz, Staatsdirigismus und verbandliche Selbstverwaltung wurden gekoppelt. Es war ein Kriegssozialismus, über dessen

Chance im Frieden Moeller gar nicht nachdachte, – zumal seine Ideen viel ungenauer waren als die Moellendorfs oder Rathenaus. Eine Arbeitsgemeinschaft sollte in einem »internationalen Sozialismus« sehr eigener Prägung gipfeln: im Bündnis mit Rußland gegen die Entente. Die rote Fahne über Rußland und der konservative Sozialismus Moellers: Beide Male sah Moeller nur den Faktor der nationalen Mobilisierung. Es ist deshalb nicht verwunderlich, daß er 1922 das faschistische Italien feierte. Mussolini ebenso wie Lenin und Trotzki zu verehren war damals in ganz Europa im Milieu der konservativ-revolutionären Intelligenz eine Routineangelegenheit (z. B. bei Georges Sorel). Eine heroisch-romantische Geschichtsphilosophie, der es mehr auf die die Alltagsmoral zerstörende Aktion, auf den integrierenden Mythos, auf das Prinzip der Bewegung an sich ankam, denn auf soziale, ordnungspolitische, ökonomische Inhalte, fand im Bolschewismus wie im Faschismus ihre Hoffnungen erfüllt. Heute fragt man sich, ob die beiden Systeme nicht tatsächlich eine enge Verwandtschaft besaßen, die später, während und nach ihrem Zusammenstoß, so gern geleugnet wurde.

Moellers »Reich« war jedoch kaum mehr als eine unklare Vision, eine Vision, in der die deutsche Innerlichkeit und der zu ihr zugehörende Gewaltkult, die Sisyphos-Anstrengung eines Konservatismus, der das zu Bewahrende erst schaffen wollte, und das romantische Bild einer auf Treue und Vertrauen basierenden Wehr- und Gefolgsgemeinschaft trüb zusammenflossen. Die Pseudopräzision à la Spengler und Ernst Jünger verbindet sich hier mit einer hysterischen Gefühligkeit, wie sie den politisierenden Literaten oft auszeichnet.

Als sich 1923 die Geldgeber von Moellers Zeitschrift »Das Gewissen« stärker auf ihre kapitalistischen Interessen konzentrierten, zog Moeller sich, allmählich resignierend, zurück. Für die Realitäten der Politik war der Theoretiker der Varietékunst von 1902 und der Historiker des »preußischen Stils« in der Architektur von 1916 nicht geschaffen. Es ist die alte, ewig junge Misere vieler deutscher Intellektueller, die sich nicht mit dem Erkennen dessen, was ist, beschäftigen wollen, sondern die hoffen, daß die Wirklichkeit die Form ihrer abstrakten Postulate annimmt: wenn nicht, dann muß man sie zwingen. Bei Moeller, dessen denkerische Individualität so angenehm absticht von den heutigen, unter Selbst- und Gruppenzensur stehenden Ideologen, kam noch die außerordentliche Vagheit seines »Dritten Reiches« hinzu; es sollte mit äußerster Entschlossenheit erkämpft werden, aber letztlich konnte man es sich konservativ, sozialistisch, kapitalistisch, faschistisch oder sogar demokratisch vorstellen. Gerade mit dieser Möglichkeit einer beliebigen Interpretation spielte Hitler.

Auch Moeller war, wie Radek den jungen Schlageter nannte, »ein Wanderer ins Nichts«; ins Nichts einer nationalen Utopie, deren Verwirklichung zur blutigen Farce wurde. Sein Bild vom »Dritten Reich« begleitete er mit einer Warnung, von der wir nicht wissen, ob sie nur Orakel oder ob sie Prophezeiung war:

»Das deutsche Volk ist nur zu geneigt, sich Selbsttäuschungen hinzugeben. Der Gedanke des Dritten Reiches könnte die größte der Selbsttäuschungen werden, die es sich je gemacht hat. Sehr deutsch würde es sein, wenn es sich darauf verließe, wenn es sich bei ihm beruhigte. Es könnte an ihm zugrunde gehen.«

Mythos und geschichtliche Existenz

Rudolf Bultmann: »Jesus« (1926)

EBERHARD SCHULZ

Der schmale Band war ein Ereignis der zwanziger Jahre. Auf der zweiten Seite lautet das erste Wort »Existenz«, und es ist mehr als ein Stichwort, es ist der Drehpunkt der ganzen Betrachtung. Wenn je die negative Theologie, für deren Wortschöpfung Karl Barth oder einfach die Zeitströmung verantwortlich waren, sich in einem farbigen Wortglanz ausbreiten konnte, dann in diesem unscheinbaren Werk. Später ist die Existenzphilosophie sehr dürr und »punktuell« geraten. Aber hier bietet Bultmann noch eine breite Eröffnung: Nicht wolle er eine geschichtliche Persönlichkeit liefern, nicht psychologisch verständlich sein; nicht eine Geschichtsbetrachtung in hergebrachter Weise, keine Wendungen, in denen von Jesus als großem Mann, Genie oder Heros die Rede ist.

»Jesus ist weder dämonisch noch faszinierend. Es ist auch nicht von dem ewigen Wert in seiner Botschaft, den zeitlosen Tiefen der Menschenseele oder dergleichen die Rede.« Das Nein, Nein kann sich kaum theatralischer einführen.

Jeder Theologe von Ruf hatte ein fülliges oder auch zersetztes Porträt der christlichen Stiftergestalt geliefert. So waren sie von Albert Schweitzer in der berühmten »Geschichte der Leben-Jesu-Forschung« zusammengefaßt worden (1906). Nun aber befinden wir uns mitten im Aufräumvorgang der zwanziger Jahre, die die bürgerliche Tradition hinwegfegen wollten, die liberale Weltauffassung überhaupt. Barth sagte, mit Oswald Spengler sei man in das eiserne Zeitalter eingetreten. Was gilt denn noch? »Einzig gilt, was als Forderung der geschichtlichen Existenz von Jesus Gegenwart werden kann.«

Forderung und Existenz! Dies war das Brüderpaar der Begriffe, mit dessen Hilfe Bultmann des geschichtlichen Jesus' eigentlich gar nicht habhaft werden wollte. Und auch dort, wo er genug Umschreibungen, Zitate aus den Evangelien und Charakterzüge nennt, hat er, oft in voller Polemik, sein Jesus-Buch eigentlich ohne die Jesus-Gestalt geschrieben, wie man sofort angemerkt, aber in jener Zeitstimmung hingenommen hat. Bultmann war eben vierzigjährig und auf der Höhe seiner Kraft.

Karl Barth hat in dem berühmten Kommentar zum Römerbrief von 1922 sich gewundert, bei der Phalanx gelehrter Rezensionen, die sich gegen ihn richteten, Rudolf Bultmann als einen Verbündeten zu sehen. Wir wissen aus dem Briefwechsel zwischen den beiden Theologen, die in der Morgensonne ihres Ruhms emporstiegen, wie auch eine persönliche Annäherung stattfand, wie man sich in einem gemeinsamen Seminar in Marburg traf, sogar Pläne hatte, mit den Familien gemeinsam in die Ferien zu gehen, und doch waren die Unterschiede zwischen dem ersten Revolutionär Karl Barth von 1920 und Bultmann, dem Evangeliumsforscher, der sich – seit der Begegnung mit Heidegger – der Existenz-Auslegung bediente, kaum zu übersehen. »Bei Ihnen«, so schreibt Bultmann an Barth, »weiß man vom ersten Augenblick, was kommen wird. Die Decke der Dogmatik wird darübergelegt.«

Was sie dennoch verband, war der allgemeine Absagewille dieser Generation, die mit dem Ersten Weltkrieg auch eine Bruchlinie in den Überlieferungen des neunzehnten Jahrhunderts erlebt hatte, und das Neue mühsam zu definieren versuchte. Heideggers Existenzphilosophie schien der Kriegsgeneration nach langen Grabennächten eine Formel anzubieten, in der das ästhetische Gegenüber von Subjekt und Objekt ausgelöscht war. Barth schreibt vom Einschlagtrichter und Hohlraum, um so die negative Existenz mit Worten anzutasten. Bultmann spricht von der »Ungesichertheit«. Wir sind dem »Geworfen-Sein« Heideggers nahe.

Die deutsche Sprache ist damals sehr strapaziert worden. Es gehört durchaus in diese Szene, wenn jene Umschreibungen in der Negation bunter ausfielen; man wolle Religion oder christlichen Glauben nicht genialisch, nicht als Erlebnis, als vertiefte Individualität verstehen. Und die Persönlichkeit, so oder so, galt als erledigt – immerhin eine recht unverdrossene Absage an das Menschenideal der Renaissance bis zu Goethe und durch das ganze neunzehnte Jahrhundert hindurch.

Nun hat sich Bultmanns Jesus-Buch lange auf der Liste der beliebten Bücher gehalten, und nicht nur im kleinen Kreis der Frommen. Es erscheint heute noch als »Stundenbuch« im Taschenformat. Denn überraschend nach dem philosophischen Prolog wird doch der Horizont der Evangelien ringsumher aufgehellt. Das jüdische Volk habe in messianischen Hoffnungen und in messianischen Verschwörungen gelebt. Der bekannte Herodes der Große (37–4 v. Chr.) hatte im Jerusalemer Theater – die Stadt war ja völlig mit Bauwerken hellenisiert – Trophäen aufgestellt, die von jüdischen Jünglingen umgerissen wurden. Es erfolgen Hinrichtungen, blutige Aufstände auch in Galiläa, in Judäa. Pilatus unterdrückt zwei kleinere Aufstände. Propheten treten auf mit dem selbsternannten Rang eines Königs. In allem ist das Milieu vorbereitet, die Lebensluft unter römischer Besatzung ist eng, und alles ist zum Zerplatzen gespannt. Jesus war Jude, wie Bultmann mehrfach betont, und so Johannes der Täufer, und beide Bewegungen waren messianisch.

Was dann auf knappen 180 Seiten folgt, liest sich wie ein Erzählbuch der biblischen Zeitwende. Viele Verwarnungen sind eingesprengt, es liege Jesus ganz fern, den Menschen in humanistischem Sinne zu sehen. Der humanistische Individualismus werde im Neuen Testament abgelehnt, jede Seelenpflege, jede Mystik. Der Mensch – so Bultmann – werde vielmehr zur Entscheidung aufgerufen.

Dem Leser des Neuen Testaments ist aus jeder Zeile bekannt, das Himmelreich sei nahe und das Ende gekommen. Der gelehrte theologische Ausdruck dafür heißt Eschatologie – die Erwartung des Weltendes. Der Forscher, der Bultmann in einem eminenten Sinne ist, kann jene Eschatologie, noch jeden Satz, der ausspricht, daß bald alles erfüllet sei, nicht leugnen. Sie gehört zum inneren Bestand christlicher Frömmigkeit und Forschung. Aber nach Bultmann »redet Jesus von Gott, indem er (dem Menschen) zeigt, daß er in der letzten Stunde steht, in der Entscheidung, daß er in seinem Willen von Gott beansprucht ist«.

Wenn der älteste Bericht vom letzten Abendmahl nach dem elften Kapitel des Lukasevangeliums zitiert wird: »Wie verlangte mich dies Paschahmahl mit euch zu essen . . .«, so enden die Worte auch wieder, »die Legende habe auch diesen Bericht gefärbt, vielleicht schimmert ein altes Wort hindurch«. Jesus redet oder die Gemeinde denkt, er habe so gesprochen. Die Gemeinde – um viele Erfahrungen reicher, um seine Hinrichtung und die Zerstörung der Stadt Jerusalem durch Titus im Jahre 70 und das Auseinanderstreben der Juden und der Urgemeinde – will den wiederkommenden Messias in jedem Prediger sehen, der so viel in ländlichen Gleichnissen redete, vom Weinstock, vom Acker, vom Haushalt eines reichen Bauern und dem verlorenen Sohn, von der verdorrten und von der unzählig vielfachen Frucht, auch von Dämonen und der Wunderkraft der Heilungen. Jesus habe durchaus an Wunder geglaubt.

Man hat unter den Juden Palästinas das Weltende erwartet. Man blickte auf die anbrechenden Herrlichkeiten und ebenso in die Höllenphantasien hinein. Dennoch sei Jesu Predigt »keineswegs als Interimsethik« gemeint, also nur für eine kurze Übergangszeit. Sie sei Entscheidung, das »Entweder-Oder«, wie Bultmann mit der Formel des Dänen Kierkegaard sagt.

Alles, wenn man so will, ist noch einmal um eine Stufe tiefer vom Goldgrund der Bibel abgehoben und auf unsere heutige irdische Existenz hinunter- und herabgebracht. Manches klingt ganz lutherisch: der ferne und der nahe Gott sind der Eine.

Der Leser der siebziger Jahre, der nun das kleine Buch wieder in die Hand nimmt, spürt, welche Härten dieser Eschatologie angetan werden. Der Exkurs über die Wunder als einen »Durchbruch der göttlichen Kausalität« gleicht einem Akrobatenstück. Die Gemeinde sei überzeugt, daß Jesus Wunder getan hat. Der Wunderglaube Jesu bedeutet aber nicht, daß Jesus von übernatürlichen Kräften und Gesetzen überzeugt gewesen sei. Das ist schwierig und intellektuell nebeneinander kaum aufrechtzuerhalten.

Wir dürfen uns die Spannungen in jenem Marburger Professor, der in der Religionsgeschichte eine absolute Autorität zu werden versprach und es bald war, nicht gering vorstellen, wenn es heißt, Wunder ja, aber auch nein. Wenn es heißt, das Vaterunser – verschiedene Fassungen bei Matthäus und Lukas – entspreche ganz und gar jüdischen Gebeten. Aber es weiche von jüdischer Tradition darin ab, daß Gebet nicht als Leistung angesehen werde. Die bunte Farbigkeit der Gleichnisse – völlig orientalisches Sprachgut auch nach Bultmann – spricht bildhaft und nahe zu uns bis auf diesen Tag, als seien wir selbst jener Ackerknecht, der zu Tisch gebeten wird, jener Arbeiter, der zuletzt zum Weinberg kam und doch den gleichen Lohn erhält; und nun wird alles umgenagelt auf das Postulat des Gehorsams, auf einen radikalen Gehorsam, der nur Forderung an den Menschen ist.

Schon sind wir bei der punktuellen Umdeutung der breiten Szene der ersten drei Evangelien angelangt, bei jener Enge, hinter der nicht nur die Gespräche Jesu, seine Gestalt, sein buntes Gefolge verschwindet, sondern auch die Fülle jenes einen oder jener drei Jahre, die zwischen der Taufe am Jordan und dem Gang nach Gethsemane liegen. Der Religionskritiker, der weiter als irgendein

Theologe vor ihm gegangen war, und der fromme Christ, der allein in der Existenzforderung lebt, scheinen wie zwei verschiedene Wesen miteinander verbunden, und es war wohl nur eine Frage des Zeitpunkts, wann die Entladung kam.

Sie ist 1941 in der Pfarrkonferenz von Alpirsbach geschehen, als Bultmann seine These der Entmythologisierung aussprach, eine Sache der protestantischen Redlichkeit für die einen und für andere verspätetes Aufklärertum, das an ein christliches Tabu rührte.

Uns berührt heute beim Zurückdenken an die zwanziger Jahre, in denen schon alles vorbereitet war – auch die Theologie der vielen Schichten und Umhüllungen der Urgemeinde –, das andere Buch, das Bultmann 1949 über »Das Urchristentum im Rahmen der antiken Religionen« geschrieben hat. Es liefert auf seine Weise die Rechtfertigung für die These des »falschen Mythos«, es ist mit unzähligen Zitaten und Anmerkungen ausgeschmückt, ganz anders als der kleine Jesus-Band, bei dem am Ende nur die Bibelstellen vermerkt wurden. Deutschland hatte knapp vier Jahre seit Kriegsende zurückgelegt, und es sind acht Jahre her seit jener Pfarrkonferenz von 1941, die zunächst unbemerkt blieb.

Nun aber wogte es bebenartig empor. Denn hier war das Faktum der christlichen Religion, auch die Gestalt ihres Verkünders, in dürren Worten preisgegeben als ein nicht mehr auffindbarer Rest inmitten eines mythischen Gebäudes (des Dreistockwerkgebäudes von Himmel, Erde und Hölle), inmitten der sich neigenden, jüdisch und orientalisch verworrenen, in Mysterienkulten, in stoischer und gnostischer Philosophie vermengten Antike.

Haben wir richtig gelesen, so taucht das Stichwort jener Entmythologisierung in keiner Zeile, auch nicht in den Anmerkungen und auch nicht im Register auf. Aber natürlich ist es in jeder Zeile enthalten. Und was im Jesus-Buch von den »Schichten der Überlieferung« zu lesen war, wird nun mit gelehrtem Scharfsinn definiert und belegt: was altisraelisch sei, und was die Propheten verkündet hätten – »sie haben sich geirrt!« –, was das nachexilische Judentum in Kult und Vorschriftenpraxis gebracht habe. Dann der völlig entgegengesetzte griechische Geist, die Adelsgesinnung, »immer der Erste zu sein und schön zu sterben«. Hier steht auch Bultmanns vielleicht gewagteste Behauptung, griechisches Geschichtsdenken sei rückwärts den Ursprüngen zugewendet, das hebräische und jüdische aber der Zukunft entgegen. (Das ist sehr zweifelhaft. Auch die Juden haben Geschichte rückwärts als Erinnerung an die Patriarchen und Moses erlebt, und selbst die

Versprechungen der Propheten auf kommende Macht und Erlösung sind an den Beweisfaktor der frühen Erwählung gebunden.)

Dann das klassische griechische Denken, Platons Frage nach dem Sein und die späteren Auflösungen des in Stufen ansteigenden Weltgebäudes bei Plotin, schließlich die wichtigen Veränderungen des Hellenismus. Denn alle Evangelien sind ja in der griechischen Sprache des späten Hellenismus und in seinem Geiste auf uns gekommen; die Mysterienkulte, und endlich was das Eigentliche des Urchristentums sei. Urchristentum – so wird gesagt – sei Mischgut verschiedener Elemente, »ein synkretistisches Phänomen!«

Sind alle jene Überwurffalten mit unglaublicher historischer Anatomie herausgearbeitet und liegt nun die fremde orientalische Umwelt vor uns, so könne doch nichts die »Existenz« und das Gehorsamspostulat berühren. Später hat Bultmann noch das griechische Wort Kerygma, die Verkündigung an sich, hinzugefügt, nicht aber ihre Inhalte, und es bei dem Kontrast einer unglaublich weiten Seelenlandschaft der Spätantike und der knappsten christlichen Existenz belassen.

Ranke hat, gleichsam ohnmächtig vor dem Berg überlieferter Historie, einmal von der Auslöschung des eigenen Selbst gesprochen, damit nun das Vergangene sich vor dem Auge des Forschers ausbreite. Auch bei Bultmann ist jenes Selbst von der ungeheuren Forderung der Geschichte ergriffen, aber nicht ausgelöscht, sondern in die Kategorie des Gehorsams gebeugt – was auch immer in seinem Inhalt dieser Gehorsam sei.

Nach den mehr als fünfzig Jahren, die seit dem ersten Jesus-Buch abgelaufen sind, und nach neuen Katastrophen sind wohl zwei Anmerkungen zu machen. Einmal das Erstaunen über die unbewegliche Festigkeit jenes ganz geringen Wortschatzes, mit dem der Forscher Bultmann nach der reichen Ernte der Religionskritik in der griechischen und in der orientalischen Welt jedem Gespräch die Tür abschloß. Friedrich Georg Jünger hat noch vor kurzem (1974) die Säuberung der Texte von allen Mythen als eine Beraubung angeklagt, die an der Kahlheit und Bildlosigkeit des Wortes sichtbar werde. Karl Jaspers, in der bekannten Auseinandersetzung mit Bultmann in den fünfziger Jahren, sah sich in seinem Gesprächsgegner einem Granitblock gegenüber, und er hatte den billigen Vorwurf dummer Aufklärung gegen Bultmann erhoben, nahm ihn aber zurück. So gelten jenes sehr entschichtete und entkleidete Urchristentum und auch die Jesus-Gestalt Bultmanns doch vielen als eine Befreiungstat, deren man sich sonst schämte und die niemand sonst riskiert hat.

Heute, nach einem zweiten großen Krieg, nach der Überschwemmung mit Wohlstand, die manchem fragwürdig ist, würde nur einem kleinen Kreis von Geistern das Stichwort der »Existenz« so einleuchten wie der studentischen ersten Nachkriegsgeneration mit ihrem heftig antibürgerlichen Affekt. Im Gegenteil: zu viel Geschichte ist erloschen, der liberale Adel und menschliche Hoheit zu oft verletzt, als daß nicht alle Sehnsucht sich dorthin zurückwenden wollte. Die Fronten von einst existieren kaum noch. Gegnerschaft gegen Geschichte und den Historismus als Lebensform würde heute niemand so preisen wie in dem Bultmannschen Ansturm, auch nicht in dem des frühen Karl Barth. Das Klima, eher das Antiklima, welches dem Pathos der Schriften Bultmanns beigesellt war – wer sucht das noch, wer will das finden? Von der Sache, gewiß, ist genug geblieben.

Vom Feind und der Feindschaft

Carl Schmitt: »Der Begriff des Politischen« (1927)

JOHANNES GROSS

Im Eutyphron läßt Platon den Sokrates sagen: Was könnte es denn aber für eine Streitfrage geben, über die wir zu keiner Entscheidung kämen, sondern uns Feind würden und in Zorn gerieten? Vielleicht fällt es Dir nicht gerade ein. Aber sieh zu, ob es das ist, was ich jetzt sage; das Gerechte und das Ungerechte, das Schöne und das Häßliche, das Gute und das Böse. Nicht wahr, das ist es doch; wenn wir darüber uneins wären und zu keiner befriedigenden Lösung gelangen könnten, dann werden wir einander Feind, wenn wir es je werden, sowohl ich als Du und alle anderen Menschen? Eutyphron antwortete: Ja, Sokrates, diese Uneinigkeit ist es und über diese Fragen.

Fast zweieinhalbtausend Jahre später tauchen diese Gegensatzpaare in scheinbar ähnlichem, in Wahrheit weit entferntem Zusammenhang wieder auf; in einem Essay, der vom Feind und von der Feindschaft handelt, in dem das Kriterium des Politischen gesucht wird, das in der platonischen Welt noch nicht auf den Begriff zu bringen war. Was in den Worten des Sokrates als das Primäre erscheint und erst in der Folge Feindschaft begründet oder auslöst, wird bei dem neuzeitlichen Denker nicht nur sekundär, sondern fast nebensächlich gegenüber dem das Politische konstituierenden Verhältnis von Freund und Feind. »Nehmen wir an, daß auf dem Gebiet des Moralischen die letzten Unterscheidungen Gut und Böse sind; im Ästhetischen Schön und Häßlich; im Ökonomischen Nützlich und Schädlich oder beispielsweise Rentabel und Nicht-Rentabel. Die Frage ist dann, ob es auch eine besondere, jenen anderen Unterscheidungen zwar nicht gleichartige und analoge, aber von ihnen doch unabhängige, selbständige und als solche ohne weiteres einleuchtende Unterscheidung als einfaches Kriterium des Politischen gibt und worin sie besteht. Die spezifisch politische Unterscheidung, auf welche sich die politischen Handlungen und Motive zurückführen lassen, ist die Unterscheidung von Freund und Feind.« Diese Sätze stehen in einer Abhandlung, die zuerst im Heidelberger Archiv für Sozialwissenschaft und Sozialpolitik im September 1927 erschienen ist; sie war durch ein Seminar an der Bonner Universität 1925/1926 vorbereitet worden, an dem einige Studenten teilgenommen hatten, die wie Otto Kirchheimer, in den folgenden Jahrzehnten zu entschiedenen Gegnern ihrer Thesen und vor allem ihres Autors wurden. Dieser Autor, Carl Schmitt, war der Gelehrtenrepublik, und nicht nur ihr, längst bekannt geworden durch Bücher über die politische Romantik und die Diktatur; 1928 festigte er seinen Ruhm mit der »Verfassungslehre«, schon damals erkennbar als die definitive Systematisierung des liberalen Verfassungsstaates und seiner Begrifflichkeit.

»Der Begriff des Politischen« scheint zunächst ein allgemeineres Aufsehen nicht gemacht zu haben. Seine Wirkung setzte ein mit der hohen Krise der Weimarer Republik und der geschärften Sensibilität für existentielle politische Fragen, wovon ein Brief Ernst Jüngers vom 14. 10. 1930 Kunde gibt. Er lautet:

Sehr geehrter Herr Professor!

Ihrer Schrift »Der Begriff des Politischen« widme ich folgendes Epigramm:

»Videtur: Suprema laus«

denn der Grad ihrer unmittelbaren Evidenz ist so stark, daß jede Stellungnahme überflüssig wird, und die Mitteilung, daß man Kenntnis genommen hat, dem Verfasser genügt.

Die Abfuhr, die allem leeren Geschwätz, das Europa erfüllt, auf diesen 30 Seiten erteilt wird, ist so irreparabel, daß man zur Tagesordnung, also, um mit Ihnen zu sprechen, zur Feststellung des konkreten Freund-Feind-Verhältnisses übergehen kann. Ich schätze das *Wort* zu sehr, um nicht die vollkommene Sicherheit, Kaltblütigkeit und Bösartigkeit Ihres Hiebes zu würdigen, der durch alle Paraden geht.

Der Rang eines Geistes wird heute durch sein Verhältnis zur Rüstung bestimmt. Ihnen ist eine besondere kriegstechnische Erfindung gelungen: eine Mine, die lautlos explodiert. Man sieht, welch Zauberei, die Trümmer zusammensinken; und die Zerstörung ist bereits geschehen, ehe sie ruchbar wird. Was mich betrifft, so fühle ich mich durch diese substantielle Mahlzeit recht gestärkt. Ich gedenke, Ihnen einige jener Leser zuzuführen, die heute ebenso selten wie *Bücher* sind.

Mit *Hoch*achtung
Ernst Jünger

Die Bedeutung der Schrift hat der Dichter so scharfsinnig wie für ihn hochcharakteristisch bezeichnet, aber nicht ihre Wirkung. Es war keine Mine, die lautlos explodiert. Nach der Buchausgabe von 1932, auf die sich alle folgenden Veröffentlichungen beziehen, wurde sie zum meistdiskutierten staatsrechtlich-politischen Text des Jahrhunderts, in die Kultursprachen übersetzt, zuletzt noch vor einigen Jahren ins Amerikanische, und hat dem Verfasser, fast wie Machiavell, das Attribut des Umstrittenseins eingetragen, das ihm durch die Zeit seines Attachments an den Nationalsozialismus, dann der Ächtung durch die SS, der Isolation nach dem Zweiten Weltkrieg bis ins neunte Jahrzehnt seines Lebens geblieben ist.

Im Gegensatz zu dem Begriff der »Politik«, der vom aristotelischen Denken und der Erinnerung an die antiken städtischen Gemeinwesen geprägt ist, macht den Begriff des »Politischen« die Intensität eines Gegensatzes aus, gleichviel, worauf er sich gründen mag und wie er rechtlich oder propagandistisch legitimiert wird. Das Politische hat ja kein eigenes Terrain und kann nicht inhaltlich bestimmt werden: Aus jedem Konflikt (freilich nicht aus dem privaten Streit einzelner) kann ein politischer werden, nämlich dann, wenn er zur Feindschaft sich steigert und in der äußersten Konsequenz den Krieg als Entscheidung nicht ausschließt. Zugleich besagt dieser Begriff des Politischen, daß der Feind nicht moralisch böse, ästhetisch häßlich zu sein braucht oder irgendeine andere Eigenschaft trägt, die unter Menschen vorkommen kann – im Gegenteil, die formale begriffliche Verselbständigung des Politischen erlaubt die Rationalisierung, sprich Humanisierung des Gegensatzes bis zur »Hegung des Krieges«, die dann unmöglich geworden ist, wenn Kriege *über das Politische hinausgehend*, den Feind gleichzeitig in moralischen und anderen Kategorien herabsetzen und zum unmenschlichen Scheusal machen müssen, das nicht nur abgewehrt, sondern definitiv vernichtet werden muß, *also nicht mehr nur ein in seine Grenzen zurückzuweisender Feind* ist.«

Die wissenschaftliche und die unwissenschaftliche Auseinandersetzung um das Kriterium des Politischen als der Feststellung des konkreten Feindes, die selber in einigen Fällen die Qualität des Politischen erreichte, erscheint dem Nachgeborenen nicht völlig begreiflich. Schließlich war die Politik nie ernstlich als das Feld der öffentlichen Erbauung des Guten, Wahren und Schönen bezeichnet worden; der Kampf um die Erringung oder Erhaltung der Macht über Menschen war ihr immer inhärent, und selbst, wenn ihr in frommer Absicht der friedliche Wettkampf um das Allgemeinwohl als eigentliche Aufgabe zugeschrieben wurde, so konnte doch mindestens der Antagonismus, die Gegnerschaft als eines ihrer Elemente nie geleugnet werden – erst im Neuen Jerusalem, wo alle Feindschaft aufhört, gibt es keine Politik und nichts Politisches mehr. Die Bestimmung des Politischen durch das Kriterium des sogenannten Freund-Feind-Verhältnisses (die klassisch gewordene Wendung ist ungenau, weil es um die Unterscheidung von Feind und Nicht-Feind geht; Freund ist kein Wort der Politik, sondern des Privaten) hat offenbar den Charakter einer Wahrheit, die insbesondere politisch handelnde Personen nicht wahrhaben wollen; besonders die amtierenden Generationen im Nachkriegsdeutschland waren überzeugt, Politik zu treiben, doch keinen Feind zu haben und mußten mithin den Schmittschen Begriff des Politischen verwerfen, ja glaubten sich geradezu als Demokraten zu bestätigen, indem sie sich vom »Freund-Feind-Denken« distanzierten. Dieser Denkweise entsprach auch das Grundgesetz, eine Verfassung, die viel von Krise wußte und nichts von Krieg, die für den Gegner ihrer freiheitlich-demokratischen Grundordnung ein Instrumentarium präventiver Maßnahmen bereitstellte, aber eine Waffe für den Notfall nicht. Dem entsprach auch die Entwicklung einer öffentlichen Sprache, die das Wort »Partner« für die Vertreter gegenläufiger Interessen verwendet und eine Vokabel wie »Solidarität« gerade in Situationen bemüht, in denen fundamentale Konflikte kaum noch kaschiert werden können.

Das Skandalon des Essays mag beim ersten Bekanntwerden zudem den Grund gehabt haben, daß Carl Schmitt dem Begriff des Politischen eine Prävalenz gegenüber dem Begriff des Staates einräumt, auf den doch das politische Denken von der Zeit der Legisten bis zum 20. Jahrhundert sich bezogen hatte. Heute versteht jeder Zeitungsleser, daß das Politische dem Staat nicht nur vorhergeht, sondern auch überlebt, wenn die klassische Staatlichkeit nach den berechtigten Ansprüchen sozialer Mächtegruppen parzelliert wird und zumal in Europa, ihrem Ursprungskontinent, unübersehbar zu Ende geht. Der Staat hatte seinem Begriff nach das Monopol des Politischen – in seinem Innern durfte es nur Justiz und Polizei geben, aber nicht die Unterscheidung von Freund und Feind. Nach außen machte es seine Souveränität aus, daß er kraft ihrer allein den Feind zu bestimmen hatte bis zu Ausübung des ius belli, das nach klassischem europäischem Völkerrecht losgelöst war von der Notwendigkeit moralischer Rechtfertigungen – die alte Lehre vom gerechten oder ungerechten Krieg hatte zu den entsetzlichen konfessionellen Schlächtereien geführt, zu deren Überwindung sich der Staat der Neuzeit gerade erhoben hatte.

Die konkrete Unterscheidung von Freund und Feind als bestimmendes Merkmal des Politischen muß jedem Denken verdächtig bleiben, das aus der Tradition des Liberalismus lebt. Die Erinnerung an die liberale Epoche wird immer mächtig bleiben, weil sie einen Gipfel der politischen Zivilisation markiert, von dem alle folgende Geschichte abzusteigen scheint. Aber der Liberalismus war zur politischen Entscheidung nur kurze Zeit und uneingestandenermaßen in der Lage gewesen, als er die Herrschaft über die Seelen der Gebildeten längst errungen hatte, aber von der Herrschaft über die Institutionen noch weit entfernt war; doch war im Grunde nie der Ernstfall seine Sache (der in seinem Weltbild, zum »Ausnahmezustand« kondensiert, nur eine bescheidene Charge spielte), sondern die permanente Diskussion und jene Art der Konsensbildung, die auf dem Austausch der Argumente, dem Ausgleich von Interessen innerhalb einer homogenen Schicht beruht, die sich als »die Gesellschaft« versteht. Feinde hat eine solche Gesellschaft nicht; ihr Schicksal ist nach Rathenaus Wort die Wirtschaft und nicht die Politik; wer die Gesellschaft durch die Behauptung von Klassengegensätzen gefährdet und die Völkerfamilie, die ihre Entwicklung im Welthandel realisiert, durch Bedrohung des status quo, der wird nicht als politischer Feind wahrgenommen, sondern ist kriminell und geht der Segnungen des Rechts verlustig. Der Liberalismus war es auch, der sich im 19. Jahrhundert im Gegensatz zur sozialen Bewegung für den Endzustand der Geschichte hielt, für den es Zukunft im prinzipiellen Sinne nicht mehr gab, sondern nur den Fortschritt in Gesittung, Wissenschaft und Brutto-Sozialprodukts-Zuwachsraten. Wer das Ziel der Geschichte erreicht hat, ist aber der Unterscheidung von Freund und Feind enthoben. Übrigens darf man die protestantische Kirche, zumal in Deutschland, in analoger Lage sehen – für sie war zwar nicht der historische Endzustand erreicht, den es hinieden nie geben kann, doch wohl das Optimum ihres irdischen Status, so daß sie, mit der Gesellschaft aufs Innigste vermählt, unter dem hohen Protektorat eines pietistisch fühlenden Kaiserhauses die Kraft der Unterscheidung verloren hatte. Auch noch nach dem Zusammenbruch der Monarchie stellt sie Deutschland ein moralisches Establishment, das eben darum moralisch ist, weil es nicht mehr entscheidet, sondern nur noch differenziert.

Das, was wir im Normalfall Politik nennen, nämlich den Kampf um Herrschaft innerhalb geschlossener Systeme oder Gruppen, der staatlichen Organisation also, aber auch der Parteien, Gewerkschaften, Großunternehmungen etc. fällt aus dem Schmittschen Begriff des Politischen heraus, weil es hier nicht um Feindschaft geht, d. h. die Anwendung physischer Gewalt als Mittel der Durchsetzung oder Selbstbehauptung ausgeschlossen bleibt. Das Gleiche gilt unter Staaten, soweit diese, ausdrücklich oder durch unausgesprochene Übereinkunft, aus freien Stücken oder aus Notwendigkeit, den Krieg als Mittel der Politik ausschließen. Gegen den Vorwurf, er denke überhaupt nicht vom Normalfall aus und für ihn, sondern vom Ausnahmezustand her, seine Überlegung beginne immer beim Negativen und lasse das Positive außer acht, hat sich Carl Schmitt schon früh verteidigen müssen und dies mit guten Gründen getan; in den Spuren Spinozas: omnis determinatio est negatio. Tatsächlich ist für die Jurisprudenz die Rechtsverletzung das die Begriffsbildung auslösende Element, so wie für den Theologen zuerst die Sünde kommt und dann die Gerechtigkeit (ohne Sünde wäre gar keine Theologie möglich), wie der Arzt ein Fachmann ist für Krankheit und nicht für Gesundheit, wenngleich eine moderne Tendenz ihn verführen will, sich dafür zu halten. Diese Negativität als Ursprung der Erkenntnis wurde erst in neuerer Zeit problematisch, als die Macht der Wohlmeinenden die Sprache manipulierte, aus Kriegsministern Verteidigungsminister machte, aus Konfliktforschung Friedensforschung, eine Weltgesundheitsorganisation die Definition der Gesundheit erfand und Parteien positive Ziele postulierten, Wohlstand, gar »soziales Wohlbefinden« (so die CDU mit dem Berliner Grundsatzprogramm 1977), statt nach Freiheit und Gleichheit zu rufen, die essentiell Negatives bedeuten, nämlich Abschaffung von Beschränkungen und Privilegien, und nicht, wie deutsche Obrigkeitstradition den Untertanen weismachen will, Freiheit »zu« irgend etwas oder Gleichheit »mit« irgendwem. Man mag den

Kampf um Macht über Menschen, der nach allgemein akzeptierten Spielregeln und meist kompromißhaft verläuft, jedenfalls absolute Siege und bedingungslose Kapitulation nicht begünstigt und Gewalt verbietet, durchaus der Politik zurechnen, ohne den Wert des von Schmitt entwickelten Kriteriums zu beseitigen. Denn der Schmittsche Text trifft zwei ganz verschiedene Phänomene – wo es um die politische Einheit eines Volkes geht, hat die berühmte Unterscheidung ihr Recht, nicht aber, wenn er sich gegen die schon im 19. Jahrhundert mächtig, in der Massendemokratie des 20. Jahrhunderts unwiderstehlich werdende Durchdringung von Staat und Gesellschaft wendet, die in der Politisierung alles Öffentlichen die Heraufkunft von vielfachen Gegnerschaften – nicht Feindschaften – innerhalb der politischen Einheit bewirkt.

Das Freund-Feind-Kriterium erweist seine Fruchtbarkeit noch dort, wo die Entwicklung der Realität selber es obsolet zu machen scheint. Ende der zwanziger Jahre gab es noch eine Vielzahl von Subjekten in der Staatenwelt, die ein ius belli nicht nur als theoretisches Ornament ihrer Souveränität in Anspruch nahmen, sondern, wie die Geschichte zum Leidwesen der Völker gezeigt hat, auch noch faktischen Gebrauch davon machten bis in die siebziger Jahre dieses Jahrhunderts. Die Mächte, die jahrhundertelang das Völkerrecht getragen hatten, die des westlichen Europas, waren schon zum Ende des Zweiten Weltkrieges des selbständigen Kriegsführungsrechts verlustig gegangen – den Briten und Franzosen konnte die Suezintervention 1956 durch die beiden Weltmächte einfach verboten werden. Die Verlierer des Zweiten Weltkrieges, Deutschland und Japan, haben ein solches Recht nicht wieder erlangt und nicht gewinnen wollen, sondern durch Verzicht auf Wiederbewaffnung der eine, durch Unterstellung der Streitkräfte unter die faktische Suprematie der Supermacht der andere, das althergebrachte Element der Souveränität aufgegeben und sich durch Zugewinn an ökonomischer Potenz entschädigt. Aber auch den beiden imperialen Führungsmächten ist ein klassisches ius belli in der Epoche des beiderseitigen globalen Vernichtungspotentials nicht mehr zuzuordnen. Hatten sie zunächst noch ihre Feindschaften im Kalten Krieg gepflegt, also einem solchen, der jeden Grad von bösartiger Feindseligkeit zuläßt, außer dem öffentlichen Einsatz der Militärgewalt, so haben sie längst sich zu einem Kalten Frieden bereitgefunden, mit wechselseitiger Besitzstandsgarantie und möglichst gemeinsamer Zähmung der ihre Herrschaftsteilung bedrohenden Dritten. Sie unterscheiden zwar noch Freund und Feind, doch vor allem unterscheiden sie unter den Feinden: solchen nämlich, gegen die kein Krieg geführt werden darf – das sind sie selbst oder ihre jeweiligen Verbündeten oder Schutzstaaten, und jenen anderen, die den gemeinsamen status quo gefährden könnten. Das mögen äußere Feinde sein, Staaten, die noch Waffengewalt für ihre Zwecke in Anspruch nehmen und aus geopolitischen oder anderen Gründen Interventionen der Weltmächte erforderlich machen, oder aber innere. Wie Präsident Carter erst lernen mußte, sind gegenüber dem »Kalten Frieden« die Bürger- und Menschenrechte durchaus sekundär – die Weltmächte sind auch in dieser Hinsicht, nach einem späteren von Carl Schmitt entwickelten Begriff, »Großräume mit Interventionsverbot für raumfremde Mächte«. – Ein ius belli, wie es früher den Staaten natürlich war, haben heute nur noch Kleinmächte, für deren Konflikte sich niemand interessiert.

Freilich sind wir von dem Zustand noch weit entfernt, der mit dem Schlagwort von der Weltinnenpolitik bereits vor einer Generation ausgerufen wurde. Immerhin gibt es die Volksrepublik China, die schon zu mächtig ist, um als Störenfried behandelt zu werden und noch nicht mächtig genug, um einer zu sein; und es gibt das unvorhersehbare politische Potential großer Entwicklungsländer, wie Indien oder Brasilien. Es gibt zudem als Kehrseite und negative Parallelaktion der unfrommen Allianz, die den Weltfrieden in einer prekären Balance hält, den internationalen Terrorismus. Carl Schmitt hat seinen Begriff des Politischen durch eine Theorie des Partisanen (1963) eindringlich ergänzt, doch noch nicht wahrnehmen können, daß »Partisanen« auftreten, die deshalb besser Terroristen genannt werden, weil sie keine Partei mehr vertreten und nicht von einem interessierten Dritten ferngelenkt sind, sondern nur für sich selbst stehen, d. h. für die Gewalt in einer sonst gewaltlos werdenden Welt und für den Protest gegen eine als weltweit gedachte Ordnung, die sich in ihrer manifesten Unvollkommenheit fortwährend und auf unabsehbare Zeit zementiert, obgleich sie sich nicht als Ziel der Geschichte verstehen kann. Der Terrorismus kann den Status quo nicht stürzen, wohl aber permanent stören. Sollte es je Weltinnenpolitik geben, so wird sie nicht Innenpolitik im idealen Sinne sein, also bloß Verwaltung, Justiz und Polizei und unangefochtene Geltung des von Hobbes statuierten Zusammenhangs zwischen Schutz und Gehorsam: Die Staaten können den Gehorchenden keinen verläßlichen Schutz gewähren und die Ungehorsamen nicht effektiv bestrafen.

Freilich waren Innenpolitik im idealen Sinne und der Staat, wie ihn der Begriff sich malt, auch vordem nicht regelmäßig anzutreffen. Der Zeitgenosse, durch die Allgegenwart der Informationsmedien empfindlich geworden, macht sich nicht klar, daß drei Jahrzehnte ruhevollen Daseins, wie sie die Bundesrepublik nach dem Zweiten Weltkrieg genossen hat, in der Geschichte der Neuzeit höchst selten vorkommen.

Der Konsequenz des Politischen, meinte Carl Schmitt 1927, könne nichts entrinnen, mag es sich auch unpolitisch gebärden. Dem ist nicht zu widersprechen. Aber dem Staat ist das Politische längst entronnen: ihm, seinem Recht und seinem Völkerrecht. »Der Begriff des Politischen«, noch in der skeptischen Analyse dem Staat und dem ius publicum Europaeum zugehörig, tritt als dessen letztes Monument in die Geschichte ein.

Friedrich Sieburg: »Gott in Frankreich?« (1929)

FRANÇOIS BONDY

»Dieu est-il français?« so heißt in der Übersetzung das berühmteste und einflußreichste Buch, das je ein Ausländer über Frankreich geschrieben hat. Auf dem Exemplar, das ich in der Genfer Universitätsbibliothek konsultierte, steht »175ste Auflage«. Ein Bestseller also. Dort findet sich auch Sieburgs »Robespierre« – übersetzt von dem bedeutenden Schriftsteller Pierre Klossowski.

Friedrich Sieburgs Frankreichbild ist für unzählige deutsche Leser maßgebend geworden wie kein anderes. Ob nun Frankreich als Gegensatz oder als Dialogpartner, als Vorbild oder als Feindbild, als Nation oder als Kulturform zur Debatte stand – »Gott in Frankreich?« hat allen diesen Vorstellungen Konturen und Formulierungen gegeben, vom Auskosten subtiler Nuancen bis zur bequemen Vereinfachung. Hunderttausende, mittelbar noch viel mehr, sind von Sieburgs Frankreichporträt beeinflußt worden. Wenn wegen des späteren Geschehens und wegen der Rolle, die der Autor dabei gespielt hat – den Franzosen schwer vergeßbar –, am Ende die Klischeevorstellung blieb, die erst positiv und dann negativ gewertet wurde – nämlich, es gehe hier um deutsche Dynamik gegen französische Beharrung, und nur das sei Sieburgs These –, so kann das Buch nichts dafür. Die nachträgliche Deutung verschiebt die Akzente, verkennt den Ton und die Gedanken.

Es waren schließlich nicht ahnungslos Naive, die sich für dieses Buch begeisterten, sondern Annette Kolb, Ernst Krenek, Walter Hasenclever – Demokraten, Pazifisten, Feinde des Nationalismus, vom Rassismus gar nicht zu reden. Annette Kolb sprach vom »ersten Versuch großen Stils, in die heutige französische Wesensart einzudringen«, und hoffte, das Buch werde »hier und drüben«, in Deutschland und in Frankreich gelesen werden. Nicht von ungefähr sind es nur solche Stimmen, die der Verlag am Ende von Friedrich Sieburgs späterem Buch »Es werde Deutschland« von 1933 zitiert. Auch jenes Buch ist trotz Titel und Datum nicht das, was manche sich vorstellen, die es nicht gelesen haben. Hier wird Pierre Viénot, ein Franzose der Linken – später Résistant –, als Autor des besten Buches über Deutschland gerühmt. Hier wird auch betont, daß »Gott in Frankreich?« nicht zuletzt ein Buch über die Deutschen sei, weil »manche schwer zu bezeichnenden Züge unseres Wesens indirekt durch den Vergleich mit den französischen Gegenspielern ausgedrückt werden können«.

»Warum ich über Frankreich schreibe« – das ist der Titel der Einleitung von »Gott in Frankreich?«. Darin bekennt der Autor, er lebe lieber »in einem altmodischen unordentlichen Paradies als in einer blitzblanken und trostlosen Musterwelt«; ferner: »Weil ich einen hemmungslosen Glauben an die Zukunft für eine Gefahr halte, solange er nicht von der Liebe für eine verlorene, aber unverlierbare Sache, nämlich die Vergangenheit, gedämpft ist.«

Der erste der fünf Abschnitte, in die das Buch geteilt ist, heißt: »Die heilige Johanna« und stellt die Bildung des französischen Zivilisationsbegriffs dar, der vierte – eigentlich letzte – heißt »Frankreich als Widerstand«, kehrt nach unterhaltsamen, auch erhellenden Exkursen über französischen Alltag im Abschnitt II und III zu Johanna zurück und schildert Frankreichs Angst, aus dem damals vorherrschenden, sehr bewußt empfundenen Siegeszustand herauszutreten, um an einer europäischen Gemeinsamkeit mitzuwirken. Der fünfte Abschnitt »Deutschland« ist nur eine Koda von sechs Seiten. Dort steht: »Wir sind immer geeignet gewesen, in unserer Ablehnung des Fertigen bis zur Selbstauflösung zu gehen – im Guten wie im Bösen.« Frankreichs Politik, die ein europäisches Zusammengehen vereitelte, wird scharf kritisiert, doch bekennt der Autor: »Es ruht in seinem Widerstand ein Element, das niemand entbehren kann (. . .) Wir wären arm, wenn wir aus diesem geruhsamen Bild (. . .) nichts Weiteres als das überlegene Bewußtsein unserer tätigen Geschäftigkeit ziehen wollten.«

Sogar wer Sieburgs Buch nur dem Namen nach kennt – das dürfte für die junge, auch die mittlere Generation gelten –, der weiß gerüchteweise, welchen Ruhm und Einfluß »Gott in Frankreich?« in Deutschland genossen hat als ein Schlüsselbuch seiner Epoche. Vermutlich jedoch ahnen nur wenige, daß »Dieu est-il français?« die Franzosen ebenso stark beeindruckt hat, sogar stärker, da es zu Kontroversen, zur Gewissenserforschung führte.

Als Nachwort zur französischen Ausgabe hatte der Verleger Bernard Grasset einen »offenen Brief an Friedrich Sieburg« beigesteuert, der bei aller Bewunderung Einwände und sogar schwere

Bedenken geltend machte. »Wir glauben an den Menschen als solchen, ihr glaubt nicht an ihn«, schrieb Grasset – Sieburg zu Unrecht mit dem Kollektiv »Die Deutschen« identifizierend. Für die Franzosen sei »la culture« Geist, für die Deutschen sei Kultur mit einem K »Macht«. Als bebe er vor der Verantwortung zurück, den Franzosen ein allzu verführerisches deutsches Frankreichbild zu präsentieren, schlägt Grasset Alarm: »Wir zweifeln nicht, daß ihr uns liebt, doch diese Liebe kann uns das Leben kosten.«

Widerstand – es sei nochmals hervorgehoben – ist das durchgehende Motiv des Buches, von Johanna bis zur Politik der zwanziger Jahre. Zuerst Schaffung einer Identität, einer französischen Seele, dann nur noch der aussichtslose Versuch, den Sieg gleich einem Besitzstand aufzubewahren. So hat Widerstand bei Sieburg eine positive und eine negative Seite.

Das französische Wort für Widerstand ist »Résistance«. Nur späte Pétainisten oder Faschisten könnten dieses geheiligte Wort abwertend gebrauchen. Und doch hat Sieburgs Kritik am Widerstand französische Nachfolge gefunden. In den frühen fünfziger Jahren schrieb François Fontaine ein Buch, das er »La Nation frein« – »Die Bremsnation« – nannte. »Frein« ist kein erhabenes Wort wie »Résistance«, aber es bedeutet gleichfalls Widerstand – und zwar genau im Sinn des vierten Abschnitts von »Gott in Frankreich?« Es visiert die Furcht, sich in einer europäischen Gemeinschaft zu »verlieren«.

Wenn Sieburg tadelt, daß sich Frankreich allem widersetze, »was sich an Kraft, Jugend, Wachstum außerhalb seiner Grenze rührt«, so war in den Jahren der Besetzung kaum Raum für feinere Unterscheidungen. Manche – nicht nur Franzosen – hätten den Widerstand noch kräftiger und wirksamer gewünscht. Doch das läßt sich nicht rückwirkend auf die Zeit beziehen, in der »Gott in Frankreich?« geschrieben wurde und darf auch nicht auf die Jahre seit 1945 extrapoliert werden. Zu viele bedeutende Franzosen haben seither ähnliche Kritik formuliert.

Doch zurück zu den dunkleren Jahren. In einer Veranstaltung der Gruppe »Collaboration« hielt Botschaftsrat Friedrich Sieburg am 22. März 1941 einen Vortrag, in welchem er sich als »gestählten Nationalsozialisten« bezeichnete – das hat ihm übrigens niemand geglaubt – und den Franzosen riet, »jüdische, kommunistische, freimaurerische Einflüsse« auszumerzen. Die biographische Einheit zwischen dem Autor von »Gott in Frankreich?« und jenem Conférencier war nicht zu bestreiten. Doch geistig wie politisch bestand da überhaupt keine Kontinuität. Eher als von Wandlung darf man von einem Bruch reden. Das läßt sich beweisen.

In »Gott in Frankreich?« verspottet Siegburg die übertriebene französische Angst vor den Kommunisten: »Die Regierungen führen einen vollständig grotesken Kampf gegen diese Partei und schrecken vor keinem noch so brutalen und verfassungswidrigen Mittel zurück, um deren Pariser Zeitung ›L'Humanité‹ immer wieder zu verbieten, um die Parteifunktionäre zu verhaften und jede Form von Ansammlung zu unterdrücken.« Noch 1933, in »Es werde Deutschland«, wird hervorgehoben, daß die Kommunisten »nicht im geringsten gefährlich« seien.

Das Verhältnis zu den Juden wird in »Gott in Frankreich?« in bezug auf die Dreyfusaffäre zur Sprache gebracht: »Frankreich wäre verloren gewesen, wenn seine nationale Idee versagt hätte und der Antisemitismus eine Bewegung geworden wäre. Deutschland wird gerettet sein, wenn es keinen Antisemitismus haben wird, denn erst dann (. . .) wird die Morgenröte der Nation sichtbar werden.«

Doch auch Bernard Grasset war 1941 nicht mehr der gleiche, und man könnte an jenes Stück Ionescos denken, in dem Menschen plötzlich zu Nashörnern werden. Grasset findet außerordentlich bewegend, daß dieses Treffen mit dem Frühlingsanfang zusammenfalle, hat alle Einwände seines Nachworts vergessen und bezweifelt nur, ob es »in unserer eigenen Literatur eine so gerechte Würdigung von Frankreichs zivilisatorischer Mission« gebe wie in »Dieu est-il français?«

Nach der Befreiung las man's wieder anders. In den französischen Enzyklopädien fehlt mit einer Ausnahme der berühmte Autor, der doch aus dem deutsch-französischen Dialog nicht wegzudenken ist. Weder der »Quillet« noch der »Robert« noch »Universalis« nennen ihn. Die Ausnahme ist der zehnbändige Große Larousse. Dort wird nicht charakterisiert, sondern abgerechnet: »S. nennt sich Gegner der Nazis, bevor er sich ihnen anschließt. Schildert Frankreich als liebenswertes Land, das allzusehr an seiner Vergangenheit hängt.« Umgekehrt verschweigen die deutschen Lexika einige nicht unwichtige Jahre in der Biographie. Wie könnte bei so viel Zensur von einem deutsch-französischen Sieburg-Bild die Rede sein?

In Wirklichkeit hat Sieburg an Frankreich die geprägte Form fast neidvoll bewundert, aber die narzißtische Selbstgenügsamkeit als Gefahr für Frankreich selber denunziert. »Frankreich (. . .) steht heute in der fließenden, sich restlos organisierenden Welt als ein inselhaftes Gebilde, das sich an sein kleinbürgerliches, von der Tradition bestimmtes Privatideal klammert.«

In den Wochen des Zusammenbruchs hat ein Franzose über die Ursache der Katastrophe nachgedacht und sich im wesentlichen Sieburgs Kritik zu eigen gemacht. »Was in uns besiegt worden ist« – schrieb jener Franzose –, »das ist unsere geliebte kleine Provinzstadt, der gemächliche Rhythmus ihres Tagesablaufes, die Langsamkeit ihrer Verkehrsmittel, ihre verschlafenen Amtsstuben, ihre bei jedem Schritt in sanftem Gehenlassen vervielfältigten Zeitverluste, ihre kümmerlichen kleinen Gewerbe, ihr Mißtrauen gegen alles Überraschende, das ihre trägen Gewohnheiten stören könnte.« Der besagte Franzose kritisierte aufs schärfste, daß Frankreich den liberalen guten Willen der Weimarer Republik nie ermutigt habe, sondern »feige und träg die Dinge treiben ließ«.

Wer schrieb so? Einer jener »collaborateurs«, denen unlängst der junge Historiker Pascal Ory zwei genau dokumentierte Bücher gewidmet hat und die sich mit dem Sieger und seinen Ideen identifizierten? Keineswegs. Es war der weltbekannte Historiker Marc Bloch, Mitbegründer der heute so einflußreichen sozialgeschichtlichen Schule der französischen Historiographie. Seine Schrift »Die seltsame Niederlage« – Herbert Lüthy nennt sie in »Frankreichs Uhren gehen anders« das bedeutendste Zeugnis französischer Gewissenserforschung – erschien erst viel später, und ihr Verfasser hat es nicht erlebt. Denn als Animator einer Widerstandsgruppe in Lyon ist Marc Bloch von den Besatzern gefoltert und hingerichtet worden. Der Gegensatz der Charaktere, der Biographien könnte kaum größer sein. Um so bemerkenswerter der erkennbare Anteil von »Gott in Frankreich?« an der französischen Neubesinnung.

Soviel zur Wirkung, die in Frankreich dann verdrängt oder vergessen wurde. Vom Werk selber wird auch der Leser von heute oft hingerissen sein durch die Prägnanz vieler Formulierungen. Ungern beschränke ich mich auf wenige Beispiele. Über die Rolle der Literatur in beiden Ländern: »Deutschland hat das Genie als Fall, Frankreich die Literatur als Einrichtung.« Weiter: »Sobald man die Literatur dem sogenannt praktischen Leben gegenüberstellt und sie zu ihm in Gegensatz bringt, wie das in Deutschland geschieht, ist die Teilung der Erde vollzogen und der Dichter hat das Nachsehen. Zwar ist ihm das All zur kosmischen Bewältigung freigegeben, aber vom Einfluß auf die Führung seines Volkes ist er ebenso ausgeschlossen wie von der Mitwirkung am öffentlichen

Leben.« Über die protektionistischen Zwergchauvinismen: »Nicht nur die Währungen fielen auseinander, auch die Europäer lösten sich in Bestandteile auf, die sogleich als heilig angebetet wurden.« Sarkastisch bewundert der Autor »die Fähigkeit der Franzosen, ein Arbeitsergebnis zu vereiteln und doch eine sowohl gerührte als mondäne Stimmung zu hinterlassen«. Zum Sendungsbewußtsein: »Wenn schon die faktische Vorherrschaft eines Volkes nicht mehr möglich ist, so soll Frankreich wenigstens die höchste moralische Instanz sein.«

Der mittlere Teil des Buches besteht aus Sittenbildern, Milieuschilderungen, Feuilletons, Reminiszenzen über Telephon, Autoverkehr, Jagd – das wirkt heute teils als Welt von damals, teils überraschend aktuell. Die Wiederbegegnung mit »Gott in Frankreich«, führt auch sonst zugleich in die Vergangenheit und zur Aktualität. Manche Passagen sind vom Expressionismus beeinflußt und wirken wie »period pieces«. Prägnant bleiben die Porträts von Politikern: Poincaré, Briand. Der Unterschied zwischen dem überwiegend bäuerlichen Frankreich von damals und dem industriell und technisch fortgeschrittenen von heute springt in die Augen – die Konstanten sind nicht minder evident. Mit Recht nennt Hans-Joachim Lope in seinem Buch über die französische Kulturgeschichte – »Die Kultur Frankreichs. Zweiter Teil« (Athenaion, Wiesbaden, 1977) – Sieburg neben Vossler, Curtius, Mönch als die großen Namen der »deutschen Auseinandersetzung mit französischen Lebensformen«.

Soweit »Gott in Frankreich?« ein Buch über die Deutschen war, ist es gegen Nationalismus, Militarismus, Aggressionswillen gerichtet. Ein Zitat genügt: »Niemals kann (der Franzose) fassen, daß ein freier Mann Lust hat, sich mit Millionen in einer Einheitsfrisur zu teilen, deren saubere Geschorenheit, deren vernunftwidriger Scheitel – die Haare sind für den Scheitel da, der nicht, wie man denken sollte, dazu dient, den Haaren Haltung zu geben – beschämende Erinnerung an Freigelassene hervorruft. (. . .) Ist diese deutsche Generation eine Horde von Sklaven, die vor Lust und Erwartung zittert, wieder den Fußtritt der alten Unteroffiziere im Gesäß zu spüren, oder ist sie eine Zelle für die künftige Gemeinschaft, die um den nationalen ›Leib‹ kämpft? Das ist die Frage! Der Militarismus ihres äußeren Gehabens ist es, der diese Frage in einen fürchterlichen Zweifel verwandelt.«

Sieburg nannte die Vergangenheit eine »verlorene, aber unverlierbare Sache«. Unverlierbar heißt aber: gegenwärtig. »Gott in Frankreich?« ist Vergangenheit in eben diesem Sinn.

Martin Heidegger: »Was ist Metaphysik?« (1929)

JÜRGEN BUSCHE

Es ist wohl nicht selten, daß die Antrittsvorlesung eines Ordinarius das Aufsehen erregt, das sich der Redner erhofft. Im 20. Jahrhundert und bei einem 40 Jahre alten Professor geschieht das schon seltener. Überaus selten aber ist es, wenn die Antrittsvorlesung über ein halbes Jahrhundert hinweg unverändert aktuell bleibt, wenn sie ungeachtet der Tatsache, daß ihr Autor in der Folge ein wichtiges Werk nach dem anderen vorlegt, ihren herausragenden Platz im Zentrum seines Schaffens behält, wenn sie dann Neuauflage um Neuauflage erlebt, zuerst um ein Nachwort, dann um eine Einleitung bereichert. Die Rede ist von der Antrittsvorlesung, die Martin Heidegger in Freiburg 1929 unter dem Titel »Was ist Metaphysik?« hielt.

Heute wissen wir, daß dieser Text eine Art Königsweg zur Heideggerschen Philosophie bedeutet. Über ihn kann jeder Leser sofort in die Mitte des Denkens dieses Mannes gelangen. Wer Heidegger hier versteht, hat ihn überhaupt verstanden, hat vielleicht alles verstanden.

Metaphysik – so lautet die These – ist das Grundgeschehen im menschlichen Dasein. Die Art und Weise, in der der Mensch tagtäglich mit der Welt umgeht, als Handwerker, Erfinder, Kaufmann, Politiker, Familienvater, als Priester oder als Gläubiger ist Entfaltung von Metaphysik. Die Gesamttatsache des Lebens erscheint in Vorgängen und Sachverhalten und wird, zu Einzelnem abgetrennt, bewältigt. Dieses Verfahren findet seinen höchsten Ausdruck in den Wissenschaften, die die Realität zerlegen und in Messungen oder Interpretationen befragen. In der Metaphysik vollzieht sich die Herrschaft einer Haltung zur Welt, die zerteilt, zergliedert, vereinzelt und in der Vielzahl der Stücke das Ganze nur mehr als äußersten Mengenbegriff kennt.

Das Ganze wird so nicht nur nicht verstanden: es schwindet in seinem eigentlichen Wesen aus dem Bewußtsein. Die Metaphysik läßt nur Seiendes zu, die Vielzahl des Seienden denkt sie als Summe, aber nicht als das Sein. Das jeweilige Seiende verbürgt die einzig sicheren Daten für das wissenschaftliche Fragen. Das Festhalten an dieser Instanz ist metaphysisches Grundgeschehen, Voraussetzung der Beherrschbarkeit der Welt durch den Menschen. »Philosophie – was wir so nennen – ist nur das In-Gang-Bringen der Metaphysik« – Orientierung des Denkens auf die notwendigen intellektuellen Bedingungen des Überlebens.

Den Zwiespalt der Erfahrung, den die Metaphysik gleichwohl auch erzeugt, entwickelt Heidegger am Beispiel der Wissenschaft, die vorgibt, ihr Gegenstand sei »das Seiende – und sonst nichts«. In solcher Überlegung, meint Heidegger, erhalte das derart herbeizitierte »Nichts« die Qualität des Seienden zugesprochen, die es doch nach dem Inhalt der Aussage gerade nicht haben soll. Das Nichts depraviert zur inhaltlich fixierbaren Aussageform: es gibt dieses Nichts nur, weil es Verneinung gibt. Das Nichts wird Teil neben Teilen.

Doch das stimmt nicht. Heidegger sagt, daß das Nichts tiefer verwurzelt ist, als die erst aus ihm abgeleiteten logischen Formen von »nicht« und Verneinung. Das Nichts ist »die schlechthinnige Verneinung der Allheit des Seienden«. Bewegt sich solches Reden noch auf dem Boden intersubjektiver Erfahrung? Was heißt »Allheit des Seienden«? Ist das mehr als ein aus Forderungen der Logik zusammengesetzter Begriff? Hier kommt Heidegger zu Ausdrucksformen und Bildern, die zu dem Schönsten gehören, was er je geschrieben hat. Sie dürfen zu den schönsten gedanklichen Formulierungen gezählt werden, die die deutsche philosophische Literatur überhaupt kennt – was viel heißt bei einem Autor, der oft genug auf Grund der Skurrilität seines Stils zum Gespött wurde.

Heidegger spricht von der tiefen Angst, »in der das Seiende im Ganzen hinfällig« werde. Augenblicke, in denen der Mensch die Allheit des Seienden erfahren kann, erkennt er in der »eigentlichen Langeweile« oder in der »Freude aus der Gegenwart«, die man erlebt, wenn man mit einem »geliebten Menschen« zusammen ist. In der Angst aber wird das Nichts offenbar.

Im Erlebnis der Angst kommt es zur fürchterlichen, lähmenden Gegenüberstellung des Seienden in »seiner vollen, bislang verborgenen Befremdlichkeit als das schlechthin Andere – gegenüber dem Nichts«.

Daß der Mensch die Erfahrung des Nichts machen kann, weist sein »Sein« als ein besonderes »Seiendes« aus, als »Dasein«. Die Erfahrung des Nichts »bringt das Dasein allererst vor das Seiende als ein solches«. Hier ist der Charakter der Zergliederung aufgehoben, die Vielzahl des Seienden schnurrt zusammen auf die Tatsache des einen Seins gegenüber dem Nichts.

Oft geschieht das nicht. Zu sehr ist der Mensch der Welt der Vereinzelungen verfallen, zu sicher ist er in der Beherrschung der Dinge und Verhältnisse, zu sehr eingespannt in Tätigkeit und Treiben, als daß er oft Gelegenheit hätte, die Grunderfahrung solcher Stimmungen oder Befindlichkeiten zu machen.

Uns sei, meint Heidegger, »das Nichts zunächst und zumeist in seiner Ursprünglichkeit verstellt«, dennoch bleibt der Mensch etwa durch die Erfahrbarkeit der Angst bestimmt, der Mensch ist deshalb der »Platzhalter des Nichts«. Von dieser Verfassung her ist er in der Lage, das Seiende im Ganzen zu »übersteigen«, er ist fähig zur »Transzendenz«.

Das wissenschaftliche Fragen lebt aus dem Grunde der Metaphysik. Nicht das ja oder nein über Vorhandensein im Einzelfall autorisiert ihre Entscheidungen, sondern das »Hineingehaltensein in das Nichts«, das das Dasein des Menschen ausmacht. Wissenschaft untersucht nicht das unendliche Chaos, sondern eines, das durch das Entgegenstehen des Nichts begrenzt und ausgezeichnet ist. Dieses Gegenüber zwingt den denkenden Menschen zur Anerkennung seiner Realität, die jede Zergliederung und Vereinzelung übersteht und sich als Einheit über dem Vielen durchhält. Die Gewißheit solcher Einheit gibt uns die Erfahrung des Nichts.

Es ist noch nicht die Fundamentalontologie, die in dieser Antrittsvorlesung angedeutet wird, es ist nur ihre mit Sicherheit zu behauptende Voraussetzung. Am Anfang der »Einführung in die Metaphysik« wird später der Satz stehen »Warum ist überhaupt etwas und nicht vielmehr nichts?«. Diese Frage steht hier am Ende der Vorlesung, als ihr letzter Satz.

Die Frage »Was ist Metaphysik?« führte von der Selbstverständlichkeit der wissenschaftlichen Arbeit vor den Abgrund, dessen Schrecken eine besondere Hinwendung zum Seienden veranlaßte. Die Frage der Fundamentalphilosophie will die Hinwendung zum Sein – jenseits der Metaphysik.

Man möchte einer Philosophie mißtrauen, zu der es einen Königsweg gibt, zu den exakten Wissenschaften, das wissen wir von den Aufklärern, die sich wahrlich auf die Kunst verstanden, alles einfach zu machen, gibt es keinen Königsweg. Auch legen die meisten Bücher Heideggers, legen besonders die Protokolle seiner Seminare nicht eben die Vermutung nahe, die Philosophie dieses Gelehrten sei schnell zu verstehen. Das stimmt sicherlich für die

Philosophie – aber an Philosophie war Heidegger eigentlich nicht interessiert.

Wichtig für Heidegger war das Denken. Zum Verständnis Heideggers ist es daher nicht unabdingbare Voraussetzung, was er über Kant, über Schelling, über Nietzsche zu sagen wußte – so wichtig alle diese Bücher sind. Aber alle Bücher und Aufsätze nach der berühmten »Kehre« – der Abkehr von der metaphysikorientierten Philosophie, wie sie mit diesem Vortrag öffentlich eingeleitet wird – suchen Denkwege der Philosophie nachzugehen, in denen eine andere Frage sich gegen das Programm der Metaphysik zur Geltung brachte: die Frage nach dem Sein, die in der Metaphysik verschüttet war.

»Was ist Metaphysik?« führt zum Horizont dieser Frage, bleibt aber noch vor ihm stehen. Daher ist dieser Text zwar verführerisch, aber noch ohne Verführung. Man erfährt, worum es geht, wird aber noch nicht hineingezogen. Der Autor beschreibt den Ort, wo er noch selber Urheber von Erfahrungen und Denkschritten ist – er bewegt sich noch nicht dort, wo es gilt, »auf die Stimme des Seins zu hören«.

Was Heidegger hier in dieser Antrittsvorlesung von 1929 leistet, ist Schärfung des Bewußtseins, letzthin Förderung der Kritikfähigkeit. Die aus der Metaphysik entstandenen Wissenschaften werden auf ihren Grund zurückgeführt, die ursprüngliche Entscheidungssituation des metaphysischen Denkens wieder hergestellt – die Erfahrung des Nichts wird gegen falsche Triumphe hervorgeholt, der gewaltige Prospekt bisheriger Geschichte wird vor dem Hintergrund einer uralten und unveränderten Bedrohung als hohl durchschaut.

Heidegger setzt gleichwohl nicht den Nihilismus des Metaphysik-Kritikers Nietzsche fort. Seine Kritik wendet sich nicht gegen Metaphysik als Metaphysik, nicht gegen Wissenschaft als Wissenschaft – sie wendet sich gegen falschen Anspruch und »falsche Beruhigung«. Unverändert erweist die kritische Position dieses Vortrages Heidegger auch noch ein halbes Jahrhundert später als den Denker dieser Zeit. Diese Zeit schien philosophischen Fragestellungen nicht günstig. Die politischen Auseinandersetzungen, der zunehmend desolate Zustand des Staates, der sozialrealistische Zug, der die Künste prägte, dann die bald vehement spürbare Weltwirtschaftskrise: das hat sich uns als Begriff der Epoche eingeprägt. Die Konzentration auf den Alltag, das Nur-Akute hat Heidegger mit seiner Frage in Frage gestellt.

Eros, Tod und Barbarei

Sigmund Freud: »Das Unbehagen in der Kultur« (1930)

LOTHAR BAIER

Eine junge Frau, offensichtlich Studentin, erklärte kürzlich ihrem
Nachbarn im D-Zug-Abteil, wie sie zu ihrer heutigen religiösen
Überzeugung gekommen war. Sie sprach von einer Therapie, in
deren Verlauf sie begonnen habe, sich mit der Psychoanalyse zu
beschäftigen. Dabei sei sie auf Alfred Adler gestoßen, und unter
Adlers Einfluß, der sich durch den Erfolg der Therapie noch
verstärkte, habe sie ihre verschütteten religiösen Gefühle wieder-
entdeckt. Von Freud sei sie darüber ganz abgekommen. Freud sei
zwar ein bedeutender Psychologe gewesen, aber mit seiner Trieblehre sei er weit übers Ziel hinausgeschossen. Der Mensch bestehe
eben nicht nur aus Sexualität. Gegen Ende seines Lebens habe
Freud ja auch eingesehen, daß es ohne Verzicht und Askese nicht
geht. In seinem Buch »Das Unbehagen in der Kultur« habe Freud
auch selbst zugegeben, daß eine Menschheit, die sich der schran-
kenlosen sexuellen Freiheit verschrieben habe, in der Barbarei
enden müsse. Kultur sei nur durch Verzicht entstanden.
    Diese Meinung ist weit verbreitet. Freuds 1930 veröffentlichter
Aufsatz »Das Unbehagen in der Kultur« gilt vielen Zeitgenossen
als Zeichen der Abkehr von den revolutionären Aspekten der
Triebtheorie: Mit der These, daß Triebverzicht und Befriedigungsaufschub Voraussetzungen jeglicher Kulturentwicklung
sind, schien die Psychoanalyse Freuds wieder in die Grenzen des
Alltagsrealismus zurückgekehrt, der weiß, daß es ohne Selbstbeschränkung wirklich nicht geht. Dafür, daß Freud der Arbeit, der
Disziplin und der Verzichtsethik gewissermaßen den psychoanalytischen Segen gab, verzieh man ihm beinahe den bestürzenden
Ausblick in eine von Sexualtrieben erfüllte Welt, der sogar die
kleinen Kinder schutzlos ausgeliefert sind.
    Die Auffassung, daß »Das Unbehagen in der Kultur« eine
Wende im Denken Freuds anzeigt, ist keineswegs falsch. Sie wird
nur dort zur Mystifizierung, wo sie sich ausschließlich auf die

Aussagen Freuds stützt, die sich als Bestätigung der herrschenden Moral auslegen lassen. Denn die Kulturtheorie, die Freud in diesem Aufsatz skizzierte, erschöpft sich nicht in dem vielzitierten Satz, daß die Kultur die »Nichtbefriedigung von mächtigen Trieben zur Voraussetzung hat«. Vor allem sind diese »mächtigen Triebe« nicht mit den Sexualtrieben identisch, wie Freud-Kenner immer noch glauben.

Heute kann man »Das Unbehagen in der Kultur« nicht mehr schlicht als Wende zu einer Art Psychoanalyse mit Maß und Ziel lesen. Es ist schon lange fraglich geworden, ob Freuds Kulturtheorie aus der Psychoanalyse heraus überhaupt noch begründbar ist. Über dem Beifall darüber, daß der alte Freud die Kirche im Dorf gelassen und den Trieben auch theoretisch die Zügel angelegt hat, ist übersehen worden, daß die Lehre vom kulturell notwendigen Triebverzicht mehr bedeutet als nur eine Modifikation der Triebtheorie: Ihr vielgepriesener Realismus ist durch einen Bruch mit dem revolutionären Gehalt der Freudschen Lehre erkauft.

Manche der abtrünnig gewordenen Schüler Freuds haben in seiner Kulturtheorie ein Zugeständnis an die Gegner der Psychoanalyse gesehen, andere ein Zurückschrecken vor den Konsequenzen der eigenen Entdeckung. In beiden Fällen bleiben die gleichen Widersprüche bestehen: Aus dem aufgezwungenen oder durch das Über-Ich auferlegten Triebverzicht, der einerseits für das Entstehen der neurotischen Erkrankung verantwortlich war, wurde andererseits in der Kulturtheorie die Vorbedingung für den Fortbestand der Zivilisation. Wenn der Nachweis, daß die Neurosenbildung ursächlich mit dem Triebverzicht zusammenhängt, nach außerordentlichen Konsequenzen drängte, war die Kulturtheorie eine aus der Neurosenlehre heraus nicht erklärbare, von außen aufgesetzte Beschwichtigung: So schlimm werden die Folgen der repressiven Moral schon nicht sein, wenn sie andererseits so segensreiche Effekte für die Kultur mit sich bringt.

Nun kann niemand behaupten, Freud selbst habe den Widerspruch nicht gesehen: daß etwas, was krank macht, nicht gleichzeitig heilen kann. In »Das Unbehagen in der Kultur« hat Freud große theoretische Anstrengungen unternommen, den Widerspruch zu entschärfen. Zum Beispiel im Begriff der Triebsublimierung: die Sublimierung ist sowohl Verzicht als auch Befriedigung. Verzicht insofern, als der Trieb vom ursprünglich angestrebten Sexualobjekt abgelenkt wird; Befriedigung insofern, als die Triebintensität sich nach der Verschiebung der Objekte weiterhin entfalten kann. Der Begriff der Sublimierung erfreut sich auch bei Leuten, denen der angebliche Pansexualismus der Psychoanalyse ein Greuel ist, sehr großer Beliebtheit, weil sich das Selbstbild des gebildeten Bürgers damit quasi wissenschaftlich untermauern läßt. Denn wenn die künstlerische und wissenschaftliche Betätigung, wie Freud sagt, Ergebnis der Triebsublimierung sind, fühlen sich die künstlerisch und wissenschaftlich Tätigen in ihrer Auffassung bestätigt, daß sie sich von der Masse der Bevölkerung durch die Beherrschung der Triebe und die Verfeinerung der Befriedigungsarten unterscheiden. Damit läßt sich zwar erklären, warum der Begriff der Sublimierung populär geworden ist, aber der Vorgang der Sublimierung gewinnt dadurch nicht an Plausibilität; im übrigen haben Freuds Schüler mit der Sublimierung als einem theoretischen Begriff nicht viel anfangen können.

Bei der heute unternommenen Lektüre von »Das Unbehagen in der Kultur« muß sich die Aufmerksamkeit auf andere Aspekte richten. Wo Freud bei dem Versuch, die Widersprüche seiner Theorie aufzufangen, zu vagen Andeutungen Zuflucht nahm, hat sich unser Blick gegenüber den Lesern von 1930 erheblich geschärft. Das gilt in erster Linie für den von Freud fast ängstlich vorgetragenen Gedanken, es könne so etwas wie eine Erkrankung einer ganzen Kultur geben. Dieser Gedanke ist dabei nichts anderes als die logische Konsequenz aus der Neurosenlehre; Freud formuliert ihn so: »Wenn die Kulturentwicklung so weitgehende Ähnlichkeit mit der des einzelnen hat und mit denselben Mitteln arbeitet, soll man nicht zu der Diagnose berechtigt sein, daß manche Kulturen – oder Kulturepochen –, möglicherweise die ganze Menschheit – unter dem Einfluß der Kulturstrebungen ›neurotisch‹ geworden sind?«

Was Freud als eine Randbemerkung zu seiner Kulturtheorie verstanden haben mochte, ist für Erich Fromm, Norman O. Brown und andere ins Zentrum der Metapsychologie gerückt. Fromm spricht nicht mehr nur hypothetisch von der »kranken Gesellschaft«. Und Norman O. Brown macht Freuds Andeutung, es könne eine Menschheitsneurose geben, zur Grundlage einer neuen Unterscheidung von »neurotisch« und »gesund« : der »Gesunde« unterscheidet sich demnach nicht durch seine »Gesundheit« vom Neurotiker, sondern dadurch, daß er eine gesellschaftlich honorierte Neurose hat. Die Diskussion über die Frage, wie der Begriff der pathologischen Gesellschaft analytisch zu erfassen wäre, ist noch in vollem Gang.

»Das Unbehagen in der Kultur« erschöpft sich also nicht in der psychoanalytischen Umschreibung der tradierten Verzichtsethik. Der Kern der Kulturtheorie verliert in dem Augenblick den Charakter der schicksalhaften Unentrinnbarkeit, in dem man die biologisch-mechanistischen Begriffe, die Freud verwandte, in historische übersetzt. Triebverzicht und Befriedigungsaufschub erscheinen dann nicht mehr als unvermeidlicher Preis, der für den biologisch notwendigen Fortschritt der Kultur als Beseitigung der Not gezahlt werden muß, sondern als Funktion von geschichtlich sich verändernder, organisierter Herrschaft. In diesem Sinn hat Herbert Marcuse in »Triebstruktur und Gesellschaft« Freud einer historischen Lektüre unterzogen und dabei jenes Unbehagen in der Kultur, das Freud registrierte, aus der geschichtlichen Entwicklung erklärt. Jene »Kulturfeindlichkeit« ist dann nicht mehr als ein genereller Überdruß am Triebverzicht zu verstehen, sondern als Ausdruck der durch den kulturellen Fortschritt möglich gewordenen Erkenntnis, daß die Triebunterdrückung biologisch immer unnötiger wird: nicht die unmittelbare Lebensnot verlangt ihre Aufrechterhaltung, sondern die Organisation der Herrschaft. Je näher danach die Möglichkeit rückt, den einzelnen von den durch Not und Mangel gerechtfertigten Beschränkungen zu befreien, desto größer wird – nach Marcuse – die Notwendigkeit, die Beschränkungen aufrechtzuerhalten, auf die sich die Herrschaft stützt. Und wenn die Beschränkungen selbst nicht mehr plausibel gemacht werden können, bleibt immer noch die Möglichkeit, das Bewußtsein so zu steuern, daß die Erkenntnis der unnötigen Beschränkung verhindert wird.

»Das Unbehagen in der Kultur« schließt mit der Frage, ob es der Kulturentwicklung wohl gelingen wird, »der Störung des Zusammenlebens durch den menschlichen Aggressions- und Selbstvernichtungstrieb Herr zu werden«. Der Antagonismus zwischen Sexualität und Kultur spielt in diesem Kulturmodell nur insoweit eine Rolle, als der Aggressionstrieb, wie Freud ihn faßt, seine Energien mit aus der Sexualität bezieht. Selbst wenn man Freuds Konzept eines besonderen Todes- oder Selbstvernichtungstriebes ablehnt, kann man die bestürzende Aktualität seiner Fragestellung nicht übersehen. Als Freud diesen Aufsatz schrieb, war der Gaskrieg der Anlaß, die Möglichkeit einer Selbstauslöschung der Menschheit ins Auge zu fassen. »Die Menschen haben es jetzt in der Beherrschung der Naturkräfte soweit gebracht, daß sie es mit deren Hilfe leicht haben, einander bis auf den letzten Mann auszurotten«, schreibt Freud weiter. »Und nun ist zu erwarten, daß die andere der beiden ›himmlischen Mächte‹, der ewige Eros, eine Anstrengung machen wird, um sich im Kampf mit seinem ebenso unsterblichen Gegner zu behaupten.«

Was für eine schwächliche, vage Formulierung im Angesicht der möglichen Massenvernichtung: der »ewige Eros« möge nun doch einmal eine Anstrengung machen. Der Satz klingt so, als traute Freud dem eigenen Gedanken nicht über den Weg. »Und nun ist zu erwarten«, das heißt auf deutsch: ich glaube selbst nicht daran. Das Paar Eros/Thanatos mag in himmlischen Gefilden seinen Streit ausfechten, die Kämpfe auf den irdischen Schlachtfeldern werden von anderen Mächten entschieden.

Ein merkwürdiger Kontrast zwischen rationaler Strenge und Unbestimmtheit, ja Ängstlichkeit in der Gedankenführung kommt in Freuds Aufsatz immer wieder zum Vorschein. Am Beginn von »Das Unbehagen in der Kultur« setzt sich Freud mit Romain Rollands Auffassung auseinander, daß die Quelle aller Religiosität in einem gleichsam »ozeanischen Gefühl« zu suchen sei, dessen Existenz von vielen Menschen bestätigt werde. Bei der Analyse des »ozeanischen Gefühls« legt Freud noch einmal die Grundzüge seiner Ich-Psychologie dar, zugleich bringt er aber mehr ins Spiel als nur seine Lehre: die Tradition der europäischen Aufklärung ist in Form eines gezügelten rationalistischen Pathos immer präsent. Hinter den Einzelerkenntnissen bleibt eine generelle Befriedigung darüber spürbar, daß es gelungen ist, noch mehr Licht ins Dunkel zu bringen, verbreitete Überzeugungen als psychologisch erklärbare Illusionen zu entlarven, kurz, die Aufklärung ein Stück voranzutreiben.

Im Hinblick auf die gegenwärtige Konjunktur der Jugend- und Sektenreligionen sind Freuds Bemerkungen über die Funktionen der Religiosität gewiß erhellend zu lesen. Die Lektüre von »Das Unbehagen in der Kultur« sei auch denen empfohlen, die jetzt meinen, mit der Propagierung von Werten, Leitbildern und Ethiken seien die Menschen wieder auf den Pfad der Tugend zu führen. »Ich meine«, schreibt Freud, »solange sich die Tugend nicht schon auf Erden lohnt, wird die Ethik vergeblich predigen. Es scheint mir auch unzweifelhaft, daß eine reale Veränderung in den Beziehungen der Menschen zum Besitz hier mehr Abhilfe bringen wird als jedes ethische Gebot.« Solche Aufklärung wird solange nicht veralten, wie längst überwunden geglaubte Stadien der Gegenaufklärung neu aktiviert werden können.

Heute kann allerdings nicht mehr verborgen bleiben, daß Freuds entschiedener Rationalismus seine Überzeugungskraft auch aus der Ausblendung jener Bereiche bezog, die sich der psychoanalytischen Systematisierung sperrten. Das gilt für das »ozeanische Gefühl« ebenso wie für das Problem von Kultur und Herrschaft. Wenn Freud, im Zusammenhang mit dem »ozeanischen Gefühl« betont, daß es ihm »sehr beschwerlich« sei, »mit diesen kaum faßbaren Größen zu arbeiten«, so mag man zunächst darin den Ausdruck intellektueller Redlichkeit erkennen: worüber ich rational begründet nicht reden kann, darüber will ich auch nicht spekulieren. Nur verzichtet Freud keineswegs so konsequent auf die Spekulation, wie es den Anschein hat. Der Umgang mit der zweifellos für viele nicht faßbaren Größe Todestrieb ist für ihn nicht beschwerlich, und bei der Rekonstruktion der Kulturentwicklung greift er, ohne zu zögern, die Spekulationen der Evolutionisten des 19. Jahrhunderts wieder auf, was zu solchen Behauptungen führt, auf die heute nicht nur Frauen allergisch reagieren: »Die Kulturarbeit ist immer mehr Sache der Männer gewesen, stellt ihnen immer schwierigere Aufgaben, nötigt sie zu Triebsublimierungen, denen die Frauen weniger gewachsen sind.«

Es fällt auf, wie behutsam und vorsichtig Freud sich ausdrückt, wieviel Einschränkungen er macht und was für einen Aufwand er treibt, um den Nachweis zu führen, daß Romain Rollands Empfindung von etwas Unbegrenztem, Ozeanischem nichts anderes als ein Relikt aus der Kindheitsphase ist. Als ginge von dieser Empfindung etwas Beängstigendes, Bedrohliches aus, wird es sogleich verkleinert, infantilisiert und in Bestandteile zerlegt, die sich auf etwas längst Bekanntes reduzieren lassen. Dieselbe abwehrende Geste, wenn auch in anderer Gestalt, macht sich bemerkbar, wenn Freud am Schluß des Aufsatzes seine »Unparteilichkeit« in Sachen Kultur und Triebverzicht unterstreicht. Sorgsam darauf bedacht, sich keiner Kompetenzüberschreitung schuldig zu machen, zieht er sich auf die Position des Wissenschaftlers zurück, der weder Spekulationen anstellen noch Werturteile abgeben darf. Daß der Verzicht auf die Spekulation nicht gleichmäßig nach allen Seiten wirkt und die Grenze zwischen psychologischen und metapsychologischen Aussagen nicht so klar gezogen ist, wie Freud sie gezogen sehen möchte, läßt sich in der Epoche nach Freud nicht mehr übersehen.

In »Das Unbehagen in der Kultur« tritt das Nebeneinander von aufklärenden und affirmativen Zügen der Freudschen Lehre deutlich hervor. Viele Fragestellungen sind zwar nicht obsolet geworden, aber man muß sie manchmal in eine andere Sprache übersetzen, damit sie als Fragestellungen weiterhin erkennbar bleiben. Freuds abschließende Frage, wer den Ausgang des Kampfes zwischen Eros und Thanatos wohl voraussehen könne, müßte im Zeitalter der Neutronenbombe und der fließenden Übergänge zwischen militärischer und nichtmilitärischer Verwendung der Atomenergie ungefähr so lauten: Kann die mit dem Fortschritt der Naturbeherrschung näherrückende Möglichkeit, Triebunterdrükkungen aufzuheben, noch ein attraktives Fortschrittsziel sein, wenn das Ausmaß der Destruktionskräfte, die derselbe Fortschritt entfesselt hat, im gegenwärtigen Tempo zunimmt?

Die Flucht der Eliten

José Ortega y Gasset: »Der Aufstand der Massen« (1930)

WOLF LEPENIES

Unmittelbar nach dem Erscheinen des spanischen Originals wurde
José Ortega y Gassets »Aufstand der Massen« ins Deutsche übersetzt; 1956 kam der Essay als einer der ersten Bände in »rowohlts
deutscher enzyklopädie« heraus. Von diesem Taschenbuch wurden allein im ersten Erscheinungsjahr 80 000 Exemplare verkauft,
1974 war die Gesamtauflage bei 238 000 Exemplaren angelangt.
Über Masse und Massengesellschaft ließ sich nicht mehr schreiben, ohne Ortega zu zitieren; der Titel seines Essays wurde zum
Schlagwort.

»Der Aufstand der Massen« fand dabei keineswegs ungeteilte
Zustimmung; vielmehr haben sich an ihm die Bewunderer von
den Verächtern Ortegas geschieden wie bei keinem anderen seiner
Werke. Auf der einen Seite wird die ungebrochene Verehrung, die
Ortega bei einem Teil der europäischen und insbesondere deutschen Intelligenz genoß, in den beiden Essays sichtbar, die Ernst
Robert Curtius in den Jahren 1924 und 1949 dem *espectador* und
incitador, dem Betrachter und Ansporner gewidmet hat. Maßgebend für diese Verehrung war zunächst die Einsicht, daß die von
Ortega geübte romanische Form produktiver Kritik in Deutschland kein Gegenstück hatte. Zwar gab es soziologisch-intellektuel-
le Analysen, doch schien Ortega der einzige Mensch in Europa zu
sein, der mit gleicher Kompetenz und Stilsicherheit über Kant und
Proust, über Debussy und Scheler sprechen konnte. Diese Bewunderung, die Ortega im Deutschland der zwanziger Jahre enthusia-
stische Leser finden ließ, hielt auch nach dem Zweiten Weltkrieg
an: seine Auffassung der Philosophie als einer Form des Lebens,
der Versuch, Vernunft und Leben nicht länger gegeneinander
auszuspielen, sondern miteinander zu versöhnen, entsprach der
existentialistischen Grundströmung der Zeit und wirkte im sokra-
tischen Sinne vorbildhaft.

Der Essayismus und die Interessenvielfalt Ortegas haben ihm die Bewunderung eines Ernst Robert Curtius, aber auch die Verachtung beispielsweise Theodor W. Adornos eingetragen. Die Verdrossenheit, die dieser etwa Spengler oder auch Wissenssoziologen wie Karl Mannheim ankreidete, fand er nun bei Ortega; ernst nehmen wollte er diese Analysen nicht.

Es gibt wohl kaum ein Buch, das so eindeutig wie dieses von Ortega der Sparte »Kulturkritik« zuzurechnen ist. In Blüte standen die kulturkritischen Publikationen schon vor dem Zweiten Weltkrieg, doch hat ihre Konjunktur bis heute angehalten. Der Grund dafür liegt vor allem in der Entwicklung, die Wissenschaften und Philosophie seit dem Ende des neunzehnten Jahrhunderts genommen haben. Je empirischer die Wissenschaften wurden, desto mehr büßten sie jene orientierende Kraft ein, die sie von der Epoche der Aufklärung an bis in das neunzehnte Jahrhundert hinein ausgezeichnet hatte; auf der anderen Seite versuchte die Philosophie durch ihre Verwissenschaftlichung den Anschluß an die empirischen Disziplinen zu halten. Orientierungsangebote, die auch alltagsweltliche Probleme zu lösen versuchten, waren aus dieser Richtung daher nicht mehr zu erwarten – so fanden die Ideologien und die Gemeinplätze fruchtbaren Boden.

Hier konnte auch die Kulturkritik gedeihen, als breit angelegter Versuch, das Orientierungsdefizit der Wissenschaften auszugleichen. Die großen »Orientierungs- und Auslegungsgeschäfte«, wie Arnold Gehlen sie genannt hat, waren früher von den Wissenschaftlern und Philosophen mitverwaltet worden. Nun machten die Kulturkritiker daraus einen Beruf und eine Lebensaufgabe. Die Gesellschaftswissenschaften als diejenigen Disziplinen, die mit dem tollkühnen Anspruch auftreten, Orientierungsleistungen auf empirischer Grundlage zu bieten, sehen in Kulturkritikern wie Ortega daher eine Bedrohung ihres Deutungsmonopols.

Fast fünfzig Jahre nach seinem Erscheinen wird man den »Aufstand der Massen« vor allem auf seine prognostische Kraft zu prüfen haben; gleichermaßen bleibt einzuschätzen, was von Ortegas Essay auch heute noch Aktualität beanspruchen kann. Seine Überlegungen zum Massenproblem hatte Ortega vorgelegt, ohne allzu viele Seitenblicke auf die Ergebnisse der Sozialwissenschaften verschwendet zu haben. Masse ist für ihn weniger ein soziologisches als ein moralisches Problem, Rathenaus »vertikaler Einfall der Barbarei« zieht sich durch alle Schichten. Ortega wird nicht müde zu betonen, daß er keinesfalls die Unterschichten allein und schon gar nicht die Proletarier im Auge hat, wenn er von den »Massen« redet; für deren bedrohliche Existenz sprechen vielmehr die Überfüllung der Kinos und der Badeorte ebenso wie die zu vielen Patienten in den Wartezimmern berühmter Ärzte. Man braucht nicht so sarkastisch wie René König die Phobien Ortegas aus der notorischen Überfüllung der Madrider Straßenbahnen herzuleiten – dennoch erscheint der Ausgangspunkt vieler seiner Überlegungen heute beliebig und ungenau.

Dort, wo Ortega die Ursachen des von ihm so genannten Phänomens der »Überfüllung« darstellt, ist er von einer seltenen Blindheit gegenüber außereuropäischen Entwicklungen, die wir heute weit deutlicher bemerken können als vor vierzig oder zwanzig Jahren. Ortega wird nicht müde, den »Triumph der Massen« auf die Bevölkerungsentwicklung Europas zurückzuführen, dessen Einwohnerzahl zwischen 1800 und 1914 von 180 auf 460 Millionen stieg. Diese Zahlen, mit allen Anzeichen der Panik vorgetragen, lassen uns heute kalt. Gemessen an der Bevölkerungsentwicklung der asiatischen Länder, fällt das Wachstum Europas, wenn überhaupt noch davon die Rede sein kann, längst nicht mehr ins Gewicht. Mit der Vorstellung von Massen verbinden wir heute Bilder aus Indien und China – Ortegas Europa-Zentrismus hat schon die Grundlage seiner Thesen hoffnungslos veralten lassen.

Im gleichen Jahr, da Ortegas Essay als Taschenbuch herauskam, erschienen zwei weitere kulturkritische Werke von Rang: Hans Freyers »Theorie des gegenwärtigen Zeitalters« und Günther Anders' »Die Antiquiertheit des Menschen«; ein Jahr später dann Arnold Gehlens »Die Seele im technischen Zeitalter« (Siehe dazu Karl Korns Aufsatz: FAZ vom 6. Januar 1977). Hier ist vieles von dem, was Ortega so unpräzise wie glänzend formulierte, mit gleicher Brillanz, aber weit größerem analytischem Durchdringungsvermögen dargestellt. Will man genauer erfahren, was Ortega unter Masse verstand, so muß man sich Gehlens Schrift ansehen. Er benutzt dort zur Definition der Masse den Begriff »Pleonexie« und sagt dazu: »Das Wort Pleonexie bedeutet gleichzeitig Begehrlichkeit, Anmaßung und Herrschsucht . . . Gleichgültig, welche Bildung oder soziale Stellung der einzelne hat: zeigt er Pleonexie, so gehört er zur Masse, während umgekehrt jeder zur Elite zu zählen ist, der Selbstzucht, Selbstkontrolle, Distanz zu sich und irgendeine Vorstellung hat, wie man über sich hinauswächst.«

Gehlen beschreibt genau, wovon Ortega spricht: der Aufstand

der Massen ist nur eine Seite der Medaille, die Fahnenflucht der Eliten ist die andere; Nietzsches »Kunst des stolzen Gehorsams« wird nicht mehr beherrscht, ihr Fehlen ist die eigentliche Ursache der Vermassung. Der Vergleich mit Gehlen ließe sich in vielem fortführen; zum Vorteil Ortegas schlägt er nirgends aus. So belegt Gehlen, der Ortega einige Male höflich seine Reverenz erwiesen hat, seine sozialpsychologischen Analysen der Industriegesellschaft mit eindrucksvollen Interpretationen Freudscher und Marxscher Ansichten – bei Ortega ist Marx so gut wie nicht präsent, Freuds »Massenpsychologie und Ich-Analyse« aus dem Jahre 1921 wird kaum zur Kenntnis genommen.

Ortegas moralisierende Polemik gegen die Vermassung des bürgerlichen Europas muß aus heutiger Sicht vor allem als Versuch erscheinen, Marxsche Positionen zu unterlaufen; wird der Massenbegriff nämlich klassenunspezifisch definiert, schwindet die Notwendigkeit ökonomischer Analysen. Ortegas Position ist nicht ohne politische Konsequenzen gewesen. Gottfried Benn hat dies 1934 sehr deutlich gesehen, als er in einer vielleicht erzwungenen, aber dennoch treffenden Bemerkung von Hamsun, Conrad »und dem interessanten Ortega« sprach und meinte, daß diese »drei in ihrer Aristokratie unbeirrbaren ausländischen Granden . . . einen wesentlich größeren Anteil an der Auflösung des sozialistisch-demokratischen Weltbildes bei uns haben, als man heute sieht«.

Nach vierzig Jahren wird das deutlicher: auf eine bessere Formel kann man die Wirkung, die Ortegas Schrift gehabt haben mag, kaum bringen. Damit ist die Frage nach Ortegas politischem Standort gestellt.

Ernst Robert Curtius hat mit Emphase betont, daß Ortega als ein Gegner beider spanischer Bürgerkriegsparteien und als Unabhängiger ins Exil gegangen sei; Ernst Niekisch hat demgegenüber in seinem 1949 erschienenen Ortega-Essay größere Aufmerksamkeit der Tatsache gewidmet, daß Ortega bereits 1948 in das Spanien Francos zurückkehrte, und hat in diesem Zusammenhang davon gesprochen, Ortega habe sich dem Faschismus in die Arme geworfen. Beide Einschätzungen, die von Curtius wie die von Niekisch, sind überzeichnet. Eher wird man über Ortega das sagen dürfen, was Taine über den Herzog von Saint-Simon schrieb, daß er nämlich »ein wenig in Ungnade« gelebt habe – »aber nicht allzusehr, gerade genug, um Geschichtsschreiber zu werden«.

An Ortegas politischen Analysen wird heute überdeutlich, daß der sich selbst so nennende »geschworene Pulsfühler der Zeiten« eher der eigenen Person als der Geschichte auf der Spur war. Wenn man seinen diffusen Antiamerikanismus, den er unter anderen mit Ernst Jünger, Benn und Gehlen teilt, außer acht läßt, fällt vor allem seine Hilflosigkeit gegenüber Phänomenen wie dem Bolschewismus und dem Faschismus ins Auge. Daß Ortega den Bolschewismus für historisch belanglos hielt, geht auf seine Überzeugung zurück, daß sich in ihm nur die Wiederholung unzähliger gescheiterter Revolutionen abzeichne – eine Meinung, der man beipflichten kann, ohne die historischen Folgen zu unterschätzen.

Wichtiger ist, daß Ortega nicht gesehen hat, wie gerade der Bolschewismus sich nur durchsetzen konnte, weil in den bürgerlichen Staaten Europas ein Ordnungsvakuum entstanden war. Ernst Niekisch hat das in seinem bereits erwähnten Essay über Ortega betont; befangen in tiefem Kummer über die immer mehr schwindenden Erhaltungsbedingungen der europäischen Intelligenz, habe Ortega die ordnende und daher anziehende Kraft sozialistischer Wertvorstellungen unterschätzt. Auch hier hat Arnold Gehlen, um zum letzten Male diesen für Ortega wenig günstigen Vergleich zu ziehen, schärfer gesehen: seine kaum verhüllte, auf jeden Fall aber schadenfrohe Hinnahme der sowjetischen Okkupation der Tschechoslowakei war skandalös, doch nur konsequent für jemanden, der Ordnung wollte, koste sie was sie wolle.

Zweifellos war Ortegas Haltung antifaschistisch. Anders läßt sich auch »Der Aufstand der Massen« kaum interpretieren. Doch bleibt genauer zu fragen, um welch einen Antifaschismus es sich dabei handelt. Ortega kümmern weder die ökonomischen noch die politischen Voraussetzungen des Faschismus. Der Faschismus wird moralisch bewertet; nicht wegen seiner Ziele, von denen so gut wie keine Rede ist, wird er abgelehnt, sondern weil es sich in ihm um eine Massenbewegung handelt. Dies ist keine Position, die dem Faschismus ernsthaft hätte Widerpart bieten können, und es ist auch keine, die heute zu seinem Verständnis viel beizutragen vermag.

Ortegas moralisches Programm wirkt heutzutage eigentlich fade, um so mehr, als deutlich wird, daß ein glänzender Stil hier auch dazu diente, einen Mangel an analytischer und prognostischer Kraft zu überdecken. Man muß Bücher wie Nietzsches »Jenseits von Gut und Böse« lesen, um zu merken, wie flach Ortegas Thesen sind. In Nietzsches Voraussage, daß die »Demokratisierung Europas auf die Erzeugung eines zur Sklaverei im feinsten Sinne vorbereiteten Typus hinausläuft«, steckt mehr Sprengkraft als im ganzen »Aufstand der Massen«.

Stimulierend und vorläufig – so nannte man einst die Schriften Ortegas. Heute erscheint ihre glänzende Belanglosigkeit endgültig.

Die Erweckung der Rassenseele

Alfred Rosenberg: »Der Mythus des 20. Jahrhunderts«
(1930)

KURT SONTHEIMER

Dieses Buch, über 700 Seiten stark, in gotischer Schrift gedruckt,
1930 in erster Auflage erschienen, scheint das Schicksal von
Hitlers »Mein Kampf« geteilt zu haben: Es erreichte enorm hohe
Auflagen – bis Ende 1944 waren es 1,1 Millionen –, galt als das
weltanschauliche Hauptwerk des Nationalsozialismus und wurde
doch relativ wenig gelesen. Sein Verfasser wurde beim Prozeß
gegen die Hauptkriegsverbrecher in Nürnberg auch nicht wegen
der in diesem Werk geäußerten Ideen, sondern wegen seiner
direkten Verantwortung für die durch nationalsozialistische Organisationen in Osteuropa verübten Verbrechen (in seiner Eigenschaft als Reichsminister für die besetzten Ostgebiete) zum Tode
durch den Strang verurteilt. Selbst die Nürnberger Richter der
Alliierten lehnten es damals ab, über Ideen und ihre Urheber zu
richten, obwohl sich leicht zeigen läßt, daß dieses Buch sehr wohl
als geistige Rechtfertigung für den nationalsozialistischen Rassen-
wahn und die sich aus ihm ableitende verbrecherische Politik
dienen konnte. Im Vorwort zum 150. Tausend des Buches, das im
Mai 1934 erschien, konnte Rosenberg noch siegesgewiß schreiben: »Vieles, was in meiner Schrift scheinbar absonderliche Idee
war, ist bereits staatspolitische Wirklichkeit geworden. Vieles
andere wird, so hoffe ich, noch als weiteres Ergebnis des neuen
Lebensgefühls seine Verkörperung finden.« Elf Jahre später lag
der NS-Mythus zerfleddert am Boden.

  Die Geschichte wäre in der Tat über dieses absonderliche Werk
noch schneller hinweggegangen, hätte es nicht als die anspruchs-
vollste offiziöse Artikulation jener Weltanschauung gegolten, die
am 30. Januar 1933 mit Hitlers nationalsozialistischer Bewegung
zum Sieg und zwölf Jahre später an ihr vernichtendes Ende kam.
Als das Werk 1930 erschien, hat sich die seriöse Wissenschaft so
gut wie nicht mit ihm auseinandergesetzt. Die ernsthafteste wissenschaftliche Kritik des Rosenbergschen Mythus' ist erst nach der

Machtergreifung durch einige katholische und protestantische Theologen erfolgt, die auf Grund der inzwischen erfolgten machtpolitischen Umwälzung mit Recht fürchten mußten, daß die extrem christentumsfeindlichen, speziell antikatholischen Passagen des Werks als ideologische Rechtfertigung für die nationalsozialistische Kirchenpolitik dienen könnten, zumal Rosenberg 1934 zum Beauftragten des Führers für die weltanschauliche Schulung und Überwachung in der NSDAP bestellt worden war. Hatte Rosenberg nicht selbst offen bekannt, es erscheine ihm als die größte Aufgabe unseres Jahrhunderts, »der Sehnsucht der nordischen Rassenseele im Zeichen des Volksmythus ihre Form als Deutsche Kirche zu geben«? Der Kirchenkampf war zunächst auch ein Kampf gegen den »Mythus«.

Das Ergebnis der 1934 anonym erschienenen kritischen »Studien zum Mythus des XX. Jahrhunderts«, in denen katholische »deutsche Fachgelehrte« über den Inhalt und die Quellen des Mythus »Aufklärung« gaben, ist für Rosenberg in der Tat vernichtend. R., wie er in den Studien abschätzig abkürzend benannt wird, hatte sich in seinem auch die Verwertung wissenschaftlicher Erkenntnisse vortäuschenden Buch so gut wie nicht auf das Studium primärer Quellen gestützt, sondern seine historischen und interpretierenden Einsichten vor allem aus extrem einseitigen und höchst zweifelhaften sekundären Quellen bezogen. Die Katholiken urteilten beherzt: »Stellt man aber auch nur diese allermindeste Forderung (nämlich, daß man nur das gegen die Kirche vorbringt, was wahr ist, K. S.), so kann R.s Buch nicht bestehen. Auf Irrtümer ist es aufgebaut, leider ganz aufgebaut, da das Bild der Kirche, der sein Kampf gilt, in allen Teilen falsch ist . . . Der Weg zum Aufbau geht nicht über die Verbreitung falscher Behauptungen, nicht über die Entstellung der Tatsachen und Absichten, sondern über die Wahrheit.«

Rosenberg antwortete ein Jahr später in einer kleineren Schrift mit dem bezeichnenden Titel: »An die Dunkelmänner unserer Zeit«. Er gab sich teils großmütig, ansonsten gänzlich unbeeindruckt. Großmütig, weil er, »selbst in der heutigen Lage«, darauf verzichtet habe, Prozesse zu führen, unbeeindruckt, weil er nicht bereit sei, »einer fadenscheinigen, aber sich um so überheblicher erweisenden ›Gelehrsamkeit‹ einen Respekt zu erweisen, den sie nicht verdient«. Er war »der festen Überzeugung, daß die früher geübten Methoden (der Kritik, K. S.) jetzt angesichts des Instinkterwachens und des sicherer gewordenen Bewußtseins Deutschlands ihre Wirkung verfehlt haben für heute und für immer«.

Doch auch in der am Ende mit kaum verhüllten Drohungen versehenen Antwort an seine Kritiker mußte Rosenberg betonen, daß er nicht in parteiamtlicher Eigenschaft spreche, sondern nur als Einzelpersönlichkeit, als Verfasser des umstrittenen Werkes. In der Tat ist seinem »Mythus« nie die amtliche Weihe einer parteioffiziellen Schrift zugestanden worden, obwohl die hohe Auflage sich nur dadurch erklärt, daß das Buch seitens der Partei und des NS-Staates bei allen möglichen Anlässen verteilt wurde und dadurch seinem Verfasser ein stattliches Nebeneinkommen sicherte, das zudem noch steuerfrei war.

Rosenberg hatte als treuer Gefolgsmann seines Führers das Buch Hitler vor dem Erscheinen zur Begutachtung vorgelegt, der die Veröffentlichung guthieß, obwohl er schon damals daran zweifelte, daß viele Parteigenossen in der Lage wären, das Werk zu verstehen. Ähnliches wiederholte Hitler auch bei einem seiner Tischgespräche 1942, als er vermerkte, es sei zu schwer verständlich geschrieben und es freue ihn immer festzustellen, daß eigentlich nur die Gegner der nationalsozialistischen Weltanschauung in dem Buch richtig Bescheid wüßten.

Bei dieser Beurteilung Hitlers spielte auch eine gewisse Geringschätzung der politischen Persönlichkeit Rosenbergs eine Rolle. Obwohl dieser sich auf Grund seiner Produktionen und seiner publizistischen Tätigkeit als der Chefideologe der nationalsozialistischen Bewegung empfand, hat er unter den Größen des Dritten Reiches immer nur eine sekundäre Rolle gespielt.

In Nürnberg, als der Mythus des Reiches zerstoben war, vertrat er unbeirrt die Auffassung, die nationalsozialistische Idee sei im Kern richtig und wertvoll gewesen und nur durch ihre korrupte Anwendung seitens anderer im Kampf unterlegen. »Der Instinkt für das in der Tiefe sich vollziehende Geschehen der Zeit«, den der Nazi-Philosoph Alfred Bäumler ihm noch 1943 lobhudelnd bescheinigt hatte, war offenbar so stark geblieben, daß Rosenberg auch in der Stunde der Besinnung und der Abrechnung durch die Sieger unfähig blieb, die grauenhafte Wirklichkeit zu erkennen.

Es war ein trügerischer Instinkt, gewiß, doch daß er ihm treu blieb, auch im Angesicht des Galgens, das läßt sich wohl nur mit der Intensität erklären, mit der er bestimmte Ideen und Vorstellungen, die ihm schon in seiner Jugend begegnet waren, von sich Besitz ergreifen ließ, so daß sie, ungeachtet der wissenschaftlichen Erkenntnis seiner Zeit, ungeachtet auch der erfahrbaren Wirklichkeit, zu einer mythischen »Weltanschauung« stilisiert werden konnten. Rosenberg machte in seinem »Mythus« Ernst mit der idealistischen Idee, daß man nur den schöpferischen Willen zu einer Weltanschauung, zu einem neuen Mythus haben müsse, wenn man die Welt verändern wolle: »Der neue Mythus und die neue typenschaffende Kraft, die heute bei uns nach Ausdruck ringen, können überhaupt nicht widerlegt werden. Sie werden sich Bahn brechen und Tatsachen schaffen.« So einfach ist das: Schopenhauers »Die Welt als Wille und Vorstellung« verfälscht zu einem trotzigen »So sehe ich die Welt, und so, wie ich sie sehe, ist sie – unwiderleglich«: das ist die propagandistische Absicht von Rosenbergs »Mythus«, mit dem er dem deutschen Volk wieder die Idee eines »höchsten Wertes« vermitteln wollte. Dieser höchste Wert ist die Rasse, das Blut. »In seinem mystischen Zeichen geht ein neuer Zellenbau der deutschen Volksseele vor sich. Gegenwart und Vergangenheit erscheinen plötzlich in einem neuen Licht, und für die Zukunft ergibt sich eine neue Sendung – die Auseinandersetzung zwischen Blut und Blut, Rasse und Rasse, Volk und Volk . . . Die Rassenseele zum Leben erwecken heißt ihren Höchstwert erkennen und unter seiner Herrschaft den anderen Werten ihre organische Stellung zuweisen: in Staat, Kunst und Religion. Das ist die Aufgabe unseres Jahrhunderts: aus einem neuen Lebensmythus einen neuen Menschentypus schaffen.«

Rosenbergs Hauptschrift, die, so der Untertitel, eine »Wertung der seelisch-geistigen Gestaltenkämpfe unserer Zeit« sein will, ist in drei Bücher zu mehreren Kapiteln eingeteilt (Das Ringen der Werte, Das Wesen der germanischen Kunst, Das kommende Reich). Es ist ein umgreifendes, durchaus kühnes Buch, das keinen der großen Gegenstände der Menschheit ausläßt; es ist Prototyp einer geistigen Einstellung, die sich nicht mit scheinbar zusammenhanglosen Details begnügt, wie sie der forschenden Erkenntnis zugänglich sind, sondern auf die großen Synthesen zielt, eine Einstellung, die sich, wie er selbst bekennt, die Welt aus Träumen aufbauen will. Die guten Träumer, das sind die nordischen Menschen, die bösen Träumer die Juden; zwischen ihnen vegetieren die »traumlosen Zerstörer«. Die Kraft des Judentums erklärt sich für ihn aus der Stärke ihres Traums, »der nach vielen Fehlschlägen nahezu Wirklichkeit geworden wäre: die Gold- und Weltherrschaft«. Dazu konnte es nur kommen, »weil wir aufgehört hatten, unseren Traum zu verwirklichen, ja sogar unbeholfen versuchten, des Juden Traum zu erleben. Und das hat auch den deutschen Zusammenbruch herbeigeführt.«

Das Mittel, den großen nordischen Traum in die Wirklichkeit zu überführen, ist schlagend einfach: Erhaltung der nordisch-germanischen Rasse und ihrer Art, Besinnung auf die großen Traditionen des nordischen Menschen, auf seine seherischen, künstlerischen und staatsmännischen Großtaten. Sie zeigen sich uns im Besten, weil germanisch Bedingten, »der Überlieferung, die von Hellas und Rom unverfälscht auf uns gekommen« sei, in der Dichtung Dantes und Goethes, in der Philosophie eines Kant und Schopenhauer, in der Mystik eines Meister Eckehart, in der Kunst Leonardos und Rembrandts, der Musik Bachs und Richard Wagners, in der Staatskunst Friedrichs des Großen und Bismarcks. »Von diesem Standpunkt aus wird die Behauptung tief gerechtfertigt erscheinen, daß eine nordische Heldensage, ein preußischer Marsch, eine Komposition Bachs, eine Predigt Eckeharts, ein Faust-Monolog nur verschiedene Äußerungen ein und derselben Seele, Schöpfungen des gleichen Willens sind, ewige Kräfte, die zuerst unter dem Namen Odin sich vereinten, in der Neuzeit in Friedrich und Bismarck Gestalt gewannen. Und solang diese Kräfte wirksam sind, so lang, und nur so lang, wirkt und webt noch nordisches Blut mit nordischer Seele in mystischer Vereinigung, als Voraussetzung jeder artechten Schöpfung.«

Kein Zweifel, daß Rosenberg für sein Buch viel Einschlägiges, meist Zweit- und Drittrangiges gelesen und verarbeitet hat, auch wenn er selten mitteilt, woher er die »Weisheiten« bezog, mit denen er viele hundert Seiten wabernder Prosa füllte. Der wesentliche geistige Anstoß kam ihm zweifellos aus dem zweibändigen, erstmals 1899 erschienenen Werk des zum Deutschen gewordenen Engländers Houston Stewart Chamberlain, des Schwiegersohns von Richard Wagner, über »Die Grundlagen des neunzehnten Jahrhunderts«. Chamberlains Schrift enthält bereits die Grundgedanken des Rosenbergschen »Mythus«: der Germane als »die Seele unserer Kultur«, das germanische Blut als unverzichtbares Bindemittel einer »organischen Einheit« Europas, eine Darstellung der Weltgeschichte, die erst zu ihrer Wahrheit findet »in dem Augenblick, wo der Germane das Erbe des Altertums mit kraftstrotzender Hand ergreift«.

Rosenberg, 1893 im baltischen Reval als Sohn einer deutschnational gesinnten Kaufmannsfamilie geboren, hatte Chamberlain schon früh gelesen und bewundert. Das Architekturstudium, das er 1918 in Moskau abschloß, scheint ihn wohl nicht zu beruflicher Tätigkeit gereizt zu haben. Er ging bei Kriegsende zuerst nach Berlin, das ihm »grau und fremd« vorkam, dann nach München, wo er bald in den Kreis um den nationalistischen Schriftsteller Dietrich Eckart geriet, der ihm, wie er sagte, zum »Schicksal« wurde. Bereits 1923 war Rosenberg Hauptschriftsteller des »Völkischen Beobachters«, und er hielt es wohl für seine besondere Mission, der völkischen Bewegung der Nationalsozialisten unter Adolf Hitler, der er sich früh angeschlossen hatte, eine geistige Grundlage – eine Weltanschauung – zu geben. So entstand der »Mythus des 20. Jahrhunderts«, der bereits 1925 im wesentlichen abgeschlossen war.

Gewiß ein Buch, das nur dank der nationalsozialistischen Herrschaft eine vorübergehende Bedeutung erlangte und sonst wohl eher in die Ecke »absonderlicher« deutsch-völkischer Geistesverwirrung gestellt worden wäre, doch nicht einfach Unsinn, Quatsch, verquollenes Phantasieprodukt ist. Denn Rosenberg wußte sich eingebettet in eine starke irrationalistische, also geistesverachtende Zeitströmung, in der sich viele, auch größere Geister tummelten. Sie bewertete die Seele, den Willen, den Traum, den Kampf höher als Verstand, Vernunft, Augenmaß, Humanität. Sie wurde verzehrt von dem Verlangen nach ideologischer Geborgenheit im Chaos des Relativismus und nach beseligender Harmonie in der Wirrnis der Lebensverhältnisse. Die reduktionistische Theorie der völkischen Rassisten, von Gobineau über Chamberlain bis zu den nationalsozialistischen Ideologen à la Rosenberg, glaubte in der Rassenidee die Erklärung aller Welträtsel zu finden, und es störte sie wenig, daß man ihnen gefährliche Irrtümer und Einseitigkeiten nachwies.

Bücher dieser Art, die mit pathetischem Gestus die Entwicklungslinien der Weltgeschichte zeichnen, wollen die Welt nicht verstehen, wie sie (geworden) ist, sie wollen statt dessen eine Anschauung der Welt vermitteln, die als Antrieb für ihre Veränderung (»Der Mythus ist das Leben selbst«) dienen kann. Sie gehen von der Prämisse aus, daß Glauben mehr ist und mehr bewirkt als Wissen. In eklektischer Manier stutzen sie deshalb das vorhandene Wissen so zurecht, daß es ihren vorab gefaßten Glauben stützt. Sie sind ein beredtes Zeugnis dafür, daß man sich durch den bloßen Gestaltungswillen, unterstützt von einer die Komplexität der Dinge simplifizierenden Idee, geistige, in ihrer politischen Konsequenz oft furchtbare Welten = Weltanschauungen erschaffen kann, wenn man nur »die Seele« sprechen läßt, das heißt, wenn man den Geist nicht an die Leine der wägenden und kontrollierenden Vernunft legt.

Rosenbergs »Mythus«, heute wiedergelesen, erscheint uns als Ausdruck einer ebenso primitiven wie rabiaten Geisteskultur, die sich der fatalen Täuschung ausliefert, alles auf einen archimedischen Punkt konzentrieren zu können, von dem aus die Weltgeschichte sich begreifen und sodann aus den Angeln heben läßt. Solche Versuche sind notwendig inhuman, denn sie arbeiten nach dem Prinzip, daß es in der Welt allein das Gute und/oder das Böse gibt und daß die eigene Sache stets die des Guten, die der anderen eine Ausgeburt des Bösen ist. Sie zwingen, so man ihnen glaubend folgt, die ersehnte Welt der »organischen Einheit« herbei durch die Etablierung der Herrschaft derer, die das gute Prinzip verkörpern, auf Kosten jener, von denen angeblich alles Übel kommt. Daraus erwächst die »Banalität des Bösen« (Hannah Arendt) bei denen, die diese Herrschaft ausüben.

Rosenbergs Mythus ist tot und wird nicht wiederauferstehen, doch die Denkfigur, die seinem Werk zugrunde lag, ist noch längst nicht ausgestorben; sie ist eine Verführung des suchenden und träumendes Geistes wie eh und je.

Existentielles Verhalten als Widerstand?

Karl Jaspers: »Die geistige Situation der Zeit« (1931)

KARL KORN

Wenn einmal die Geistesgeschichte der zwanziger Jahre in
Deutschland geschrieben werden sollte, wird sie das Jahr 1925 als
eine Wende darzustellen haben. Der Scheitelpunkt dieser Wende
deckt sich mit einem Begriff, der in der Mitte des Jahrzehnts
aufkam. Er heißt griechisch Kairós und ist damals durch die
moderne neutestamentliche Theologie weiteren Kreisen geläufig
geworden. Kairós bedeutet Zeit im Sinn von: Zeitpunkt der
Entscheidung, Zeitwende. Paul Tillich hat den Begriff geradezu
gehätschelt und ihn in einer Schrift dieses Titels 1926 in die
geistespolitische Diskussion gebracht. Als Karl Jaspers fünf Jahre
später »Die geistige Situation der Zeit« schrieb und in die Horizon-
tale der gesellschaftlichen und politischen Realität einstieg, stellte
sich das Thema des Kairós schon ganz anders dar. Sowohl Tillich
wie Jaspers dachten existentiell; aber jeder auf besondere Weise.

Ums Jahr 1930 ist bei Jaspers nirgends mehr die Gewißheit zu
spüren, daß »die Zeit erfüllt« sei und man – Utopie vorwegneh-
mend – jetzt und hier dem Reich Gottes näher kommen könne.
Was der theologisch determinierte Tillich als das Dämonische
ansprach, wurde bei Jaspers zur Seinsferne im Daseinskollektiv.
Ein Jahr zuvor hatte Ortega, der bei aller Eleganz der Diktion doch
wohl mehr als nur die Stimmung des elitären Bildungsbürgers
ausdrückt, den Blick auf eine Entwicklung eröffnet, die vierzig
Jahre später die »permissive society« wurde. Um dieselbe Zeit wie
Ortega sieht auch Jaspers düster in die Zukunft.

Der ideologische Rahmen seiner Analyse zur geistigen Situation der Zeit scheint Jaspers heute als einen hoffnungslos veralteten Denker auszuweisen. Bei aller manchmal redseligen Differenzierung im einzelnen ist der Bezugsrahmen für die Phänomene der
Moderne in dem schlichten, heute banal anmutenden Satz abge-
steckt: »Indem der Riesenapparat der Daseinsfürsorge die Einzelnen zur Funktion macht, löst er sie aus den substantiellen Lebens-

gehalten heraus, die früher als Tradition den Menschen umfingen.« Das Wort, auf das es in dem Satz ankommt, lautet: substantiell. Es kehrt als »Selbstsein«, »eigentliches Sein«, »Aufsichselbststehen«, »Halt« in hundertfachen Variationen immer wieder. Das »Substantielle«, was auch als existentielle Tiefe umschrieben wird, ist für Jaspers in der technischen Massenordnung nicht anzutreffen.

Wenn Jaspers formuliert, Dasein sei heute Massenversorgung in rationaler Produktion auf Grund technischer Erfindungen, wird ihm nicht widersprochen werden. Im Blick auf das, was dem heute Lebenden als Aufrüstung, Energieversorgung und -krise oder Umweltzerstörung gegenwärtig ist, wird man auch der komplementären These, daß die Daseinsordnung durch ihre inneren Antagonismen gestört sei, zustimmen.

So weitschauend sich Jaspers also in manchen Prognosen erwies, so anrührend unmodern zeigt er sich, wenn er vom bergenden Haus, von der Arbeitsfreude und gar vom Sport als vitaler Daseinswirklichkeit spricht. Der Philosoph ließ 1931 keine Zweifel daran, daß der Riesenapparat der Daseinsfürsorge die einzelnen »aus den substantiellen Lebensgehalten« herauslöse. Als einer der ersten Kulturkritiker beklagt er ringsum den Verlust der haltenden Traditionen. Daher komme das unheimliche Grauen der Verlassenheit, das vom Betrieb des Ungeheuren, Massenhaften nicht überdeckt werden könne. In konkreten Bildern und zahlreichen Variationen hat der Psychiater Jaspers abgewandelt, was marxistische Entfremdung genannt wird. Was einmal Herrschaft aus angeborenen Gaben des Selbstseins gewesen sei, werde in der Masse durch die Methode des Vorankommens im Apparat bestimmt. »Organisation kann zwar jedem seine Funktion und die Qualität des zu Leistenden und zu Konsumierenden zuweisen, aber nicht den Menschen hervorbringen, der führt . . . Herrschaft wird in der Massenorganisation von einer gespenstischen Unsichtbarkeit . . . Instanzen, Kontrollen, Kommissionsbeschlüssen . . .«

Der Philosoph kann sich in seiner Zeitanalyse nicht genugtun, die Instanzen und Kontrollmechanismen einer demokratisch verfaßten Daseinsordnung und ihrer Funktionäre als Exponenten und Vollstrecker des Massenwillens oder des Apparats, was auf das gleiche hinausläuft, zu entlarven. In dem Kapitel »Unmöglichkeit einer beständigen Daseinsordnung« entwirft er das Schreckenstableau eines im Robotertum, in einer Kunstlandschaft der restlosen Ausbeutung aller Naturkräfte, in genormter Hygiene, Geburtenkontrolle, Dienstpflicht ablaufenden Prozesses. Daß dieser sich auf

Dauer zu einem friedlichen Weltzustand verfestigen könne, widerstreite dem antinomischen Grundgesetz allen Daseins.

Der Polemiker Jaspers erscheint eminent modern, wenn er auf ein Thema kommt, das in unseren Jahren wachsende Aktualität hat: auf die Sprache der Verschleierung innerhalb der Bürokratie und des Machtapparates. Wenn diese Apparate in die Krise kommen, werde, was durch Gewalt und Zwang geschehen müsse, durch »Verschleierung der Verantwortungen auf eine ungreifbare Macht geschoben«. Bei Unlösbarkeit rufe man »die Wissenschaft« an, die Wissenschaft »als Magd des als Daseinsordnung verstandenen öffentlichen Interesses« in Gestalt der Sachverständigen.

Jaspers scheut sich nicht, Sätze zu schreiben, die – heute notiert – mißverstanden und verketzert würden. Etwa: Die Wahrheit, die Gemeinschaft stiftet, sei ein geschichtlicher Glaube, »der nie der Glaube aller sein kann«.

Der Mensch als einzelner entscheide, heißt es dann wieder, welche Daseinsordnung gewählt wird. Damit daraus aber »Wirklichkeit der Macht« werde, müßten Staat und Erziehung von solchem Willen getragen werden. Ausdrücklich erklärt Jaspers den Primat des Staatswillens über die Daseinsordnung. Zwar verneint er nicht den »Wohlfahrtsstaat«, eine Vokabel, die damals noch selten gewesen sein dürfte, aber er rechtfertigt den Staatswillen als souverän, unabhängig von jeder sozialen Zweckbestimmung. Als liberaler Humanist bindet er freilich dann den Staat und die Staatsmacht an den Auftrag, die Bedingungen der Freiheit des Menschen zu verwirklichen. Doch gesteht Jaspers, indem er Max Weber zitiert, dem Staat das Monopol legitimer Gewaltanwendung zu. Auf die Zweifelsfrage, was geschehe, wenn der Staat so viel Macht usurpiert, daß das originäre Sein des Menschen mißachtet und zerstört wird, hat der Philosoph die Antwort bereit, daß der einzelne ja die Freiheit des Scheiterns habe.

Man würde Jaspers nicht gerecht, wenn man seine gelegentlich machiavellistisch klingenden Deklarationen zum Staat nicht in der zeitgeschichtlichen Perspektive von 1930/31 sähe. Hitler und Goebbels haben damals Feldzüge zur Eroberung der Massen erklärtermaßen im Namen einer Volksdemokratie geführt. Hierzu Jaspers: »Es ist die weltgeschichtliche, politische Grundfrage unserer Zeit, ob die Menschenmassen demokratisiert werden können . . . Der Kampf um Majoritäten mit allen Mitteln der Propaganda, der Suggestion, der Täuschung, der Leistung für partikulare Interessen scheint der einzige Weg zur Herrschaft . . . Wer politisch führen will, muß Massen zum Wollen bringen.« In diesem Zusammenhang ist die Rede von Demagogen.

Das Kollektiv kann für einen Jaspers überhaupt nichts ändern, weil es nicht »zu sich selbst« kommt. Das kann nur der einzelne.

Das Freiheitspathos eines Jaspers ist unzweifelhaft zugleich Freiheitsethos. Es ist wesenhaft protestantisch und schließt kirchliche oder religiöse Gebundenheit nicht aus, sofern die darin enthaltene Bindung als »die je eigene« gewollt und gelebt wird. Für Jaspers ist das Transzendente das theoretischem Erkennen verborgene »letzte Umgreifende«. Bei Tillich heißt es, anklingend an Mystik: »In der Tiefe ist Wahrheit.«

Jaspers ist säkularer als Tillich, läßt aber ausdrücklich die religiöse Bindung gleichsam als Basis oder Spannungspol zur Grenzerfahrung der Existenz im Scheitern bestehen. An die Grenze des Selbstseins kommen – das heißt für Jaspers »Transzendenz«. Sie ist eine Art Spielraum, der in der Selbsterfahrung wahrgenommen wird. Dieser Spielraum ist »das eigentliche« Argument gegen den Anspruch der Gesellschaft und der gesellschaftlichen Systeme.

Den Rückzug aus der »Massenordnung« auf das »Eigentliche« des Selbstseins hat Adorno mit besonderem Bezug auf Jaspers in seiner Schrift »Jargon der Eigentlichkeit, zur deutschen Ideologie« scharf polemisch angegriffen. Der Kernpunkt von Adornos Pamphlet kann etwa so ausgemacht werden: Nachdem der moderne Denkprozeß der philosophischen Aufklärung alles aufgezehrt hat, was einmal als Transzendenz gegolten hat, hätten die Existentialisten mit der ihnen eigentümlichen Wendung nach innen die Erfahrung des sogenannten Selbstseins als ein neues Absolutes kreiert. Hinter dem darin verborgenen Kulturpessimismus werde der realen Ursache des Gefühls der Sinnlosigkeit ausgewichen. Das Leiden am Verlust von Metaphysik oder Sinn werde vom realen Leiden, das sie veranlaßt, abgespalten. Das ist die Abrechnung des Haupts der Frankfurter Schule mit dem Manne, der 1931 zur geistigen Situation der Zeit geschrieben hat: »Marxismus, Psychoanalyse und Rassentheorie sind heute die verbreitetsten Verschleierungen des Menschen. Das gradlinig Brutale im Hassen und Preisen, wie es mit dem Menschendasein zur Herrschaft gekommen ist, findet darin seinen Ausdruck: im Marxismus die Weise, wie Masse Gemeinschaft will; in der Psychoanalyse, wie sie die bloße Daseinsbefriedigung sucht; in der Rassentheorie, wie sie besser als andere sein möchte . . . Kein Soziologe kann mir sagen, was ich als Schicksal will, kein Psychologier deutlich machen, was ich bin.«

Was an Jaspers' Schrift heute noch oder wieder interessieren kann, ist seine Diagnose und Prognose im Blick auf das reale »uneigentliche Sein«, konkret die Massenordnung der Daseinsfürsorge. Seine Situationsanalysen von 1930 könnten neue Aufmerksamkeit finden und auf diesem Umweg existentielles Denken oder Glauben neu beleben. Haben nicht alle noch so differenzierten Systeme und Theorien, die Konfliktforschung eingeschlossen, die Tatsache der Weltkonflikte bestehen lassen müssen? Die hohe Rationalität der Systeme der Daseinsabsicherung scheint aus sich heraus konkurrierende Kräfte zu erzeugen, die der Planung Gegenplanungen entgegensetzen. Ist die konkrete Welt irrational? Das in den sechziger Jahren entdeckte Menschenrecht auf Lust schlägt im »Daseinsapparat« gegen sich selbst zurück und endet nicht selten in neuer Frustration. Emanzipation als Massenkonsumartikel kann so stark umschlagen, daß sie Freiheit negiert.

Mündigkeit, ein hehres Programm, wird in der Praxis der verwalteten Welt vielfach zur Herrschaft der Inkompetenz, Idealismus schlägt in Nihilismus um, Revolutionäre von gestern werden konservativ! Im weltpolitischen Horizont verdeckt das Wort vom Gleichgewicht der totalen Vernichtungswaffen kaum den ungeheuerlichsten Zynismus. Kunst sucht Rechtfertigung in Programmen der Antikunst. Fürsorge für alle und für jeden Fall erweist sich als nicht mehr finanzierbar. Sozialplanungen scheitern an konkurrierenden Plänen der Ökologie. Gemeinwesen werden mit schärferer Rationalisierung nicht durchsichtiger, vielmehr unregierbar. Erholung und Freizeit werden zu Massenunternehmungen, die mühsam mit Strategien bewältigt werden müssen. Das Ende, an dem der Sinn der Befreiung vom Druck der Arbeit in sein Gegenteil verkehrt wird, ist abzusehen.

Das alles ist in Jaspers' Diagnose als Antagonismus der konkurrierenden Rationalitäten der Massenordnung vorausgesagt. Könnte in dieser Perspektive das, was sein Denken als das andere, das »Eigentliche«, umkreist, als Ausweg erscheinen? Läuft nicht das Programm des »Selbstseins« in der Massenwelt auf eine neue Ideologie hinaus? Würde damit nicht einem neuen Irrationalismus der Weg geöffnet? In Übereinstimmung mit Jaspers kann man heute unter noch schärferen Krisenzeichen fragen, ob die Geschichte der Menschheit ein vergeblicher Versuch war, frei zu sein, ob der Augenblick der Freiheit und ihr Scheitern ein Zwischenspiel zwischen »zwei unermeßlichen Schlafzuständen war, von denen der erste als Naturdasein war, der zweite technisches Dasein wird«. Das wäre dann das Scheitern freier Existenz und zugleich das Resultat eines Buches, das einmal berühmt war.

Die konservative Apokalypse

Ernst Jünger: »Der Arbeiter« (1932)

GERD-KLAUS KALTENBRUNNER

Ein erregendes, furioses, ja ungeheures Buch, Zeitdiagnose, Geschichtsmetaphysik und Apokalypse zugleich, ein Buch der Extreme, aus Feuer und Eis gefügt, in Anspruch, Radikalität und Aussagekraft dem Marxschen Manifest, den Schriften des späten Nietzsche verwandt. Als es erschien, im Herbst 1932, war der Verfasser siebenunddreißig Jahre alt, ohne akademische Würden, öffentliche Ämter und literarische Preise; ausgezeichnet freilich mit dem höchsten Orden des 1. Weltkriegs, dem von Friedrich dem Großen gestifteten »Pour le mérite«; Abenteurer, Frontkämpfer, Nationalist und Schriftsteller; antibürgerlich und kämpferisch auch nach seinem Abschied von der Reichswehr; ein Einzelgänger, dessen Kriegsbücher »In Stahlgewittern«, »Das Wäldchen 125« und »Feuer und Blut« die Erfahrungen einer ganzen Generation gültig formuliert hatten in einer kaltblütig-harten, aber auch hektisch-nervösen Sprache.

Dieser Jünger war kein Demokrat und kein Pazifist, er ist es auch später nie gewesen; aber er war auch kein Monarchist, kein deutschnationaler Konservativer. In seinem 1929 erschienenen Buch »Das abenteuerliche Herz« findet sich das Wort vom »preußischen Anarchisten«, der, »allein mit dem kategorischen Imperativ des Herzens bewaffnet und nur ihm verantwortlich, das Chaos der Gewalten nach den Grundmaßen neuer Ordnungen durchstreift«.

Catilina ist, wie Nietzsche einmal bemerkt, die Präexistenzform Cäsars. Der preußische Anarchist ist die pubertäre Erscheinungsweise des modernen, des nachbürgerlichen Konservativen, der keine überlieferten Bestände mehr zu bewahren hat. Armin Mohler, eine Zeitlang Sekretär Ernst Jüngers, spricht in diesem Zusammenhang von »konservativer Achsenzeit«. Mit dem Passieren der Achsenzeit wird der Konservatismus völlig anders. War er vorher rückwärts gewandt, traditionalistisch oder restaurativ, so richtet er nunmehr den Blick auf die Zukunft – er wird revolutionär. Er wird revolutionär, indem er sich nicht mehr einem inhaltlichen Glauben (»Gott, Kaiser und Vaterland«) verpflichtet weiß, sondern einer formalen Haltung: »Nicht *wofür* wir kämpfen ist das Wesentliche, sondern *wie* wir kämpfen.« Wesentlich sind zutiefst formale, in einem strengen Sinne ästhetische Werte – wenn es sich auch um die gnadenlose Ästhetik technokratischer Samurais handelt. Meinungen, Ideologien, Programme sind Schall und Rauch; Form, Gestalt, Haltung ist alles.

Der zum »heroischen Realisten« gewordene Konservative stellt sich der Dynamik des technologisch-industriellen Prozesses; er versteht sich mitnichten als dessen Bremsklotz, er begibt sich sehenden Auges mit Haut und Haaren in ihn hinein, um mit ihm zu verschmelzen. Die Dynamik der technischen Erdrevolution kann und soll nicht gebremst oder gar rückgängig gemacht werden; dies wäre reaktionäre Romantik, unfruchtbar und ohnmächtig. Vielmehr soll die Anarchie der neuzeitlichen Technisierung, die sich allen bisherigen konservativen Bändigungs- und Hegungsversuchen souverän widersetzt hat, durch radikale Steigerung bis zum Äußersten in jene neue Ordnung umschlagen, die verborgen in ihr bereits angelegt ist: »Es gibt keinen Ausweg, kein Seitwärts und Rückwärts; es gilt vielmehr, die Wucht und die Geschwindigkeit der Prozesse zu steigern, in denen wir begriffen sind. Da ist es gut zu ahnen, daß hinter den dynamischen Übermaßen der Zeit ein unbewegliches Zentrum verborgen ist.«

Durch totale Hingabe an den technischen Prozeß, dessen Sog ohnehin nichts zu widerstehen vermag, durch die Haltung eines sozusagen aggressiven Fatalismus soll der neue Nomos der Erde ans Licht gebracht werden. Der archaische Gedanke magischen Gotteszwanges erhebt sich wieder im Weltalter totaler Entzauberung; der »Arbeiter« ist Vollstrecker einer theurgischen Transsubstantiation, die im strengsten Sinne des Wortes kosmogonischen, kosmosstiftenden Charakter hat. Die von ihm verrichtete Arbeit gehört keiner ökonomischen Kategorie an, ist auch kein Gegenstand soziologischer Forschung oder sozialpolitischer Maßnahmen; sie ist ein »neues Prinzip«, das »gewaltig über alles Wirtschaftliche« hinausragt.

Arbeit ist eine kosmologische, ja ontologische Kategorie. Das Sein selbst entbirgt sich in dem nun heraufziehenden Weltalter als Arbeit. Sie ist alles. Nicht die göttliche Liebe ist es, die, wie Dante singt, die Sonne und die Sterne bewegt, sondern die Arbeit, der anonyme und universale Demiurg. Es gibt nichts, was nicht als Arbeit begriffen werden könnte: »Arbeit ist das Tempo der Faust, der Gedanken, des Herzens, das Leben bei Tage und Nacht, die Wissenschaft, die Liebe, die Kunst, der Glaube, der Kultus, der Krieg; Arbeit ist die Schwingung des Atoms und die Kraft, die Sterne und Sonnensysteme bewegt.« Arbeit ist das totalisierende Prinzip schlechthin, sie kennt keinen Gegensatz außer sich selbst. Es gibt keinen Sabbat, an dem Gott und Menschen ruhen; der Arbeitsraum ist unbegrenzt, ebenso wie der Arbeitstag vierundzwanzig Stunden umfaßt. Auch Erholung, Spiel, Unterhaltung, Festivität offenbaren dem spähenden Blick Jüngers ihren totalen Arbeitscharakter, und er bringt schlagende Belege und Befunde, die nicht nur die wachsende Sinnlosigkeit der Sonn- und Feiertage alten Stils, sondern auch der gesamten, in fiktiver Abgrenzung von der Arbeitswelt betriebenen bürgerlichen Kultur illustrieren.

Dem Jüngerschen Arbeiter fehlt der Geruch von Proletarierelend, Sklavenaufstand und larmoyanter Mitleidbedürftigkeit. Er gehört nicht zu den Erniedrigten und Beleidigten, nicht zu den Enterbten und Ausgebeuteten; er verkörpert die Elite des technischen Weltalters, er ist Aristokrat, Herrenmensch, »Über-Preuße«, der herrscht, indem er dient. Als Repräsentant der modernen Technik vollstreckt er eine Mobilisierung von tellurischen Ausmaßen, wie er überhaupt – anders als der Bürger – in einer besonders innigen Beziehung zur Sphäre des Elementaren steht. Der Arbeiter ist eine metaphysische »Gestalt« oder, um mit Kant zu sprechen, das transzendentale Schema, unter dem Jünger ein neues Weltalter erfahrbar wird: der Äon technisch-planetarischer Erdrevolution. Technik ist »die Art und Weise, in der die Gestalt des Arbeiters die Welt mobilisiert und revolutioniert«.

Die Mobilisierung und Revolutionierung ist gleichbedeutend mit dem Untergang des Individuums; es stirbt aus, so wie der Spaziergänger oder die gute Stube alten Stils ausstirbt. Der Arbeiter ist der Soldat in der Uniform der Arbeit, der als Teil einer Maschine funktionierende Über-Preuße. Der Deutsche ist für diese Rolle mehr als andere Nationen prädestiniert, da »ihm im Innersten jedes Verhältnis zur individuellen Freiheit und eben damit zur bürgerlichen Gesellschaft fehlt«. Doch will Jünger damit keineswegs sagen, daß der Arbeiter eine spezifisch deutsche Gestalt sei; er ist eine imperiale Figur, kennt kein Nationalbewußtsein und sprengt alle patriotischen Fesseln.

Wichtig ist in diesem Zusammenhang der Begriff der »organischen Konstruktion«. Er hat verschiedene Bedeutungsschichten. Organische Konstruktion meint vorerst, daß die metaphysische Macht, die als Technik die Materie mobilisiert, sich nicht nur den toten Stoff, sondern auch die organischen Einheiten unterwirft. Organische und mechanische Welt werden Momente eines umfassenden Totalzusammenhangs, den Jünger, hätte er das Buch fünfzehn Jahre später geschrieben, wahrscheinlich als kybernetischen charakterisiert hätte. Konstruktion bedeutet darüber hinaus, daß »die Technik jenen höchsten Grad von Selbstverständlichkeit erreicht, wie er tierischen oder pflanzlichen Gliedmaßen innewohnt«.

In letzter Konsequenz zielt sie auf eine technisch vermittelte Aufhebung des Zwiespalts von Natur und Zivilisation, eine tiefgreifende Umgestaltung, ja Neuschöpfung des gesamten Erdballs, eine prometheische Coincidentia oppositorum, die das Elementare mit dem Sublimen, Instinkt und Intellekt, Nüchternheit und Vision verschmilzt. Von ferne klingt hier das Motiv von Kleists Gespräch über das Marionettentheater an. Es gibt keine Rückkehr in die vitale Geborgenheit und Grazie des Prätechnoikums; wir müssen uns durch die Unendlichkeit der modernen Technik hindurcharbeiten, um eine neue Unschuld zu erlangen, die innigste und widerspruchslose Verschmelzung des Lebens mit seinen Werkzeugen und Artefakten.

Doch welche Macht garantiert, daß diese optimale organische Konstruktion gelingen wird? Könnte der tellurische Prozeß der Erdrevolution nicht auch scheitern? Jünger beantwortet diese Fragen nicht explizit. Es gibt Stellen, die zumindest die Möglichkeit eines Scheiterns offenlassen. Ein solches Scheitern, würde es eintreten, wäre freilich im Grunde nur eines aus der Sicht des »Bürgers«, der immer und überall darauf bedacht ist, daß etwas »herauskommt«; auch der Marxismus ist insofern in den Augen Jüngers noch eine bürgerliche Ideologie. Das tiefste Glück des Menschen besteht nicht in der Verwirklichung irgendwelcher Utopien, sondern darin, »daß er geopfert wird«. Zumindest ist dies die Haltung des ehernen Geschlechts des Arbeiters, »der ebensowohl die Arbeit des Angriffes wie die des verlorenen Postens kennt, aber dem es von untergeordneter Bedeutung ist, ob das Wetter besser oder schlechter wird«. Unbedingte Haltung ist alles, und insofern sie eingenommen wird, gibt es letztendlich keinen verlorenen Posten.

Jünger spricht in diesem Zusammenhang von »heroischem Realismus, der selbst durch die Aussicht der völligen Vernichtung

und der Hoffnungslosigkeit seiner Anstrengungen nicht zu erschüttern ist«. Der heroisch-realistische Arbeiter vermag sich mit
Lust in die Luft zu sprengen und in diesem Akte noch eine
Bestätigung der Ordnung zu erblicken. Ihm ist es vorzubehalten,
nach der Zerstörung jedes Glaubens überhaupt, die große Tatsache
wiederzuentdecken, »daß Leben und Kultus identisch sind«.

Ernst Jüngers Buch schließt mit den Worten: »Nicht anders als
mit Ergriffenheit kann man den Menschen betrachten, wie er
inmitten chaotischer Zonen an der Stählung der Waffen und
Herzen beschäftigt ist und wie er auf den Ausweg des Glückes zu
verzichten weiß. – Hier Anteil und Dienst zu nehmen: das ist die
Aufgabe, die von uns erwartet wird.«

Ernst Niekisch deutete den Geist, aus dem dieses Buch verfaßt
wurde, als eine Art »von deutschem Bolschewismus«, und der
Jesuit Friedrich Muckermann, Herausgeber der einst bekannten
Zeitschrift »Der Gral«, schrieb in einem offenen Brief an den
Autor: »Wissen Sie, daß ich je und je zwischen Ihren Zeilen das
Antlitz Lenins sah?« Im »Völkischen Beobachter« erschien ein
giftiger Verriß des »Arbeiters«, in dem Jünger abstrakte Intellektualität, Lebensferne, Blindheit für die Urmächte »Blut und Boden« vorgeworfen wurde. Nicht eine Epoche des »Arbeiters« sei
im Anbruch begriffen, sondern ein rassisch-völkisches Zeitalter.

Das war im Oktober 1932, unmittelbar nach dem Erscheinen des
Buches. Die ersten fünftausend Exemplare waren schon einige
Tage vor der Auslieferung verkauft. Drei weitere Auflagen erschienen noch 1932; die vierte, das 16. bis 20. Tausend, lag bis in
die Zeit des Zweiten Weltkrieges hinein in den Buchhandlungen,
als bereits die Erzählung »Auf den Marmorklippen«, eine verschlüsselte Absage an das Hitler-Reich, ihre Kreise in Deutschland
zog.

Martin Heidegger hat den »Arbeiter« im Winter 1939/40 in einem
kleinen Konventikel erläutert; dieser Versuch, den Blick auf die
damaligen Verhältnisse in der Optik des Jüngerschen »Arbeiters«
sich bewegen zu lassen, wurde von den Nationalsozialisten heimlich überwacht und schließlich unterbunden. Heidegger war davon
nicht überrascht, »denn es gehört zum Wesen des Willens zur
Macht, das Wirkliche, das er bemächtigt, nicht in der Wirklichkeit
erscheinen zu lassen, als welche er selber west«. Heidegger war es
auch, der Jünger nach dem Krieg ermuntert hat, den »Arbeiter«
unverändert wiedererscheinen zu lassen. Jünger folgte nach einigem Zögern dem Rat des Freiburger Philosophen und nahm den

Text des »Arbeiters« von 1932 in den sechsten Band seiner im Klett Verlag, Stuttgart, erschienenen Werkausgabe auf.

Als Jünger den »Arbeiter« schrieb, blickte er fasziniert auf das planwirtschaftlich-kollektivistische Experiment in Rußland. Das von Lenin revolutionierte Reich im Osten erschien ihm als eines der »großen Reiseziele unserer Zeit«. Während der Chiliast Ernst Bloch in Moskau das auf die Erde herabgekommene himmlische Jerusalem anbrechen wähnte, schrieb der ehemalige Frontkämpfer Ernst Jünger nicht ohne grimmiges Behagen: »Es gibt Länder, in denen man wegen Werkssabotage erschossen werden kann wie ein Soldat, der seinen Posten verläßt, und in denen man seit fünfzehn Jahren die Lebensmittel rationiert wie in einer belagerten Stadt – und dies sind die Länder, in denen der Sozialismus bereits am eindeutigsten verwirklicht worden ist.«

Der Arbeiter, den er zeichnet, ist ein säkularisierter Kreuzritter und Mönch. Er ist Opfer, Opferpriester und zugleich der Moloch, dem geopfert wird: »Je zynischer, spartanischer, preußischer oder bolschewistischer das Leben geführt werden kann, desto besser wird es sein.« Doch der »kriegerische Skeptizismus«, den der, wie früher schon Sorel, vor Lenin sich verbeugende Ernst Jünger verkündet, ist keine linke Ideologie. Wenn Alfred Andersch behauptet, wer den »Arbeiter« wirklich zu lesen verstehe, würde »etwas ganz anderes finden als einen Mann der Rechten«, dann erweckt er falsche Erwartungen. Das Buch ist in einem präzisen Sinne »rechts«, so wie Ernst Blochs »Prinzip Hoffnung« eine »linke« Gnosis darstellt. Der auf den Ausweg des Glücks verzichtende Arbeiter ist von anderer Art als der proletarische Klassenkämpfer von links.

Jüngers Lehrmeister ist nicht Marx, sondern Nietzsche. Das von ihm prophezeite eiserne Zeitalter des Arbeiters ist nicht das herrschaftslose Reich der Freiheit, sondern ein unheiliges technokratisches Imperium von planetarischen Ausmaßen. Möglicherweise ist es klassenlos, da Klassen eine für die bürgerliche Gesellschaft typische Erscheinung sind. Doch es ist nicht egalitär und schon gar nicht liberal. Der Freiheitsanspruch tritt in ihm einzig und allein als Arbeitsanspruch auf, die Stelle des Gesellschaftsvertrags nimmt der Arbeitsplan ein. Der Arbeitsstaat ist ein Überstaat von technokratisch-kollektivistischem Gepräge, weist einen militärisch-elitären Zuschnitt auf.

Wenn aber, was kaum zu bezweifeln ist, die Bejahung von Herrschaft und Hierarchie, von Autorität, Bindung, Disziplin und Zucht, der Primat der elitären, heroischen und imperialen Tugenden zu den essentiellen Konstanten »rechter« Denkweise und Lebenshaltung gehören, dann ist Ernst Jüngers »Arbeiter« ein extrem rechtes Buch. Es ist, dies sei sofort hinzugefügt, durch Abgründe von allen Rechtsbewegungen klerikaler, feudaler, ständischer, völkischer und rassenbiologischer Art getrennt. Es hat nichts mit Altherrenkonservatismus, Agrarromantik oder Kulturpessimismus zu tun. Doch eben das Fehlen aller retardierenden, restaurativen und nostalgischen Ingredienzen ändert nichts an der Tatsache, daß der von Ernst Jünger verkündete Advent der imperialen Figur des Arbeiters, der Asket, Techniker und Soldat ist, eine planetarische Rekonstruktion des Konservatismus bedeuten würde.

Das Buch »Der Arbeiter. Herrschaft und Gestalt« hat nichts von seiner herausfordernden Kraft verloren. Es kann nicht als bloßes Dokument der geistig-politischen Situation zur Zeit der verröchelnden Weimarer Republik abgetan werden. Es enthält eine Fülle von unheimlichen Beobachtungen, Einsichten und Hypothesen, die nicht nur nicht veraltet sind, sondern heute wahrer als vor zweihundert Jahren. Sein Verfasser betrachtet sich, man weiß es, als eine seismographische Existenz; wer den »Arbeiter« gelesen hat, weiß, daß Ernst Jünger das Recht zusteht zu sagen: »Hinsichtlich der historischen Realitäten bin ich vorgeschaltet – das heißt, ich nehme sie etwas eher, etwas vor ihrem Erscheinen wahr.«

Doch Jünger ist nicht nur ein nüchtern registrierender Beobachter, sondern auch eine mythische Existenz. Sein Buch über den Arbeiter dürfte sich füglicher als jenes andere, erbärmliche Machwerk einen »Mythus des zwanzigsten Jahrhunderts« nennen. Als solcher ist es nicht zu widerlegen. Man kann ihm nur einen anderen Mythos entgegensetzen, der in der inappellablen Unbedingtheit eines substantiell anderen Lebensgefühls wurzelt. Welche Grundstimmung könnte der klirrenden Werkstättenwelt des »Arbeiters« entgegengesetzter sein als die wehmütige Erinnerung an das idyllische Leben »in unseren kleinen Gemeinschaften, unter friedlichem Dach, bei guten Gesprächen und mit liebevollem Gruß am Morgen und zur Nacht«? Als die geheimnisvolle Gewißheit, daß es auch heute noch Gärten gibt, »zu denen der Leviathan nicht Zutritt hat«? Ernst Jünger hat die unaufhaltsame Heraufkunft des Arbeiters vorhergesagt, doch seine eigene Existenz, sein höchstpersönlicher Lebensstil widerspricht bis heute seiner technokratischen Totalvision. Er hat den Arbeiter-Mythos nicht widerrufen, sondern neue Mythen imaginiert und damit auf seine Weise das Wort Eugen Gottlob Winklers bestätigt: »Jünger kann nicht widerlegt, sondern nur überwunden werden.«

Diagnose des deutschen Schicksals

Helmuth Plessner: »Die verspätete Nation« (1935)

CHRISTIAN GRAF VON KROCKOW

Das Buch erschien zuerst 1935 in Zürich, damals unter dem Titel »Das Schicksal deutschen Geistes im Ausgang seiner bürgerlichen Epoche«. Es entstand aus Vorlesungen an der niederländischen Universität Groningen, wo Plessner durch die Vermittlung Buytendijks Asyl gefunden hatte. Und es war ein Versuch nicht der Abrechnung mit Deutschland, sondern der Selbstverständigung und der philosophisch begründeten Rechenschaft nach dem Schock der Vertreibung. Daß die Wirkung eng begrenzt blieb, versteht sich, zumal nachdem eine Besprechung in der Zeitschrift »Germania« – dem Sprachrohr Franz von Papens – unliebsames Aufsehen erregt und den Verkauf in Deutschland blockiert hatte. Erst 1959 erschien eine Neuausgabe, nun unter dem Titel »Die verspätete Nation – Über die politische Verführbarkeit des bürgerlichen Geistes«. Diese Neuausgabe wurde zum Erfolg und erreichte mehrere Auflagen. Ob dem Verkaufserfolg auch die Verarbeitung des Inhalts durch eine aufmerksame Leserschaft entsprach, steht freilich dahin; über weite Strecken enthält das Buch schwierige Untersuchungen, die geistesgeschichtliche und philosophische Kenntnisse voraussetzen. Vor allem war es wohl der Titel, der fast zum Schlagwort geriet, ergänzt durch einprägsame Kapitelüberschriften, wie »Bismarcks Reich, eine Großmacht ohne Staatsidee«.

Die Lektüre nach mehr als vierzig Jahren bereitet eine doppelte Überraschung. Erstens: Kein Wort über Hitler, kaum eines über den Nationalsozialismus, nichts zum politischen Geschehen, zum Verfall der Weimarer Republik und zur Machtergreifung, allenfalls indirekt etwas zum Antisemitismus. Keine »Faschismústheorie«. Zweitens: Das Buch erweist sich gerade heute – etwa angesichts der Diskussion um die Ursachen und das geistige »Umfeld« des Terrorismus – als höchst aktuell. Das eine hängt mit dem anderen zusammen. Denn weil nicht vordergründiges Geschehen zum Thema gemacht und dann in ein eilfertiges Schema gepreßt wird, weil vielmehr von deutschen Konstellationen die Rede ist, die von weit her kommen, darum werden Möglichkeiten und Gefahren erkennbar, die mit dem Wechsel des Vordergründigen nicht sich erledigt haben.

Plessners Untersuchung folgt – nicht stilistisch – im Jahrhundertabstand einem großen Vorbild, nämlich Heinrich Heines »Zur Geschichte der Religion und Philosophie in Deutschland«: »Der Gedanke will Tat, das Wort will Fleisch werden. Und wunderbar! Der Mensch, wie der Gott der Bibel, braucht nur seinen Gedanken auszusprechen, und es gestaltet sich die Welt, es wird Licht oder es wird Finsternis, die Wasser sondern sich von dem Festland, oder gar wilde Bestien kommen zum Vorschein. Die Welt ist die Signatur des Wortes. Dies merkt euch, ihr stolzen Männer der Tat. Ihr seid nichts als unbewußte Handlanger der Gedankenmänner, die oft in demütigster Stille auch all euer Tun aufs bestimmteste vorgezeichnet haben.«

Ideengeschichte also, noch dazu mit dem Anspruch, Schlüssel zum Verständnis des praktischen Geschehens zu liefern. Im Zeitalter der Sozialgeschichte ist das natürlich ein anstößiges Unterfangen – erst recht für alle, die von »Basis« und »Überbau« reden und nach dem verlorenen revolutionären Subjekt suchen, bei stets prompter Auffindung des monströs Reaktionären. Darum hat etwa Herbert Marcuse Plessners Arbeit schon 1937 in der »Zeitschrift für Sozialforschung« rüde abgekanzelt. Doch am Ende dürfte der Rechthaberei im Dogmenstreit weit weniger Gewicht zukommen als den Möglichkeiten des Erkenntnisgewinns, unter welchen Vorzeichen und mit welchen Methoden immer. Wie, zum Beispiel, läßt sich ohne den Rückgriff auf national geprägte Traditionen, Ideale und Verhaltensdispositionen die ganz verschiedenartige Reaktion Deutschlands und der Vereinigten Staaten auf die gleiche Herausforderung, auf die Weltwirtschaftskrise, erklären?

Plessner geht von zwei grundlegenden Tatbeständen aus, die »das Schicksal deutschen Geistes« bestimmt haben. Der erste läßt sich schlagwortartig bezeichnen als eine Zeitverschiebung im Verhältnis zu den Nationen des Westens: Es fehlt ein im 16., 17. und 18. Jahrhundert angesiedeltes »goldenes Zeitalter«; das Bürgertum wird spätestens im Dreißigjährigen Krieg so langfristig ruiniert; daß ihm bis ins 19. Jahrhundert hinein kaum eine andere Möglichkeit bleibt, um zu einigem Ansehen, zu Einfluß und materieller Sicherheit zu kommen, als der mittels Bildungspatenten eröffnete Eintritt in den Dienst des fürstlichen Obrigkeitsstaates, dessen entscheidende Kommandoposten der Adel besetzt hat. Infolgedessen fehlt dem deutschen Bürgertum, erst recht der spät sich ausbildenden Bourgeoisie, die Verwurzelung in Humanismus, Rationalismus und Aufklärung: in jener Epoche, die einer selbstbewußt durchgesetzten bürgerlichen Gesellschaftsordnung und politischen Lebensform das geistige Fundament schuf.

Als dann die Industrialisierung machtvoll einsetzt, bewirkt die Traditionslosigkeit ein seltsames Mißverhältnis. Einerseits ermöglicht sie einen Modernismus oder »Amerikanismus« – nur abzüglich der in Amerika wirksamen Überlieferungen –, der als ungehemmte Technizität in der Betonung von Effizienz und Disziplin den ökonomischen Rückstand gegenüber westlichen Nachbarländern bald in einen Vorsprung verwandelt. Andererseits läßt die gleiche Traditionslosigkeit einen rückwärtsgewandten romantischen Historismus wuchern, der das »goldene Zeitalter« irgendwo jenseits der für eine bürgerliche Gesellschaft angemessen normgebenden Epoche suchen läßt – besonders im Mittelalter. (Der Andrang zur Stauferausstellung könnte als aktuelles Beispiel interpretiert werden; er widerlegt keineswegs, sondern bestätigt den romantisch übertünchten Verlust von Geschichte.)

Die Weichenstellungen des 19. Jahrhunderts verfestigen das Mißverhältnis zu den substantiell bürgerlich geprägten Idealen und Traditionen Westeuropas auch politisch: Nationalismus entsteht im Kampf gegen die napoleonische Eroberung, also in einer zum mindesten untergründig gegen die Prinzipien der Französischen Revolution, gegen »1789« gerichteten Frontstellung; diese Frontstellung tritt schließlich in den »Ideen von 1914« dramatisch und mit verhängnisvoller Konsequenz zutage. (Es würde sich lohnen, in diesem Zusammenhang noch ein anderes Buch neu zu lesen: Ernst Troeltsch, »Deutscher Geist und Westeuropa«.)

Die bürgerliche Fortschrittsbewegung scheitert in der Revolution von 1848. Die Reichseinigung wird herbeigeführt durch die militärische Schlagkraft des alten Obrigkeitsstaates, der damit gerade zu dem Zeitpunkt eine nachhaltige Wiederaufwertung erfährt, in dem er eigentlich historisch überholt ist. Bismarcks Kunstwerk, den alten Staat und das Bürgertum miteinander zu versöhnen, beruht auf der Ausklammerung, Verdrängung des Grundsatzkonfliktes zwischen beiden; eben damit werden freilich längerfristig beide um ihre Substanz gebracht und wird zwangsläufig das Reich zur »Großmacht ohne Staatsidee«, ohne gesellschaftlich-politisches Profil.

Als »machtgeschützte Innerlichkeit« hat Thomas Mann den Sachverhalt einst treffend – und seinerzeit durchaus apologetisch – benannt. Zu den Folgen gehört es, daß jeder zum »Reichsfeind« und zum »vaterlandslosen Gesellen« wird, der die einstigen Konflikte wieder beim Namen nennt und neu heraufbeschwört, wie vor allem die Sozialdemokratie. Das in seinem Selbstbewußtsein gebrochene Bürgertum erweist sich als unfähig, der Herausforderung produktiv, progressiv zu begegnen; im halben Bewußtsein seines eigenen Ungenügens erzeugt es in den Generationsschüben seiner Jugendbewegungen unter wechselnden Vorzeichen – Selbsthaß. In der Weimarer Republik verteidigt am Ende die Sozialdemokratie, gleichsam in verkehrter Frontstellung, den endlich erreichten bürgerlichen Staat – symbolisiert und verächtlich gemacht in den Farben der bürgerlichen Revolution von 1848 – gegen das aus seinen Fortschrittspositionen längst desertierte Bürgertum.

Den zweiten grundlegenden Tatbestand sieht Plessner im Luthertum angelegt – genauer: in dem Mißverhältnis zwischen den von der Reformation geweckten geistig-religiösen Energien und deren Einzwängung in das obrigkeitlich reglementierte, landesherrliche Kirchenwesen. Dieses Mißverhältnis gibt dem neuzeitlichen Prozeß der Säkularisation ein spezifisches und zwielichtiges Gepräge. Auf der einen Seite verwandeln sich die von der Kirche nicht aufgefangenen geistigen Energien in »Weltfrömmigkeit«, in innerweltliche Eschatologien, in Iteilsentwürfe von durchschlagender Radikalität. Wenn beispielsweise Fichte »fünf Grundepochen des Erdenlebens« konstruiert und darin das gegenwärtige Zeitalter als den »Stand der vollendeten Sündhaftigkeit« kennzeichnet, das Endstadium, das es zu erreichen gilt, aber als den »Stand der vollendeten Rechtfertigung und Heiligung«, dann ist in dieser Konstruktion das in Weltfrömmigkeit – statt aufgeklärte Weltlichkeit – umgeschlagene Luthertum ebenso deutlich erkennbar, wie die dialektische Eschatologie des Marxismus bereits vorgezeichnet.

Andererseits enthält und provoziert gerade die Radikalität des innerweltlichen Heilsentwurfs zugleich radikale Kritik: Ideologieverdacht, Brandmarkung des Bestehenden als vom falschen Bewußtsein überdecktes, von Entfremdung gekennzeichnetes Unheil. In dem dreifachen Sinne, den Hegel dem Begriff der »Aufhebung« gegeben hat – Zerstörung, Bewahrung, Hinaufhebung auf eine neue Stufe –, hebt so Philosophie das Erbe des Luthertums auf – und Philosophie sich selbst. Weltfrömmigkeit als Destruktion und als eschatologische Konstruktion schreitet unerbittlich von Stufe zu Stufe fort, bis schließlich »die Stunde der autoritären Biologie« geschlagen hat. Inzwischen wäre wohl noch ein weiteres Kapitel anzufügen: über Entlarvungswut, Verzweiflung und Heilsentwürfe auf dem Boden der Sozialwissenschaften.

Wohlgemerkt: Es geht Plessner nicht um Schuld, schon gar nicht darum, Luther oder Fichte oder Bismarck für Hitler verantwortlich zu machen. Und Darwin ist so wenig der Vater des Rassenwahns wie Soziologie Ursache des gegenwärtigen Terrorismus. Auch von einem in jedem Sinne fragwürdigen »Nationalcharakter« ist nicht die Rede: »Charakterzüge in der Haltung einer Nation, in den gewissermaßen verfestigten Weisen ihres Reagierens auf Ereignisse erkennen zu wollen, heißt einer Natur, die man zu diesem Zweck konstruiert hat, die Schuld zuschieben.« Es geht vielmehr darum, geduldig, genau und nüchtern zu erkennen und zu erklären, warum Bismarcks Reichsgründung zur Großmacht ohne Staatsidee wurde und was daraus folgte, warum das Luthertum Weltfrömmigkeit produzierte, warum Philosophie, Geschichte, Biologie, Soziologie zu Unheils- und Heilskonstruktionen mißbraucht wurden. Es geht, mit einem Wort, um das, was in Deutschland nie recht gelang, nie in die Tiefe wirkte: um Aufklärung.

Versäumte Aufklärung nachzuholen erweist sich freilich als ein undankbares und mühseliges Geschäft. Sie ruft, wie die Psychoanalyse des neurotischen Patienten, Widerstand, ja Aggression auf den Plan. Aber sie bleibt möglich, weil es sich eben nicht um eine wie immer gedeutete Natur handelt, sondern um Geschichte als einen zur Zukunft hin offenen Prozeß. »Besser spät als nie«, schrieb mir Helmuth Plessner in mein Exemplar seines Buches »Die verspätete Nation«.

Reinhold Schneider: »Das Unzerstörbare« (1945)

HERMANN GLASER

Unter den ersten Schriften, die nach 1945 erschienen, befindet sich Reinhold Schneiders im Verlag Herder, Freiburg, herausgebrachtes Bändchen »Das Unzerstörbare«. Der Autor, 1903 in Baden-Baden geboren, also bei Kriegsende 42 Jahre alt, hatte sich nach einer Tätigkeit als kaufmännischer Angestellter und längeren Auslandsreisen 1933 in Potsdam als freier Schriftsteller niedergelassen; seit 1938 lebte er in Freiburg. Gegen Ende der nationalsozialistischen Herrschaft war er wegen Hochverrats angeklagt worden. In dem »Autorenlexikon der Gegenwart« von Karl August Kutzbach (1949) wird besonders hervorgehoben, daß Schneider im Dritten Reich sich zunehmend als »Seelsorger« verstanden habe; er ließ seine religiösen Betrachtungen, Sonette, Erzählungen und Predigten in privaten Abschriften, zum Teil auch über geistliche und religiöse Organisationen, zu Hunderttausenden verbreiten und vor allem zu den Soldaten gelangen. Die autobiographische Prosa »Verhüllter Tag« (1954) und »Winter in Wien« (1958) offenbarte Schneiders tiefen Pessimismus; gläubiger Katholik auf der einen Seite, erspürte er auf der anderen »Christi kosmische und geschichtliche Verlassenheit«. Kurz nach dem Wien-Aufenthalt (November 1957 bis März 1958) ist Schneider gestorben.

In der Besprechung des Buches »Winter in Wien« in der »Süddeutschen Zeitung« schrieb Johann Lachner, daß zwei Schwerpunkte Schneiders Denken und Schreiben bestimmt hätten: eine urchristliche Glaubenskraft, die sich, immer wieder von Zweifeln bedrängt, fern von allem Fanatismus in den persönlichen Sinn der Heilsbotschaft zu retten suchte; und ein tief eingewurzeltes Geschichtsbewußtsein, das zu jeder Zeit den Zusammenhang zwischen der liebend erfaßten Tradition und der scharf beobachteten Gegenwart herstellte. Diese Schwerpunkte lägen nahe beieinander und berührten sich manchmal. Dann würden die großen Fragen nach dem Verhältnis zwischen Macht und Gewissen, oder nach dem Sinn der Geschichte überhaupt, auch das bange und doch mit präzisem Verstand begonnene Tasten in die Zukunft des menschlichen Geschlechts sich erheben. Damit ist auch der Tenor der Schrift »Das Unzerstörbare« charakterisiert.

Schneider, Träger des Friedenspreises des Deutschen Buchhandels 1956, in den Trümmerjahren viel beachtet, dann zum Feiertagsautor stilisiert, ist bei der Jugend heute fast völlig vergessen; die Protestbewegung hat ihn ins Abseits gedrängt. Der Hang zur »neuen Innerlichkeit« hat ihn daraus noch nicht hervorgeholt. Und doch waren gerade in der Zeit, als »Das Unzerstörbare« erschien, Revolte und Innerlichkeit eng miteinander verbunden, wie in kommunizierenden Röhren einander gegenseitig bedingend. Dies wurde von den Kriegsheimkehrern, vor allem von denjenigen, die an den Universitäten ihr Studium fortsetzten oder neu aufnahmen, voll verstanden – angesichts der Erfahrung mit Hochschullehrern, die so taten, als ob der deutsche Geist unbeschädigt dort wieder anknüpfen könne, wo die Nationalsozialisten ihn »übernommen« – und dann zerstört hatten. »Die Jugend betritt ein Trümmerfeld, auf dem sie ihr Leben bauen soll; Schmerz und Scham müssen sie bewegen, vielleicht auch der Groll auf die Väter, die ihr diese verwüstete Welt vererbt, sie ihr bereitet haben. Nur wenige Wünsche werden sich erfüllen lassen; die Weiten, auf die der Mensch ein natürliches Anrecht hat, sind verschlossen; das Leben im Reich des Geistes wird auf das bitterste erdarbt, erlitten werden müssen. Es wäre ebenso töricht wie unheilbringend, sich die Härte der Wirklichkeit im mindesten zu verschleiern, verbirgt sich in dieser Wirklichkeit doch eine Gnade. Die Jugend muß nicht mehr aus Träumen gerüttelt werden, sie ist wach: so furchtbar ist die Erde, überdeckt von Gräbern und Trümmern, von Schuld, die zu verschweigen Feigheit wäre. Ein männlicher Sinn stellt sich der Schuld, sucht sie zu ergründen und zu verstehen.« So hebt die Schrift an. Und sie endet mit einem Sonett »An die Jugend«, welches das Thema von »der Väter Schuld« aufgreift (»in Schmach und Elend liegt unsterblich Gut«) und in einer Apotheose des »Unzerstörbaren« ausmündet:

»Den Geist löscht nie! Die größte Gnade fällt

Auf Unbefleckte zwischen Schuld und Wahn:

Aus tiefem Dunkel leuchten Eure Kronen.«

Pathetischer Stil wird heute grundsätzlich »denunziert«; vielfach mit Recht – auch wenn der »Jargon der Eigentlichkeit« im Gegenschlag häufig nichts anderes als einen »Jargon der Dialektik« hervorgebracht hat. Wenn man die »aufrüttelnden« Schriften der ersten Nachkriegsjahre insgesamt wieder durchliest, fällt zudem negativ auf, wie unbekümmert – bei sehr oft honorigem »Anliegen« – die Versatzstücke eines epigonalen Idealismus zur Ausstattung »moralischer Aufrichtung« verwendet wurden. Davon ist bei Reinhold Schneider nichts zu spüren. Der Ernst der Betroffenheit führt ihm die Feder. Friedrich Schiller spricht davon, daß Anmut der Ausdruck einer schönen Seele und Würde der Ausdruck einer erhabenen Gesinnung sei. In einer schweren Zeit, die für die Nachgeborenen kaum mehr nachvollziehbar ist, gibt Schneider ein Beispiel von »Würde«.

Der bloß niedergeworfene Feind – meint Schiller – könne wieder aufstehen, aber der versöhnte sei wahrhaftig überwunden. Schneider will den »Feind in uns« angehen; ihn nicht verdrängen; ihn durch »Offenheit« versöhnen. Er ist in dieser Zeit einer der ersten und zugleich einer der wenigen gewesen, die sich um die Schuldfrage nicht herumzudrücken und herumzureden versuchten. »Napoleon hat einmal gesagt: ›Für die Kollektivverbrechen ist niemand haftbar.‹ Wir denken nicht so –: es ist unser letzter Stolz, daß wir nicht so denken. Ist der Name einer Familie, eines Volkes belastet, so ist jeder einzelne, der dieser Familie, dem Volke angehört, aufgerufen, sich einen neuen, reinen Wert zu erringen. In diesem Aufgerufensein kann der große erhebende Gehalt eines Lebens liegen. Wir weichen auch dem Wort ›Sühne‹ nicht aus. Wer sühnen will, hält sich einer Sache wert.«

In solchen Sätzen wird das Ausmaß der Verfehlung klar angesprochen, zugleich aber die Existenz kollektiver Sittlichkeit postuliert. Die Kraft, die zur Erneuerung führe, komme von innen – aus einem Innen, das, so lädiert es auch sein mag, der ethischen Regeneration fähig ist. Dergestalt wird Schneiders Schrift zu einem Zeugnis des kategorischen Imperativs, der, verschüttet zwar, seine Wirkungskraft nicht verloren hatte. Die nachfolgenden Jahre haben dann diesen gleichermaßen moralischen Rigorismus wie Optimismus keineswegs bestätigt; vor allem der Auschwitz-Prozeß und das Eichmann-Verfahren brachten die furchtbare Banalität des Bösen und das schier bodenlose sittliche Vakuum erschreckend zutage. Die Wirtschaftswunderwelt ihrerseits ließ den moralischen Impetus versanden. Die »Unfähigkeit zu trauern« und die Frustrationen einer vaterlosen Generation wirken wie die Negativfolie zu Schneiders geschichtlich fundiertem »Glauben« an den sittlichen Aufstieg des deutschen Volkes: »Es kann im Leben eines Volkes eine Phase eintreten, da Sühne die einzig mögliche Haltung und damit die geschichtliche Tat dieses Volkes ist. Ein Volk, das sich zu einer einheitlichen Haltung entschlossen hat, ist eine Persönlichkeit in der Geschichte; ein Volk ohne Haltung ist nichts . . . Ein Gewissen, das wirklich erschüttert worden ist, weckt die Gewissen auf. Die geschehene eigensüchtige Erniedrigung des Menschen gründet in der Tiefe des Abfalls, der Kälte, der Dämonie; es mußte ein weiter Weg durchmessen werden, bis sie aus dieser Grundsätzlichkeit sich ereignen konnte.«

Die Schillersche, freilich mehr auf das ästhetische Bewußtsein bezogene Unterscheidung, wonach die »Alten« natürlich empfunden hätten, wir jedoch das »Natürliche« empfänden (»Unser Gefühl für Natur gleicht der Empfindung des Kranken für die Gesundheit«), läßt sich auch auf die von Schneider applizierten moralischen Kategorien übertragen: Aus der tiefgreifenden Erfahrung menschlichen Versagens (»natürlicher«, naturrechtlich begründeter Ehrenhaftigkeit) erwächst »das Rettende« doch: nämlich ein neues Verständnis für das verlorengegangene, aber wiedergewinnbare »Natürliche« (Sittliche). Diese Wiedergeburt ist freilich nicht aus dem menschlichen Geiste allein vollziehbar; sie ist nur durch Gottes Gnade möglich: »Und einzig Gottes Ehre wird Euch ehren« (heißt es in dem bereits zitierten Sonett zu Ende der Schrift).

Wenn man das Soziogramm und Psychogramm der »Trümmerjahre« ansieht, wird man Schneiders Idealismus in einem gewissen Sinne als durchaus realistisch bezeichnen dürfen. »Dies ist der große Inhalt des Daseins und Strebens, der auf gar keine Weise verdorben noch erstickt werden kann. Das Bekenntnis zur Freiheit in Christus kann und muß überall getan werden.« Der Widerstand im Dritten Reich, der sich vielfach aus einer derart aufgezeigten religiösen Wurzel speiste, die Ehrlichkeit der Betroffenheit nach 1945 und die moralische Aufbruchstimmung dieser Zeit machen deutlich, daß Schneiders Worte nicht in einem, die Niederungen der Wirklichkeit hinter sich lassenden Himmel appellativer Moral angesiedelt, sondern »erdnah« formuliert waren; realistische Chancen hatten. In einer Welt, die Dolf Sternberger in der »Wandlung« als »dunkelstes Deutschland« beschrieb – die allgemeine Verelendung mit einem Buchtitel von Victor Gollancz (»In darkest Germany«) zusammenfassend – war auch viel »Licht« vorhanden. Der Rat der evangelischen Kirchen legte auf einer Sitzung in Stuttgart ein Schuldbekenntnis ab, was eine leidenschaftliche Diskussion bewirkte. Eugen Kogons »SS-Staat« gab die erste Analyse des nationalsozialistischen Terrorsystems. Auch die »Häufigkeitsmerkmale« des kulturellen Alltags exemplifizieren

Schneiders Hoffnung auf sittliche Erneuerung: Als zum Beispiel in Nürnberg inmitten einer fast völlig zerstörten Stadt die Theater wieder zu spielen begannen (mit Goethes »Iphigenie«), standen wochenlang die Menschen ab 3 Uhr früh an der Kasse Schlange, um eine Karte zu ergattern.

Die ausgemergelten Normalverbraucher dieser Zeit waren von einem Bildungseifer ergriffen, der den Nachfahren dieser Generation, von Überfluß wie Frustration gleichermaßen lädiert, ziemlich absurd vorkommen mag. Daß man, in alte Wintermäntel gehüllt, Mütze auf dem Kopf und mit gestopften Handschuhen bewehrt, in kalter Wohnung an Stifter oder Jean Paul sich erfreute, widerspricht dem Bild des späteren ellenbogenbewußten Wirtschaftswunderprofiteurs. Da es noch keine Demoskopie gab, wird man nie genau angeben können, wie viele der Menschen, die jeden Tag um die nackte Existenz kämpfen mußten, »kulturbewußt« waren und blieben. Viel mehr als heute dürften es jedenfalls gewesen sein. In dieser Zeit liegt auch der Wurzelgrund für die in den verschiedenen Landesteilen sich ansiedelnden evangelischen und katholischen Akademien: Örtlichkeiten, die für den aufstrebenden Trümmergeist, für die engagierte Bereitschaft, Probleme des »Wesentlichen« im Geiste offener Brüderschaft anzugehen, charakteristisch waren – Ausdruck einer in den 50er Jahren dann ihren Höhepunkt erreichenden Begegnungseuphorie, die Studienräte und Pastoren, musisch aufgeschlossene Hausfrauen und zaghaft-skeptische Oberschüler, inspiriert von ehemals jugendbewegten Erwachsenenbildnern, zu Diskussionen in ländlich abgeschiedener Atmosphäre zusammenführte.

Die Sehnsucht nach der »schönen Trümmerzeit«, berechtigtermaßen »sentimentalisch« ausgerichtet, wird sich davor hüten müssen, in die falschen Töne einer nostalgisch bestimmten Sentimentalität zu verfallen. Die Schrift »Das Unzerstörbare« verdeutlicht demgegenüber den Geist moralischer Selbst- und Grundsatzbesinnung mit eindrucksvoller Ehrlichkeit.

Die Grenzen des technischen Denkens

Friedrich Georg Jünger: »Perfektion der Technik« (1946)

HELMUT KOHLENBERGER

Der 1898 geborene Friedrich Georg Jünger kehrte nach einem Militärdienst als Freiwilliger und nach dem Studium der Rechte der organisierten Berufswelt den Rücken. Seit 1926 lebte der Bruder von Ernst Jünger als freier Schriftsteller. 1939 kündigte Jünger ein Buch mit dem Titel »Illusionen der Technik« an. Das Buch erschien schließlich 1946 mit verändertem Titel – »Die Perfektion der Technik«. Die Erstausgabe 1944 war bis auf wenige Exemplare durch Bomben vernichtet worden. Auf den ersten Blick scheint dieses Buch in immer neuen Ansätzen und Beobachtungen von der schlechthin lebensbedrohenden Dampfwalze der Technik zu handeln. Bei näherem Zusehen zeigt sich, daß Jünger die »Frage nach den Grenzen der Mechanik, nach den Grenzen des automatisierten technischen Bereiches« stellt.

Das Denken, das der Technik zugrunde liegt, ist zur Perfektion gelangt, das heißt an eine Grenze, die von seiner eigenen Methode hier vorgezeichnet ist. Perfektion ist nicht Vollendung oder Reife. Angesichts des 2. Weltkriegs und der Kriegsfolgen von einer Perfektion der Technik zu reden mußte Anstoß erregen. Lenkte diese Formulierung nicht den Blick auf einen Zusammenhang, über den gänzlich Unklarheit bestand und der am besten im unklaren bleiben sollte – den Zusammenhang von Technik und Verantwortlichkeit des Handelns? Wer den Unterschied von technischer Weltgestaltung und unmittelbarem Lebensvollzug zu stark betonte, konnte in den Verdacht geraten, Verantwortlichkeiten für erschreckende Geschehnisse in Frage zu stellen. Die Welt der Technik ist nicht nur Mittel zum Zweck. Sie ist eine eigene Weise der Deutung der Welt.

Jünger wollte zeigen, daß sie keineswegs eine befriedigende oder gar abschließende Deutung der Welt ist. Gerade deswegen kann aber von einer Verantwortlichkeit technischen Handelns gesprochen werden. Heidegger sagt in seinem 1947 erschienenen »Brief über den Humanismus«, daß die Technik »in ihrem Wesen ein seinsgeschichtliches Geschick der in der Vergessenheit ruhenden Wahrheit des Seins« ist. Da sie also keineswegs zufällig über die Menschen hereinbricht, sondern mit der Art und Weise, wie der Mensch die Welt seit Platon und Aristoteles denkt, zusammenhängt, könnte Jüngers Versuch, nach den Grenzen des der Technik zugrunde liegenden Denkens zu fragen, zum Scheitern verurteilt sein. Wir denken schließlich in der Weise, die sich auf Platon und Aristoteles zurückführen läßt. Heideggers Denkweg führt ja auch nicht allzuweit über dieses Denken hinaus, wenngleich es von dem Bewußtsein getragen ist, daß dieses Denken nicht mehr ausreicht.

Jünger spricht von Entsprechungen und Korrespondenzen, die es zu bedenken gilt. Die Gleichzeitigkeit von Phänomenen scheint ihm nicht zufällig. Zum Beispiel müsse man sehen, daß technischer Fortschritt und Massenbildung zusammengehören. Diese Zusammengehörigkeit lasse sich nun nicht mehr sinnvoll nach dem Schema von Ursache und Wirkung analysieren, weil dieses Schema auf ein Nacheinander fixiert. Jede Anwendung des technisch-wissenschaftlichen Denkens auf Bereiche, die nicht mit der Mittelstellung, sondern mit der Zielsetzung menschlichen Handelns zu tun hätten, gehe über die von der Methode vorgegebene Grenze hinaus. Es bleibe offen, welches Denken der Zielsetzung des Handelns angemessen sei.

Die Eindringlichkeit und Rücksichtslosigkeit, mit der Jünger die Technik als Phänomen der Daseinsvorsorge analysiert, widersteht der Versuchung ideologischer Vereinnahmung. Und dies nicht nur, weil die Ideologen in Jüngers Analyse schlecht wegkommen. Wenn der Sozialismus als Propaganda, die die Menschen zur Einschaltung in den Mechanismus des Fabrikbetriebes überreden soll, angesehen wird, wenn Naturrecht (und Schöpfungstheologie) als Bundesgenosse des technischen Denkens gedeutet wird, zeigt sich eine Denkhaltung, die sich nicht an Worte, sondern an den erfahrungsmäßig gegebenen Zusammenhang der Worte mit typischen Argumentationsweisen und Lebensformen hält. Die ideologische Argumentation ist das Musterbeispiel für die im Bereich von Sprache und Politik sich durchsetzende technologische Denkweise. Sie befördert den technologischen Prozeß. Somit negiert Jünger das zumeist als unumgänglich angesehene »Bindemittel« in der atomisierten Gesellschaft, das die mit der Entwurzelung der Menschen aus ihren angestammten familiären Bindungen entstandene Verunsicherung einigermaßen beheben soll.

Warum kommt es Jünger so sehr darauf an, daß die Grenzen

technischen Denkens gesehen werden? Die Technik ist eine Organisation des Mangels. Ihre sich in selbständiger, sich gleichförmig wiederholender Funktion erschöpfende Bewegung treibt Raubbau mit der Natur. Technische Produktion ist also in Wirklichkeit Konsum, Substanzvernichtung. Daher schafft die Technik auch keinen Reichtum, mit ihrer Ausbreitung nimmt die Armut zu. »Die Maschine macht einen hungrigen Eindruck; der Eindruck eines scharfen, wachsenden, unerträglich werdenden Hungers geht von unserem gesamten technischen Arsenal aus.« Ein weiteres Vorurteil soll beleuchtet werden: Angeblich wird durch die Zwischenschaltung der Technik Arbeit vermindert. Utopien sprechen von einer Freizeitkultur. Die Entwicklung zeigt aber einen stark zunehmenden Bürokratismus, eine sprunghafte Zunahme der Zahl von Funktionären, Beamten und Angestellten. Es breitet sich eine Zwischenwelt aus, netzartig überzieht sie das Land. Wo das Netz reißt, herrscht Unsicherheit.

Die Uhr ist ihm das Symptom technischen Denkens. Sie steht am Anfang unserer technischen Zivilisation, wir tragen eine Uhr ständig bei uns. Jünger zeigt in einer schlaglichtartigen Beleuchtung, daß Genf, die Wirkungsstätte Calvins – der die strenge Vorherbestimmung durch einen als großen Uhrmacher gedachten Gott lehrte –, seit 1587 Ort der Uhrenindustrie ist. Rousseau war Calvinist und stammte aus einer Uhrmacherfamilie. Zumeist wird übersehen, daß nicht nur die Zeit durch Uhren reguliert wird, sondern daß auch – umgekehrt – die Uhren unsere Zeit regulieren. Mit der Uhr sind wir in einen durch Messung der Zeit hergestellten Rahmen unseres Daseins gestellt.

Ein Denken jenseits der Grenzen der Technik scheint chancenlos, der Ausbruchsversuch aus dem »eisernen Zuchthaus der Konstruktionen« vergeblich. Jüngers eingehende Beschreibung technischen Denkens erfaßt viele Bereiche, deckt unvermutete Zusammenhänge auf, stellt eindrucksvolle Bezüge zur Geschichte des Denkens her. Ein Beispiel: Jünger hält Marx vor, daß er nur die Abhängigkeit des Arbeiters vom Lohn, damit vom Arbeitgeber, nicht aber die von der Fabrikmechanik analysiert habe. Der Arbeiter »ist keineswegs derjenige, von dem die Bewegung ausgeht, denn er wird gewaltsam in sie hineingestoßen und fügt sich in seine neue Lage nicht ohne Protest«.

Jüngers Essay über Entfremdung, über die auf der Exaktheit der Wissenschaft beruhende Unsicherheit und Angst des modernen Menschen stieß an zuviel Selbstverständliches, um eine breite oder gar positive Aufnahme zu finden. Max Bense ist recht zu geben, wenn er Jünger (im »Merkur« 1948) Mangel an Differenzierungen zwischen mechanischer, thermodynamischer, elektrodynamischer und atomarer Technik nachsagt. In der Tat handelt Jünger von der Mechanik, damit von der ersten großen Verbindung neuzeitlicher Wissenschaft und Technik. Darüber scheint vergessen, daß technisches Können seit alters her zur Daseinsvorsorge eingesetzt wurde, daß sich Jüngers Frage auf die Einheit der von den Griechen noch als voneinander unabhängig gedachten Weisen menschlicher Weltauffassung – der Theorie, der politischen Praxis und der Technik – richtet. Es kann also nicht um Technikabstinenz gehen, sondern um die Befreiung des Denkens aus der Bevormundung durch die typisch neuzeitliche Einheit von Technik und Denken. Dennoch genügt es auch nicht, mit Bense ein »Sein der Technik« herauszustellen und einen »technischen Humanismus« zu fordern.

Nietzsche nannte die historische Widerlegung die vollständigste. Einsehen, wie es zu einer Vorstellung kam, ist die Radikalkur, die von der Herrschaft dieser Vorstellung befreit. Jüngers Frage fordert dazu auf, der Genesis der Identifizierung von Theorie und Technik nachzugehen. Die wissenschaftshistorische Forderung hat die den empirisch-analytischen Wissenschaften sekundierende Wissenschaftstheorie in letzter Zeit verunsichert (vgl. Th. S. Kuhn, A. P. Feyerabend). Daß Physiker von Weltruf philosophische Fragen stellen, wird nicht mehr als private Marotte abgetan.

Allerdings lassen sich die Folgen der Entflechtung von Denken und Technik nicht abschätzen. Das sich aus der Technik herauswindende Denken ist seiner selbst nicht sicher, ist stets in Gefahr, auf das technologische Niveau zurückzufallen. Jünger sprach von der Gebrochenheit des Denkens im technologischen Zeitalter. Sie resultiert aus der permanenten Widerlegung des normativen Ansatzes durch das, was geschieht. Die Unabhängigkeit des Geistes wird vom Spezialisten in Frage gestellt. Nachdem wir uns aber den ganz großen Respekt vor dem »Fachmann« abgewöhnt haben, dürfte Jüngers Buch heute nicht mehr einfach mit dem Hinweis auf dessen romantischen Pessimismus beiseite gelegt werden. »Indem man die Ordnungsprinzipien, die der Technik innewohnen, in ihrer Wirksamkeit auf den Menschen beschreibt, indem man den universalen Arbeitsplan einer Kritik unterzieht«, geschieht ein erster Schritt in eine Richtung, die in der Zeit der Bürgerinitiativen gegen Atomkraftwerke, der drohenden strukturellen Arbeitslosigkeit, des Defizits der Rentenversicherungen und der Diskussion um die Grenzen wirtschaftlichen Wachstums nicht mehr als weltbeglückendes Abseits erscheint.

Die heute geführten Diskussionen über die Grenzen der Technik handeln von Jüngers Themenstellung, ohne daß dies immer deutlich wird. Die Verstrickung in die Sprechweisen der Ideologien läßt nur wenig davon durch, was einer sachgerechten Analyse der Situation dienen könnte. Freilich bringt uns diese Diskussion ebensowenig weiter wie das Verlangen nach Rezepten, das sich regelmäßig an die Lektüre von Zeitdiagnosen im Stile Jüngers anschließt. Pessimismus wäre dann das Gefühl, das sich einstellt, wenn man der Gefahr ins Auge sieht und glaubt, ihr nur noch entgegenlaufen zu können.

Jüngers Interpretation der Technik als eines unökonomischen Anzapfens der Natur, das sich zunehmend automatisiert und alles in seinen Dienst nimmt, ohne etwas zurückzugeben, ist kein Ausgangspunkt für Veränderung. Jede Veränderung würde im Banne des technischen Denkens bleiben. Das Buch bleibt schuldig, zu klären, wie es dazu kommen konnte, daß das technische Denken alles Wollen des Menschen in Bann schlug. Darum wird es heute wenig hilfreich sein, obwohl es zur Stimmung der Technologiedämmerung gut paßt. Nach seinem ersten Erscheinen konnte man noch ziemlich vorbehaltlos für die technologische Weltgestaltung optieren und davon absehen, daß die menschliche Verantwortlichkeit für das technische Dasein noch nicht ins Bewußtsein gedrungen war. Konnte man es wirklich? Wir scheinen unterdessen eines Besseren belehrt.

Max Horkheimer/Theodor W. Adorno:
»Dialektik der Aufklärung« (1947)

ALFRED SCHMIDT

> Nicht das Gute, sondern das Schlechte ist Gegenstand der Theorie.
> Sie setzt die Reproduktion des Lebens in den je bestimmten
> Formen schon voraus. Ihr Element ist die Freiheit, ihr Thema die
> Unterdrückung.
>
> *Max Horkheimer und Theodor W. Adorno, 1944*

Die »Dialektik der Aufklärung« zählt zu den gründlichsten zeitkritisch-philosophischen Analysen unseres Jahrhunderts. Das noch während des Krieges fertiggestellte Buch erschien 1947 in Amsterdam bei Querido, dem bedeutendsten deutschen Exilverlag. Geistig unmittelbar benachbart ist der Schrift Horkheimers im selben Jahr in New York erschienenes Buch »Eclipse of Reason« (das erst zwanzig Jahre später übersetzt wurde). Ferner gehören in den Umkreis der »Dialektik« Horkheimers »Notizen« der fünfziger und sechziger Jahre sowie Adornos 1951 veröffentlichter, während der Jahre 1944–1947 geschriebener Aphorismenband »Minima Moralia«.

Der sprachlich ungemein dichte, anspielungsreiche, vielfach hermetische Text des Buches mag dazu beigetragen haben, dessen breitere Aufnahme und Diskussion hinauszuzögern. Zu den fachlich-akademischen Erwartungen und Bräuchen der Nachkriegszeit stand es quer und blieb deshalb lange ein Geheimtip. Noch in den späten fünfziger Jahren bemerkte Adorno, das gemeinsam mit dem Freunde verfaßte Buch sei nicht recht »durchgedrungen«. Massive Mißverständnisse blieben nicht aus. Max Bense etwa rückte die Autoren an die Seite Blochs und verdächtigte sie des Irrationalismus. In seinem (die Philosophie betreffenden) Band »Zwischen den Kriegen« (1951) erörterte er die Präsenz Hegels in den Varianten linker Soziologie und erklärte lapidar: »Daß im Prozeß dieser auffälligen Rezeption Hegels – seiner Metaphysik und seiner Sprache – mit einer gewissen Zwangsläufigkeit eine zunehmende Kritik an der cartesischen und diderotschen rationalen Aufklärung sich einstellt, daß diese Kritik sogar eine pseudorationalistische Mythologisierung des modernen Geistes nicht nur festzustellen trachtet, sondern sogar künstlich hervorzurufen gedenkt, dafür scheint mir das 1944 von Max Horkheimer und Theodor W. Adorno geschriebene, etwas fragmentarische Werk ›Dialektik der Aufklärung‹ ebenso kennzeichnend zu sein wie die ›Erläuterungen zu Hegel‹, die kürzlich Ernst Bloch publiziert hat.« – In Band I des »Philosophischen Literaturanzeigers« von 1949 hob Heinz L. Matzat, vorsichtiger und insgesamt positiver urteilend als Bense, den geschichtspessimistischen Grundzug der Schrift hervor: »Am ehesten möchte man bei dieser Generalabrechnung mit dem Zeitalter noch eine gewisse Chance für den Bolschewismus heraushören, die jedoch nicht vernehmlich genug ist, um hinter dem großen Weltgericht wenigstens in der Ferne noch einen helleren Horizont vermuten zu lassen.«

Soweit die »Dialektik der Aufklärung« während der fünfziger Jahre außerhalb des Frankfurter Schulzusammenhangs überhaupt diskutiert wurde, geschah dies in den seinerzeit gängigen, weil die gesellschaftlichen Befunde politisch neutralisierenden Kategorien eben jener »Kulturkritik«, von der sich Horkheimer und Adorno schon in der Vorrede ihres Buches distanzieren. Sie wollten nicht mit Huxley, Jaspers oder Ortega y Gasset verwechselt werden: »Es geht nicht um die Kultur als Wert, wie die Kritiker der Zivilisation . . . im Sinn haben, sondern die Aufklärung muß sich auf sich selbst besinnen, wenn die Menschen nicht vollends verraten werden sollen. Nicht um die Konservierung der Vergangenheit, sondern um die Einlösung der vergangenen Hoffnung ist es zu tun.«

Als dann, Ende der sechziger Jahre, die studentische Protestbewegung auf den Plan trat, wurde – neben anderen Arbeiten zumal Horkheimers – auch der »Dialektik der Aufklärung« die ihr gebührende Aufmerksamkeit zuteil. Freilich dürfte damals weniger der geschichtsphilosophische Gesamtentwurf des Buches die Gemüter bewegt haben als der berühmte Abschnitt über »Kulturindustrie«, der in unbestechlicher Härte Aufklärung als »Massenbetrug«, als Betrieb vollendet organisierten Vergnügens darstellt. Die Zeitläufte verhalfen den auf die unmittelbare Gegenwart beziehbaren Analysen, was immer die Autoren selbst gegen solche Aktualisierung vorbringen mochten, kurzfristig zu unerwarteter Brisanz. Der rasch von linken Studenten erhobene Vorwurf der »Praxisferne«, des »Praxisverzichts« galt zunächst den Frankfurter Schulhäuptern, wenig später der Kritischen Theorie selbst, die sich in der Tat unmittelbar nicht verwerten läßt. Das freilich gehört zu ihren Vorzügen. Die gerügte politische »Abstinenz« der

Kritischen Theorie – das wurde in den hitzigen Debatten oft übersehen – war zugleich die Bedingung der Möglichkeit ihres unverstellten, unverwechselbaren Zugangs zum Werk von Marx und Engels. Die Kritische Theorie bot sich damals gerade deshalb den politischen Studenten an, weil sie »apolitisch« war, das heißt weder »revisionistisch« im sozialdemokratischen noch »orthodox« im parteikommunistischen Sinn.

Als Horkheimer und Adorno 1969 ihr längst vergriffenes Buch bei Fischer – textlich unverändert – neu herausbrachten, versahen sie es mit einem knappen, aber wichtigen Vorwort. Es trägt, wie manches andere jener Zeit, den Stempel der politischen Erfahrungen, die sie inzwischen mit ihrem Lebenswerk gemacht hatten. Wer sich im Jahre 1978 dem Geschäft des »Wiederlesens« widmet, hat das hier Gesagte – als teilweise Selbstkorrektur der Autoren – mit in seine Überlegungen aufzunehmen. »Nicht an allem«, schreiben sie, »halten wir unverändert fest. Das wäre unvereinbar mit einer Theorie, welche der Wahrheit einen Zeitkern zuspricht, anstatt sie als Unveränderliches der geschichtlichen Bewegung entgegenzusetzen . . . An nicht wenigen Stellen . . . ist die Formulierung der Realität von heute nicht mehr angemessen. Indessen haben wir den Übergang zur verwalteten Welt schon damals nicht zu harmlos eingeschätzt . . . Die in dem Buch erkannte Entwicklung zur totalen Integration ist unterbrochen, nicht abgebrochen; sie droht, über Diktaturen und Kriege sich zu vollziehen. Die Prognose des damit verbundenen Umschlags von Aufklärung in Positivismus, den Mythos dessen, was der Fall ist, schließlich die Identität von Intelligenz und Geistfeindschaft hat überwältigend sich bestätigt.«

Die Autoren halten, mit anderen Worten, an der geschichtsphilosophischen Kardinalthese ihres Werks fest. Abstriche machen sie hinsichtlich der Einschätzung unserer weltpolitischen Lage. Eine Möglichkeit, die Dinge unmittelbar, hier und jetzt, zum Besseren zu wenden, sehen sie nicht. Im Zeitalter riesiger Militärblöcke, kriegerischer Konflikte der Dritten Welt, eines vielerorts anwachsenden Totalitarismus sind die Aussichten auf Humanisierung äußerst beschränkt. Kritisches Denken, wie die Autoren es verstehen, darf auch und gerade dem Fortschritt nicht verfallen; es »verlangt heute Parteinahme für die Residuen von Freiheit, für Tendenzen zur realen Humanität, selbst wenn sie angesichts des großen historischen Zuges ohnmächtig erscheinen«. Mit ihm naivgläubig sich zu verbünden, hieße, »den Lauf zur veralteten Welt zu beschleunigen«. Es kommt deshalb darauf an, »Freiheit zu bewahren, sie auszubreiten und zu entfalten«. Häufig genug – das gehört zu den Einsichten des Buches – sind die von routinierten Weltveränderern angepriesenen, gar aufgebotenen Mittel vom selben Schlage wie die Welt: sie vereiteln den edlen Zweck.

Die Arbeit des Frankfurter Instituts für Sozialforschung während der fünfziger und sechziger Jahre wäre undenkbar ohne die »Dialektik der Aufklärung«. Das Werk enthält die Konzeption, die weiterzuentwickeln seine Verfasser nach ihrer Rückkehr aus Amerika bestrebt waren. Mit der heroischen Phase westlicher, auch deutscher Soziologie ist die Kritische Theorie darin verbunden, daß sie sich nicht scheut, wesentlich als Geschichtsphilosophie aufzutreten. Freilich im Sinn der von Horkheimer schon in der »Zeitschrift für Sozialforschung« ausgesprochenen Überlegungen: als Konstruktion des historischen Verlaufs unserer Epoche, basierend auf möglichst breiter ethnologischer, sozio-ökonomischer, sozialpsychologischer und sonstiger Empirie. Durchgängige Teleologie, gar letztinstanzliche Heilsgewißheit, wie sie Blochs Version des Marxismus kennzeichnet, ist solchem Denken fremd. Es wendet sich gegen Positivismus und voreilig »sinngebende« Metaphysik zugleich.

Das Buch geht der Frage nach, »warum die Menschheit, anstatt in einen wahrhaft menschlichen Zustand einzutreten, in eine neue Art von Barbarei versinkt«. Dabei bildet für die Verfasser die – sorgfältig geprüfte – wissenschaftliche Tradition ein »Moment der Erkenntnis«; andererseits aber ist ihnen klar, daß »im gegenwärtigen Zusammenbruch der bürgerlichen Zivilisation nicht bloß der Betrieb, sondern der Sinn von Wissenschaft« überhaupt problematisch geworden ist. Ist der Gedanke zur Ware und Sprache zu deren Reklame herabgewürdigt, so »muß der Versuch, solcher Depravation auf die Spur zu kommen, den geltenden sprachlichen und gedanklichen Anforderungen Gefolgschaft versagen«. Hieraus erklärt sich die vielfach asketische Strenge, welcher die Autoren sich stilistisch unterwerfen.

Gleiche Vorsicht üben sie gegenüber denjenigen sozialkritischen »Richtungen«, welche die »offizielle Wissenschaft« befehden. Auch ihre Terminologie ist längst erstarrt. Sie haben sich mit den Ideologien geändert, gegen die sie gerichtet waren. »Es widerfährt ihnen, was dem triumphierenden Gedanken seit je geschehen ist. Tritt er willentlich aus seinem kritischen Element heraus als bloßes Mittel in den Dienst eines Bestehenden, so treibt er wider Willen dazu, das Positive, das er sich erwählte, in ein Negatives, Zerstörerisches zu verwandeln. Die Philosophie, die im achtzehnten Jahrhundert . . . der Infamie die Todesfurcht einflößte, ging unter Bonaparte schon zu ihr über. Schließlich usurpierte die apologetische Schule Comtes die Nachfolge der unversöhnlichen Enzyklopädisten und reichte allem die Hand, wogegen jene einmal gestanden hatten. Die Metamorphosen von Kritik in Affirmation lassen auch den theoretischen Gehalt nicht unberührt, seine Wahrheit verflüchtigt sich. In der Gegenwart freilich eilt die motorisierte Geschichte solchen geistigen Entwicklungen noch voraus, und die offiziellen Wortführer, die andere Sorgen haben, liquidieren die Theorie, die ihnen zum Platz an der Sonne verhalf, noch ehe sie sich recht prostituieren kann.«

Die beiden letzten Sätze offenbaren, was die »äsopische« Sprache des Vorangehenden zu verhüllen trachtet. Sicher gehört eine Reflexion auf den »Übergang« von Aufklärung in Positivismus, von Revolution in Bonapartismus ins Zentrum eines Buches, das dem weltgeschichtlichen Schicksal von Rationalität nachfragt. Unmittelbar jedoch ist, unausgesprochenermaßen, die Rede von Stalins »Bonapartismus«. Die bei Comte vorgesehenen, den höheren »Sinn« des gesellschaftlichen Lebens stiftenden und verwaltenden »wissenschaftlichen Priester« – sind sie so weit verschieden von den beamteten »Ideologen« der sich heute sozialistisch nennenden Länder? Hat sich nicht eben dort jene fatale »Verwandlung der Idee in Herrschaft« vollzogen, von der die Verfasser anderswo sprechen?

Wir stoßen hier auf die »Gretchenfrage« des Buches. Inwiefern läßt es sich als »marxistisch« bezeichnen? Einen ersten Fingerzeig gibt die Tatsache, daß Horkheimer und Adorno systemhaft verfestigte »Positionen« stets verworfen haben. Daher auch den »weltanschaulich« kodifizierten Marxismus jeglicher Observanz. Wenn sie den (von Engels und Plechanow stammenden) Schulbegriff des »dialektischen Materialismus« immer mehr vermieden und durch den Begriff der »Kritischen Theorie« ersetzt haben, so nicht nur (wie sie sich einigen darstellte), um politischen Anfeindungen und Mißverständnissen zu entgehen. Sondern auch deshalb, weil sie in der erstarrten Orthodoxie die Marxsche Lehre um ihr negativ-kritisches Element gebracht sahen. Plakative Positivität war ihnen verhaßt, das alttestamentliche Bilderverbot dagegen heilig. Deshalb tauchen in der »Dialektik« nicht einmal die Namen von Marx und Engels auf. Und doch enthält die Schrift einen wesentlich marxistischen Impuls. Er geht zurück auf die – hegelianisch inspirierte – Neuinterpretation von Marx während der zwanziger Jahre durch Korsch und Lukács, wobei letzterem die größere Rolle zukommen dürfte. Neben der (schon 1916 veröffentlichten) »Theorie des Romans« gehört »Geschichte und Klassenbewußtsein« zu den wichtigsten Quellen des Buches. Lukács hatte hier, mit weitreichenden Folgen, ökonomische Kategorien Marxens wie »Verdinglichung« und »Warenfetischismus« erstmals nicht nur auf die philosophische Problematik angewandt, sondern sich ihrer auch bedient beim Studieren von Kulturphänomenen überhaupt. Gleichsam nebenher hatte Lukács zudem, noch vor der Entdekkung der »Ökonomisch-philosophischen Manuskripte«, die sachliche Bedeutung der Entfremdungsproblematik schon des jungen Marx herausgearbeitet. Sein berühmtes Werk war bestrebt nachzuweisen, daß »in der Struktur des Warenverhältnisses das Urbild aller Gegenständlichkeitsformen und aller ihnen entsprechenden Formen der Subjektivität in der bürgerlichen Gesellschaft aufgefunden werden« kann. Darin folgen ihm Horkheimer und Adorno, wobei sie den Begriff des »Bürgerlichen« bis auf die Antike ausdehnen. Lukács' revolutionären Messianismus dagegen teilen sie so wenig wie Marxens Überzeugung von der unabwendbaren »Notwendigkeit« sozialhistorischer Prozesse. Daß diese bisher dem Bewußtsein der Beteiligten entzogen, »naturwüchsig« verlaufen sind, bedeutet nicht, daß alle Geschichte unter dem Diktat objektiver Gesetzlichkeit stehen muß. »Orthodox« (sofern diese Redeweise hier noch statthaft ist) argumentieren die Verfasser dort, wo sie – etwa im Abschnitt »Elemente des Antisemitismus« – die Gültigkeit der Marxschen Wert- und Mehrwertlehre vorbehaltlos unterstellen. Eine eindeutige Antwort auf die Frage nach dem »marxistischen« Charakter des Buches ist unmöglich. Es enthält neben klassischen Marxismen auch beachtliche Überlegungen einer impliziten wie expliziten Marx-Kritik, häufig gespeist aus Lebensphilosophie, Schopenhauer und Nietzsche. Was heute von den Pariser »nouveaux philosophes« lautstark verkündet wird, ist hier – oft wesentlich durchdachter – bereits zu lesen.

Das große Thema des Buches: die »Selbstzerstörung« der Aufklärung, hängt zusammen mit dessen spezifisch hegelianischer, wenn man so will: idealistischer Seite. Untersucht wird ein Typus von Wissen und Rationalität, der sich im Verlauf der westlichen Zivilisation gleichermaßen in Basis und Überbau durchgesetzt hat. So unentbehrlich aufklärendes Denken für das Gedeihen von Freiheit ist, so unumstößlich steht für die Autoren fest, daß »der Begriff eben dieses Denkens, nicht weniger als die konkreten historischen Formen, die Institutionen der Gesellschaft, in die es verflochten ist, schon den Keim zu jenem Rückschritt enthalten, der heute überall sich ereignet«. Aufklärung hat die Reflexion eben darauf zu leisten. Überläßt sie die »Besinnung auf das Destruktive des Fortschritts seinen Feinden«, so »verliert das blindlings pragmatisierte Denken seinen aufhebenden Charakter, und darum auch die Beziehung auf Wahrheit«. Der Grund für den »Rückfall in Mythos« liegt weniger in den künstlich ausgedachten Mythologien unserer Zeit als »bei der in Furcht vor der Wahrheit erstarrenden Aufklärung selbst«.

Abermals kommt Hegel ins Spiel, wenn Horkheimer und Adorno die Begriffe »Aufklärung« und »Wahrheit« bestimmen. Beide werden zugleich real verstanden: »Wie die Aufklärung die wirkliche Bewegung der bürgerlichen Gesellschaft als ganzer unter dem Aspekt in Personen und Institutionen verkörperten Idee ausdrückt, so heißt Wahrheit nicht bloß das vernünftige Bewußtsein, sondern ebensosehr dessen Gestalt in der Wirklichkeit.« Bestimmungen, angesichts derer man fragen kann, ob sie mit dem gleichzeitig marxistischen Ansatz des Buches vereinbar sind; vielleicht auch, ob es ihrer nicht etwa deshalb bedurfte, weil es bei Marx selbst über »Vernunft« und »Vernünftigkeit«, zwei ihm des Idealismus verdächtige Begriffe, nur spärliche Äußerungen gibt, die der Spannweite seiner Utopie kaum gerecht werden.

Marxistisch orientiert ist das Buch insofern, als es »Naturverfallenheit« und gesellschaftlichen Fortschritt, das heißt »Naturbeherrschung«, in untrennbarer Einheit sieht. Die dabei an der historischen Dynamik von Aufklärung geübte Kritik hat nichts mit irrationalistischer Schwärmerei zu tun, sondern »soll einen positiven Begriff von ihr vorbereiten, der sie aus ihrer Verstrickung in blinder Herrschaft löst«. – Demgegenüber tritt in der »Dialektik« der Klassenkampf als universelles Erklärungsprinzip merklich zurück. An seiner Stelle erscheint der allgemeinere Konflikt von Mensch und Natur: Ausdruck der Tatsache, daß sich Herrschaft nach dem Abbau der Zirkulationssphäre wieder unmittelbar durchsetzt. Der Vorrang des blind Partikularen besteht während der nachliberalistischen Ära fort; erfahren freilich wird er zunächst als Druck des Kollektivs auf den ohnmächtigen einzelnen.

Zwei Thesen bestimmen den ersten, um den »Begriff der Aufklärung« zentrierten Traktat: »Schon der Mythos ist Aufklärung, und: Aufklärung schlägt in Mythologie zurück«. Näher entfaltet werden sie von den Verfassern anhand zweier Exkurse, die zu den spekulativ belastetsten, daher schwierigsten Teilen des Buches gehören. Der erste, »Odysseus oder Mythos und Aufklärung«,

untersucht die als charakteristisches Zeugnis »bürgerlich-abend-
ländischer Zivilisation« gedeutete Odyssee. Homers Epos, entziffer-
te »Urgeschichte der Subjektivität«, dient den Autoren als
Beleg für die dialektische Einheit von »mythischer Natur« und
»aufgeklärter Naturbeherrschung« – eine Einheit, für welche die
Begriffe »Opfer« und »Entsagung« einstehen. Der andere Exkurs,
»Juliette oder Aufklärung und Moral«, diskutiert in scharfsinni-
gen Analysen einschlägiger Texte Kants, Sades und Nietzsches
Vernunft als vollendet aufgeklärte, das heißt radikal formalisierte
Vernunft. Nachgewiesen wird, daß die »Unterwerfung alles Natürlichen unter das selbstherrliche Subjekt zuletzt gerade in der
Herrschaft des blind Objektiven, Natürlichen gipfelt. Diese Tendenz ebnet alle Gegensätze des bürgerlichen Denkens ein, zumal
den der moralischen Strenge und der absoluten Amoralität.« So
betrachtet, erweist sich Sades »Histoire de Juliette« als »das
homerische Epos, nachdem es die letzte mythologische Hülle noch
abgeworfen hat: die Geschichte des Denkens als Organs der
Herrschaft« roher, jeglicher Zivilisation spottender Natur.

   Der Begriff »Kulturindustrie« spielte bis noch vor kurzem eine
erhebliche Rolle im sozial- und zeitkritischen Vokabular. Ihm gilt
derjenige Abschnitt des Buches, der wahrscheinlich die meisten
Leser gefunden hat. Dafür spricht ebenso seine Nähe zu soziolo-
gisch-psychoanalytisch durchdrungener Empirie wie die schnei-
dende, oft satirische Prägnanz der aus ihr abgeleiteten Urteile.
Dargestellt wird die »verwaltete Welt« als Zerrbild dessen, was der
Stand der Produktivkräfte – deren weiteres Wachstum für die
Autoren noch völlig unproblematisch ist – an Möglichkeiten
bietet. Heute, da vom »drohenden Überfluß«, dem Herrschaftsin-
teressen »wohlweislich Grenzen setzen«, nicht mehr ohne weiteres gesprochen werden kann, liest manches sich weniger plausibel.
Beeindruckend bleibt die ideologiekritische Analyse der modernen
Massenkultur, die unbestechliche Einsicht in ihren Systemcharak-
ter, die freilich auch »konvergenztheoretische« Überlegungen
neueren Datums vorwegnimmt: »Kultur heute schlägt alles mit
Ähnlichkeit. Film, Radio, Magazine machen ein System aus. Die
ästhetischen Manifestationen noch der politischen Gegensätze
verkünden gleichermaßen das Lob des stählernen Rhythmus. Die
dekorativen Verwaltungs- und Ausstellungsstätten der Industrie
sind in den autoritären und den anderen Ländern kaum verschieden.« Geradezu prophetisch klingt, was die Verfasser schon damals über das Fernsehen sagen: »Das Fernsehen zielt auf eine
Synthese von Radio und Film . . ., deren unbegrenzte Möglichkei-

ten . . . die Verarmung der ästhetischen Materialien so radikal zu steigern verspricht, daß die flüchtig getarnte Identität aller industriellen Kulturprodukte morgen schon offen triumphieren mag, hohnlachende Erfüllung des Wagnerschen Traums vom Gesamtkunstwerk.«

Das Buch schildert mit großer Präzision geschichtliche Tendenzen des damaligen Amerika, die sich inzwischen auch andernorts durchgesetzt haben. Sie nehmen vorweg, was heute als »Wegwerf-Gesellschaft« bezeichnet wird: »Schon erscheinen die älteren Häuser rings um die Betonzentren als Slums, und die neuen Bungalows am Stadtrand verkünden schon wie die unsoliden Konstruktionen auf internationalen Messen das Lob des technischen Fortschritts und fordern dazu heraus, sie nach kurzfristigem Gebrauch wegzuwerfen wie Konservenbüchsen.«

Als Ideologie betrachtet, vergötzt die Kulturindustrie den bestehenden Zustand und seine Macht über die Menschen, indem sie ihn unentwegt begriffslos verdoppelt. Ihre »rücksichtslose Einheit . . . bezeugt die heraufziehende der Politik«. Aus diesem – keineswegs gering zu veranschlagenden, geschweige denn erledigten – Grund nehmen Horkheimer und Adorno die schäbigen Produkte ernster als diejenigen, welche die Wahrheit, daß es hier um bloßes Geschäft geht, als Ideologie benutzen, die »den Schund legitimieren soll, den sie vorsätzlich herstellen«. Noch den erbärmlichsten Kitschfabrikaten – davon geht immanente Kritik aus – wohnt objektiv der »Anspruch« inne, »ästhetische Gebilde und damit gestaltete Wahrheit zu sein«. Ihre Analyse »erweist das gesellschaftliche Unwesen an der Nichtigkeit jenes Anspruchs«.

Bei ihrer höchst kritischen Einschätzung des organisierten Massenvergnügens setzen sich die Autoren einer Schwierigkeit aus, der – jenseits des Anlasses – noch immer erhebliches Gewicht zukommt, obwohl sie sich zunächst nur terminologisch darin äußert, daß sie bald von der »Industriegesellschaft«, bald vom »spätkapitalistischen« System sprechen. Sicher, von einer rein technologischen Erklärung der Massenkultur halten sie nichts; denn sie verschweigt, daß »der Boden, auf dem die Technik Macht über die Gesellschaft gewinnt, die Macht der ökonomisch Stärksten über die Gesellschaft ist. Technische Rationalität heute ist die Rationalität der Herrschaft selbst. Sie ist der Zwangscharakter der sich selbst entfremdeten Gesellschaft«. Es gibt zwar das »Eigengewicht des technischen und personellen Apparats«, der jedoch »in jeder Einzelheit als Teil des ökonomischen Selektionsmechanismus zu verstehen ist«. Hier argumentieren Horkheimer und

Adorno traditionell-marxistisch; es gibt kein »Bewegungsgesetz der Technik als solcher«; entscheidend ist deren »Funktion in der Wirtschaft heute«. Überlegungen, die – eingängiger formuliert – wiederkehren im »Eindimensionalen Menschen« Herbert Marcuses.

Daneben jedoch finden sich in der »Dialektik« auch Stellen, die eine andere, vielleicht dem geschichtsphilosophischen Gesamtentwurf des Werks gemäßere Interpretationen gestatten. Es sind dies Stellen, an denen es aussieht, als seien Wissenschaft und Industrie – wenn man bedenkt, wie sie bislang geistig orientiert waren – *per se* das Verhängnis. Die Aufklärung hat sich an »Mathematik, Maschine, Organisation« verloren, ans Dogma systematischer Einheit, an die bornierten Zwecke bloßer Selbsterhaltung. Nun sind auch sie nicht nur Grundlage, sondern ebenso Produkt herrschaftlich strukturierter Zivilisation. Gleichwohl bleibt eine Zweideutigkeit in der Sache selbst. Einerseits muß es bei dem »Sieg der Gesellschaft über Natur, der alles in bloße Natur verwandelt«, nicht bleiben. Die »Selbsterkenntnis des Geistes als mit sich entzweiter Natur«, Vorbedingung realer Versöhnung, ist prinzipiell möglich. Ihrer selbst mächtig werdend, könnte Aufklärung die ihr bis heute gesteckten Grenzen durchbrechen, heraustreten aus dem verderblichen Kontinuum seitheriger Geschichte, dem selbst die Marxsche Theorie – dies die These der Autoren – noch verhaftet blieb. Ein qualitativ neuer Entwurf von Welt und Welterfahrung ist denkbar. Andererseits gibt das Buch dem Zweifel Raum, ob es der Menschheit je gelingt, ihrer naturgeschichtlichen Verstricktheit zu entrinnen. Etwas wie metaphysische Schuld des Lebendigen im Schopenhauerschen Sinn schimmert durch; in sie ist »der Geist und alles Gute« von Anbeginn einbezogen. Ein lediglich klassenpolitisches Verständnis des menschlichen Elends greift zu kurz. Damit ist nicht der Wille zum Anderen, Besseren sabotiert; er vergewissert sich nur einer letzten Grenze.

Deutscher Dämonenspuk auf der Kinoleinwand

Siegfried Kracauer: »Von Caligari zu Hitler« (1947)

WILFRIED WIEGAND

Kracauers Schrift »Von Caligari zu Hitler« ist im März 1958 in der »Rowohlt Enzyklopädie« zum ersten Mal auf deutsch erschienen, elf Jahre nach der amerikanischen Erstausgabe und in einer barbarisch übersetzten und drastisch zusammengekürzten Fassung, die an Umfang kaum mehr als die Hälfte des Originals enthält. Das Niveau der Übertragung wird durch die Rückübersetzung eines bekannten Schlagertextes charakterisiert. Die Zeile »Wir sind im Grünen zu Haus« heißt da unverfroren »Wir haben unser Heim bei Mutter Natur aufgeschlagen«, »class struggles« werden als »Klassenauseinandersetzungen« verharmlost, und »slapstick« meinte die Rowohlt-Redaktion in einer Fußnote als »Clownskomik« erläutern zu müssen.

Es ist leicht, diese Liste zu verlängern. Manche haben es getan, so daß sich in den letzten Jahren unter deutschen Filmfreunden die Behauptung breitmachen konnte, die Rowohlt-Ausgabe von 1958 habe Kracauers Buch absichtlich alle politische Brisanz ausgetrieben. Der Vorwurf zielt jedoch viel zu hoch. Nicht die Konterrevolution, sondern die Schlamperei hat das Buch derart verstümmelt, wodurch sein überwältigender intellektueller Erfolg allerdings nicht verhindert wurde. Fast zwanzig Jahre lang hat Siegfried Kracauer die deutsche Filmkritik beherrscht wie kein anderer Autor vor oder neben ihm, und die zweihundert holzhaltigen Seiten dieses nur dürftig bebilderten, schmalen Taschenbuches waren es, die seine Machtstellung begründeten.

Wer das Buch erst heute kennenlernt, kann nicht ahnen, was es einst bedeutet hat. Außer Lotte H. Eisners »Dämonischer Leinwand« (1955) gab es in deutscher Sprache damals keine theoretische Auseinandersetzung mit dem Film. Jene beiden Büchlein bildeten die geistige Nahrung der deutschen Cinéasten-Gemeinde, die gerade im Entstehen begriffen war. Und daß sie gerade in den fünfziger Jahren entstand, bedarf heute, da uns die Massenmedien ebenso vertraut sind wie das Überangebot an Medientheorien, wohl ebenfalls schon der Erklärung.

In der Nachkriegszeit gehörte der Film zu jenen zahlreichen Irritationen, die auf das auch geistig ausgehungerte Land ohne Vorbereitung eindrangen. Kafka und Hemingway, der Expressionismus und die abstrakte Malerei, der Existentialismus und die Neue Musik standen gewiß mehr im Zentrum jenes ästhetischen Nachholkonsums als der Film, aber dennoch: wer wollte leugnen, daß ihn damals auch »Orphée« und »Die Kinder des Olymp«, »Verbotene Spiele« und »Der dritte Mann« mitgeprägt haben? Der Film lebte zwar noch am Rande des Kunstlebens, aber er hatte sich unüberhörbar zu Wort gemeldet, und mit der ersten wirtschaftlichen Konsolidierung begann die noch kleine Filmgemeinde sich in den Kunstkinos, den Filmklubs der Universitäten und als Leser um die 1957 gegründete Zeitschrift »Filmkritik« zu sammeln. Allmählich auch plazierten die großen Tageszeitungen ihre Filmbesprechungen im Feuilleton anstatt im Lokalteil.

Das alles hatte es so ähnlich schon einmal gegeben: in den zwanziger Jahren, als der deutsche Film sich unter dem Einfluß des Expressionismus seiner künstlerischen Möglichkeiten bewußt wurde und als kurz darauf die »Russenfilme« eines Eisenstein und Pudowkin gebieterisch die soziale Frage auf die Leinwand brachten. Die Irritation nach 1945 war dennoch von anderer Art. Nicht das Rezept für den Aufbau einer besseren Welt, sondern eine Erklärung für die Katastrophe war es, was vor allem verlangt wurde. Es waren die Leser Sartres, die in den fünfziger Jahren im Kino saßen.

So war es kein Zufall, daß sowohl Lotte H. Eisner als auch Siegfried Kracauer deutsche Emigranten waren und daß der deutsche Film vor 1933 ihr Thema bildete. Kracauers Titel deutet an, welche Richtung seine Argumentation einschlägt: »Von Caligari bis Hitler«, das hieß: die Ahnengalerie des Schreckens zurückverfolgen bis zu den Anfängen, so wie Georg Lukács es ähnlich in der »Zerstörung der Vernunft« für die deutsche Philosophie unternommen hat. Lotte H. Eisner führte die Genealogie deutschen Ungeistes zurück bis zu den Spukgestalten der Romantik, aber ihre Argumentation war geistesgeschichtlich, nicht soziologisch, und erreicht nie eine vergleichbare Wirkung. Kracauer zog am Schluß seiner Schrift die Bilanz, Deutschland habe 1933 nur verwirklicht, »was seine Filme seit Anbeginn hatten ahnen lassen . . . Die von ihnen beschworenen Gestalten traten nunmehr aus der Leinwand heraus und ins Leben ein . . . ›Homunculus‹ ging leibhaftig umher. Selbstherrliche ›Caligaris‹ schwangen sich zu Hexenmeistern über unzählige ›Cesares‹ auf und erteilten ihnen Mordbefehle. Tobsüchtige ›Mabuses‹ begingen straflos grausige Verbrechen, und wahnsinnige Despoten erdachten unerhörte Folterungen. Inmitten dieses Totentanzes wurden erprobte filmische Ausstattungskünste in die Wirklichkeit übertragen: beim Nürnberger Parteitag tauchten die ornamentalen Muster des ›Nibelungen‹-Films in gewaltig vergrößertem Maßstab, mit Wäldern von Fahnen und kunstvoll ausgerichteten Menschenmassen, wieder auf . . . Alles war so, wie man es im Film erschaut hatte.«

Kracauers Grundgedanke ist einleuchtend: der Film als Massenkunst, von einem Kollektiv hergestellt und vom Kollektiv aufgenommen, kann es sich auf Grund eines gewaltigen finanziellen Aufwandes nicht erlauben, die – bewußten und unterbewußten – Wünsche des Publikums zu mißachten, deshalb kommt ihm mehr als den traditionellen Künsten eine seismographische Funktion zu. Der Film offenbart, was ein Volk sich wünscht. Kracauer ging nicht so weit, eine Beeinflussung des Publikums durch den Film zu behaupten. Erst später brach das Zeitalter einer selbstbewußten und praktisch ergebnislosen Wirkungsforschung an, die zumindest eines zur Folge hatte: daß Filmkritik in Deutschland zur Theorie eventueller Publikumsbeeinflussungen degenerierte.

In seinem berühmten Feuilleton »Die kleinen Ladenmädchen gehen ins Kino« hatte Kracauer seinen Grundgedanken 1927 zum ersten Mal skizziert, im »Caligari«-Buch baute er ihn aus zur retrospektiven Diagnose einer Epoche. Adorno und Horkheimer haben in ihrer gleichzeitigen »Dialektik der Aufklärung« der amerikanischen »Kulturindustrie« eine ähnlich verhängnisvolle Rolle zugebilligt: moderne Herrschaft, ob diktatorisch oder nicht, so läßt die These sich überspitzt zusammenfassen, findet eine Stütze in der Gegenaufklärung der Massenmedien.

Inzwischen ist manch kleinliche Kritik laut geworden. Gegen Kracauers Deutung des »Caligari«-Films beispielsweise wurde unter Berufung auf zeitgenössische Stimmen eingewandt, er sei von seinen Schöpfern niemals geplant gewesen als Attacke auf eine autoritäre Führergestalt, wovon Kracauer ausgegangen war. Selbst wenn derlei zutreffen sollte, der grundsätzliche Anspruch dieser Essayistik wird dadurch keineswegs zunichte. Sie hat hier zu einem Thema gefunden, das vergleichbar ist nur mit den Theorien über die Ursachen römischer Dekadenz, die einige Jahrhunderte lang die besten Köpfe beschäftigt hatten. Nicht der Verfall des Guten, sondern der Aufstieg des Bösen war nun erklärungsbedürftig geworden. Nicht das Ende eines goldenen Zeitalters, sondern der für unmöglich gehaltene Rückfall in die Barbarei wurde zum Grunderlebnis einer schockierenden Moderne. Von seiner quälenden Aktualität hat dieses Thema nichts verloren.

Aber würde heute noch jemand den Massenmedien eine vergleichbare Rolle zuerkennen? Die Klage Kracauers, Adornos und Horkheimers, daß die Massenmedien überwiegend zu Sprachrohren der Gegenaufklärung verkommen sind, mutet verständlicher an als die enttäuschte Reaktion von Aufklärern, die aus ihrer Heimat vertrieben wurden. Ohne ihr Schockerlebnis wäre die Beschäftigung mit den Massenmedien vermutlich noch immer stehengeblieben beim bloßen Geschmacksurteil – daß halt Kitsch sei, was für den Pöbel produziert werde. Über diese zählebige Blasiertheit, die selbst ein Adorno aus seinen Schriften nie ganz hat tilgen können, bedeutet die Theorie von der Dämonie der Medien einen gewaltigen Schritt hinaus. Denn in ihr werden die so lange verachteten Volkskünste endlich ernst genommen. Dieser Denkschritt wird nie wieder rückgängig zu machen sein.

Die Folgerung allerdings, daß sich alle Zerrbilder der Volkskunst lückenlos kurzschließen lassen mit realen Formationen des politischen Lebens, erweist sich allmählich als eine jener überstrapazierten Geschichtsinterpretationen, wie sie in der Nachkriegszeit verständlicherweise nicht selten waren. Kracauer begriff das Kino im Grunde als eine moralische (oder unmoralische) Anstalt, doch je mehr wir uns von der einst so verführerischen These lösen, Hitler habe nur durch Radio und Kino an die Macht gelangen können, um so deutlicher beginnt auch der Film seine vermeintlich einzigartige Stellung innerhalb der Künste einzubüßen und seine Theorie, nachdem sie auf Kracauers Spuren zwei Jahrzehnte lang moralistisch urteilte, wieder zur Ästhetik zu werden.

Das Verstehen, nicht das Bewerten ist zum Ziel heutiger Filmtheorie geworden. Auch das Volkstheater und die populären Romane, Comic strips und Volksballaden sowie all die unzähligen, noch nie recht gedeuteten Zwitterkünste der Rummelplätze und Zirkusarenen beginnen mehr und mehr ins Blickfeld derer zu rücken, denen die Massenmedien als Spiegelbilder des kollektiven Unbewußten gelten. Das Verständnis für die ästhetische Eigenwertigkeit auch solcher Medien steht noch ganz am Anfang, so daß es vermessen wäre, behaupten zu wollen, dieser notwendige zweite Denkschritt – hinaus über eine politische Soziologie und hin zu einer psychologischen Ästhetik aller modernen Volkskünste, einschließlich des Films – sei schon getan. Aber er wird vollzogen werden, und die ihn tun, werden es nur können, weil Kracauer einst den ersten tat.

Der verlorene Gott und die Künste

Hans Sedlmayr: »Verlust der Mitte« (1948)

EDUARD BEAUCAMP

Mit Neugier, aber auch mit Unbehagen greift man heute zu Sedlmayrs »Verlust der Mitte«. Das 1948 zuerst erschienene Buch, ein militantes, doch zugleich leidenschaftlich-besorgtes Plädoyer gegen die moderne Kunst, hat dunkle Erinnerungen hinterlassen. Wer in der Nachkriegszeit in Deutschland aufwuchs, sah sich von lauter Finsternissen umgeben. Die Schullehrer lenkten am liebsten von der Gegenwart ab und ergingen sich monologisch im »Abendländischen«. In Umrissen tauchte allmählich die lange verfemte, von der Diktatur verbotene, dem Publikum auch jetzt noch nicht geheure moderne Kunst auf und regte die Phantasie und die Wünsche des Schülers mächtig an. Sedlmayrs Buch kam zu früh in seine Hände. Auf den eben erwachten Enthusiasmus legten sich die Schatten dieser Apokalypse. Rhetorisch glänzend wurde hier in weitausholenden, historischen Ableitungen, mit methodischem Scharfsinn, doch auch mit Fanatismus und in schneidendem Ton Gericht gehalten über eine angeblich gottverlassene Epoche. Als Hauptschuldiger wurde die Kunst abgeurteilt – in einem Verfahren, das keine Verteidigung zuließ. Der junge Leser fühlte sich überrumpelt, es dauerte einige Zeit, bis er sich, dank eigener Anschauung, vom Schock der suggestiven Bußpredigt befreit hatte.

Vor dem sprichwörtlich gewordenen »Verlust der Mitte« braucht man heute keine Angst mehr zu haben. Der Streit um die moderne Kunst ist gegen Sedlmayr entschieden. Seine Thesen vertritt heute fast nur noch ein kleiner Kreis akademischer Kunsthistoriker, deren Sektierertum weit hinter dem leidenschaftlichen Geist und der gedanklichen Strenge des Vorbilds zurückbleibt. Bessere Kenntnis und die Macht der Gewohnheit haben aus Objekten, in denen Sedlmayr keine Kunstwerke, sondern Krisenprodukte, Zeugnisse des »Sündenfalls«, der »Unzucht«, der Gottlosigkeit und des Nihilismus sehen wollte, unbestrittene Klassiker der Kunstgeschichte gemacht, die heute so populär sind, so geschätzt und gehandelt werden wie Werke aus den großen und »intakten« Epochen. Heute kritisieren wir die moderne Kunst von einer ganz anderen Seite: das langweilige Epigonentum, die akademische Auszehrung, die unzeitgemäße Ideologie, mit der die Enkel auf Kosten der Großväter fortleben wollen.

Angesichts der Ängstlichkeit, welche die ästhetische Diskussion dieser Jahre beherrscht und notwendige Entscheidungen und Urteile verhindert, verfehlt Sedlmayrs radikales Buch, die Klarheit seiner Fragen und die Strenge seiner Antworten nicht ihre Wirkung. Es führt in jene Jahre zurück, in denen die Herausforderung der Avantgarde noch »letzte Fragen« berührte und als geistiges Schicksal empfunden wurde. Das Buch wurde bereits in den frühen vierziger Jahren konzipiert. Es ist das Produkt einer Katastrophenstimmung (steht aber damit keineswegs isoliert, sondern bereits in einer älteren Tradition antimoderner Kulturkritik).

Auch heute darf man nicht das Zwielicht verschweigen, in dem damals der Diagnostiker und Moralist Sedlmayr stand. Warum, mußte man nach dem Krieg fragen, klagte er nicht den Geist an, der für die akute Katastrophe zuallererst verantwortlich war, die ästhetisch raffiniert getarnte, konservativ drapierte Unmenschlichkeit der Nationalsozialisten, von denen sich Sedlmayr selbst hatte blenden und verführen lassen? Ein Kulturkritiker, der sich in seinen Heilsbedürfnissen irreleiten ließ, konnte nicht anders als zweideutig erscheinen. Wenn er jetzt die Ursachen und Symptome des Unheils bei der unterdrückten Kunst ausforschte, so mußte der Eindruck entstehen, als ob gerade der Unschuldige, ja das Opfer noch einmal schuldig gesprochen würde. Zweifellos war die pauschale »Verteufelung« der Moderne, der Neuzeit seit etwa 1770, auch eine Flucht vor der Realität und den weit konkreteren Faktoren der Katastrophe. Ein abstrakter »Weltgeist« wurde wieder einmal zum Alibi.

Sedlmayr war nach dem Krieg nur eine Stimme im internationalen Chor linker und rechter Bußprediger, die zur Einkehr und Umkehr aufriefen, ja eine Art Gegenaufklärung versuchten. Der Kunstwissenschaftler trat als dezidierter Christ auf, der die Geschichte im heilsgeschichtlichen Rahmen sieht. Die Moderne ist für ihn durch einen zweiten Sündenfall, den Abfall von Gott bestimmt. Die verlorene Mitte ist laut Sedlmayr da zu suchen, wo der Mensch als Gottmensch, nicht aber als derjenige, der Gott verdrängt hat, zwischen Himmel und Erde steht. Die Aufkündigung dieser Position hat, so der Autor, eine totale Störung zur Folge, eine Störung zu Gott, des Menschen zu sich selbst und zu seinen Mitmenschen. Sedlmayr geht also von einer heilsgeschichtlichen Verfassung als anthropologischer Norm und als Maßstab aus. Er sucht das Heil in verlorenen Zuständen der Geschichte und erliegt damit einer Art christlichem Rousseauismus, der zweifellos selbst ein zentrales Phänomen der inkriminierten Moderne ist. Im Grunde möchte er die Aufklärung, die Tatsache einer mündigen, auf sich allein gestellten Menschheit, der keine Götter helfen und die sich daher ruhelos neue Götter und Götzen erschafft, rückgängig machen. Daß der Mensch an sich selbst einen Maßstab findet, wird ausgeschlossen. Der von Gott verlassene Mensch richtet sich selbst.

Mit diesem Konzept, das eher kulturtheologisch als kulturphilosophisch zu nennen wäre, sind von vornherein Methode, Tendenz und Wertung der Darstellung festgelegt. Sedlmayr erklärt ausdrücklich, daß ihn die Kunst nur als »Instrument der Tiefendeutung« der Epoche beschäftige, daß er keine Wissenschaft treibe, sondern Diagnosen stelle, keine Kunst-, sondern eine Krankheitsgeschichte schreibe und nicht die Leistungen und neuen Werte, sondern die Gefährdungen darstellen wolle. Die komplexen Phänomene der Kunst verflachen zu »Symbol und Symptom« (so der Untertitel des Buches) des Säkularisierungsprozesses. Wo es Gott nicht mehr gibt, kann es nur noch den Teufel geben. Es kommt zu Behauptungen und Schlüssen, die noch heute in ihrer Simplizität verblüffen. Ein radikales Beispiel: Da ohne Gott keine Ordnung denkbar sei, könne es erstens keine Architektur mit ihrer »kollektiven Macht« und zweitens ohne das Gesamtkunstwerk und die hierarchische Ordnung der Architektur keine Kunst mehr geben. Die Therapie ergibt sich von selbst: »Gesundung« ist nur durch Erneuerung der alten Ordnungen, also durch Rückkehr zu Gott möglich.

Eine Epoche und ihre Kunst unter dem Gericht: nur wer Sedlmayrs Glaube teilt, wird der düsteren Sicht folgen und mit ihr vor allem negative Symptome und Verluste ausmachen. Der Skeptiker dagegen, der sich zu seiner Epoche bekennt und nichts bereut, wird an den gleichen Phänomenen den geistigen Gewinn, die unerhörten, neuen Erfahrungen, Erweiterungen und Freiheiten in einer götterlosen Welt rühmen. Daß die beiden letzten Jahrhunderte nicht ganz vom Teufel sein können, beweist allein schon der Blick auf die Schwesterkünste, auf Musik und Dichtung, die noch in der

Moderne klassische Epochen erleben. Auf der anderen Seite waren die vorausgegangen Jahrhunderte nicht ganz so heil. Die »Mitte« geriet schon in der Renaissance ins Wanken, als die Künstler an Gott zu zweifeln, ihn zu verdrängen und sich selbst in seiner Schöpferrolle zu inthronisieren begannen.

Steht und fällt Sedlmayrs Theorie mit der Glaubensfrage? In seiner Kritik steckt ein Schema, das in anderer Verkleidung bis heute aktuell ist. Man braucht in einer Behauptung wie der, daß es ohne Gott keine Ordnung und folglich keine verbindliche Kunst geben könne, nur das Wort Gott gegen Begriffe wie »Menschenbild«, »Natur«, »Gesellschaft«, »Humanität« oder »Wirklichkeit« auszutauschen, um die Virulenz solcher Diagnosen zu erkennen. Die zivilisatorische Krisenstimmung, die heute wieder um sich greift, das neuerliche Auftreten linker und rechter Prediger der Umkehr, gibt solchen Fragen wieder Auftrieb.

Sedlmayrs Buch hat einen Vorzug, der es noch heute lesenswert macht: es wagt eine Theorie und eine inhaltliche Analyse der Epoche. So ärgerlich das Verfahren ist, Phänomene auf Symptome zu reduzieren und die Moderne an Maßstäben zu messen, die anderen Zeiten entnommen sind, so anregend sind zweifellos seine Fragen. Es macht sie zum Teil interessanter als die Antworten und Apologien seiner Gegner mit ihren rein formalen Bestimmungen, ihrem flachen Fortschrittspathos und dem emphatisch ausgerufenen Etappenziel der Abstraktion.

Faszinierend sind nach wie vor Sedlmayrs Zusammensicht des 19. und 20. Jahrhunderts, die Schärfe des Blicks bei der Analyse romantischer Erscheinungen, die Einsicht, daß Stilbegriffe nicht weiterhelfen und eine radikal neue Kunst neuer Methoden der Erforschung bedarf. Mit größtem Gewinn liest man die Partien über »führende Aufgaben« des 19. Jahrhunderts, über den Landschaftsgarten als Stätte des Naturkults, mit dessen Schöpfung der Künstler in Konkurrenz zur Gottesschöpfung trete und sie zu verdrängen versuche; über den Kult der Denkmäler; über das Museum als Kirche der ästhetischen Ersatzreligion und seinen Gegenpart, das Theater als dionysische Weihestätte; schließlich über die Ausstellungsarchitektur des Glaspalastes, für Sedlmayr die säkularisierte Verkörperung der gotischen Lichtvision und das moderne Pantheon der Kunst und Industrie, wo die Menschen ihren neuen Göttern des Fortschritts opfern.

Die Darstellung des 20. Jahrhunderts bewegt sich nicht auf gleichem Niveau. Es drängt sich der Verdacht auf, daß Sedlmayr in den vierziger Jahren keine Anschauung von dieser Kunst hatte, die damals aus den deutschen Museen entfernt war. Dem »Verlust der Mitte« schickte der Autor daher 1956 seine »Revolution der modernen Kunst« nach, den damals leidenschaftlich umstrittenen ersten Band von Rowohlts Enzyklopädie. Genauere Kenntnis hat die Vorurteile nicht abgebaut, sondern eher noch verstärkt. Die Sicht des kunstwissenschaftlichen Moralisten ist noch pessimistischer, der Systematisierungszwang, hinter dem übrigens die Erprobung einer Methode, die Strukturanalyse einer Epoche steht, noch kompromißloser geworden. Die Hölle wird gleichsam vermessen und kartographiert. Wieder ist das Urteil gesprochen, bevor die Gegenstände recht erklärt und ausgeschöpft sind. Wo ein Höchstmaß an Differenzierung nötig wäre, operiert Sedlmayr mit weltanschaulichem Raster, er legt Erscheinungen fest, die offen, fließend und vielfach dialektisch angelegt sind.

Vier Generallinien beherrschen nach ihm die Kunst des Jahrhunderts: »Streben nach Reinheit«, »Die Künste im Banne der Geometrie und der technischen Konstruktion«, »Das Verrückte als Zuflucht der Freiheit (der Surrealismus)« und »Auf der Suche nach dem Ursprünglichen (der Expressionismus)«. Die entscheidenden Tendenzen sind damit bezeichnet, nur sind mit solch horizontalen Orientierungen nicht der Sinn dieser Kunst und die Vorstellungen der Künstler zu erfassen. So dringt Sedlmayr kaum durch die irritierend veränderte, formale oder motivische Oberfläche zum Bedeutungssystem und zum Symbolismus der neuen Kunst vor.

Man lernt von Sedlmayr, die Gegenstände ernsthafter und systematisch zu befragen. Heute hat sich ein fast kritikloser Umgang, eine naive Rezeption eingebürgert. Sedlmayr macht wieder bewußt, welchen Anteil diese Künstler an den Erschütterungen, den Triebentladungen, den totalen Veränderungs- und Säuberungskampagnen in diesem Jahrhundert haben. Angesichts mancher Folgen hat sich Skepsis in die pauschale Bewunderung für die befreienden Momente in Bewegungen wie dem Expressionismus, dem Futurismus, gemischt, zumal es sich hier vor allem um Selbstbefreiungen der Künstler handelt. Andererseits darf man nicht die dialektische Natur dieser Phänomene übersehen, das Denken in Prozessen und Zusammenhängen, die eine Fülle auch historischer Vermittlungen einschließen.

Auf die Explosion und Zerstörung folgten die Bewältigung und die Entwürfe neuer Ordnungen. Die »Zerschichtung« des Bildes in seine Elemente führt, etwa bei Klee, zu neuen Synthesen und universalen Sinngebungen. Über die Auflösung und Demontage hinaus sehen wir, etwa bei Picasso, die kraftvolle Erneuerung und Erweiterung des Menschenbildes. Dem Expressionismus oder Surrealismus verdanken wir über die historische Revolte hinaus Erfahrungen, die uns eine tiefere Einheit und Wirklichkeit des Menschlichen erschlossen haben.

Die kritisierte Suche nach dem Ursprünglichen hat einen offeneren Menschheitsbegriff geschaffen, der den geistigen Kolonialismus überwinden half und zur Anerkennung fremder Kulturen und Entwicklungen, ferner zum Verständnis der Ausdrucksbedürfnisse sozialer Unterschichten und von Außenseitern führte. Nicht weniger bewundernswert sind die Anstrengungen, mit Hilfe einer abstrakten und in sich veränderlichen Kunstsprache Schritt zu halten mit der davonlaufenden Technisierung und Industrialisierung und diesem gigantischen, amorphen Verarbeitungsprozeß nicht nur eine Form zu geben, sondern ihn auch zu spiritualisieren. Die Künstler setzen dem Materialismus und der Unmenschlichkeit des Jahrhunderts ihre Utopien entgegen. Daß sie scheiterten oder ihre Ideen an die Macht verrieten, ist ein anderes Kapitel.

Seit der »Krisenzeit um 1770« haben die Künstler die von Sedlmayr aufgezeigten Gefahren und Mangelerscheinungen, den Verlust der Mitte und den Verlust ihrer Funktionen erkannt und ihnen entgegengearbeitet. Auf die moderne »Sinnleere« reagierten sie mit einer Überproduktion von weltanschaulich-ästhetischen Sinngebungen. Sedlmayr selbst zitiert das Wort Nietzsches, daß die Metaphysik in der Kunst überlebe. Es ist ein prophetisches Wort, das gerade im 20. Jahrhundert in Erfüllung geht und noch in der Gegenwart seine Gültigkeit hat. Gerade heute ist die Kunst, in problematischer Weise, vielfach nur noch Vorwand und Anlaß für die Befriedigung metaphysischer Bedürfnisse, für eine wilde Produktion von Theorien und subjektiven Glaubenslehren. In seiner Grundthese wird sich Sedlmayr durch diesen Wildwuchs, ein ästhetisches Sektenwesen von spätantiken Ausmaßen, bestätigt fühlen. Unrichtig aber war seine Prophezeiung, daß der Mensch aus der Kunst ausgetrieben werde. Mag er auch jede objektive Orientierung und Sicherheit endgültig verloren haben – in der Kunst verteidigt er seine »Mitte«, seine Identität als Maß aller Dinge aufs heftigste. Die Künstler berufen sich noch immer nachdrücklich auf Vorbilder aus der »heilen« Renaissance. Dabei mag es sich um Rückzugsgefechte handeln. Die Bedrohung der Individualität wird heute überkompensiert durch egozentrische Maßlosigkeiten.

Recht hat Sedlmayr behalten, wo sich das Autonome, Konstruktive und Funktionelle verselbständigt hat. Was er vor dreißig Jahren über die moderne Architektur schrieb, hat sich mittlerweile weiter bestätigt: »Die Revolution des Ingenieurs gegen den Architekten, des Zweckbaues gegen den transzendenten Anspruch der ›Kunst‹ hat scheinbar mit einem totalen Sieg der neuen Mächte geendet. Aber diese Vereinheitlichung ist erkauft durch die Diktatur *einer* Sphäre – wie der Fabrik – und durch eine auf die Dauer unerträgliche Vergewaltigung der natürlichen Forderungen der einzelnen Aufgaben, deren materielle Ansprüche erfüllt werden, während der seelische und geistige Anspruch unbefriedigt bleibt.«

Falscher Alarm

Romano Guardini: »Das Ende der Neuzeit« (1950)

MICHAEL THEUNISSEN

Romano Guardini, damals Inhaber eines Lehrstuhls für Religions-
philosophie und katholische Weltanschauung an der Universität
München, nannte sein 1950 erschienenes Buch »Das Ende der
Neuzeit« im Untertitel einen »Versuch zur Orientierung«. Das
Buch ist aus Vorlesungen hervorgegangen, die der 1952 mit dem
Friedenspreis des deutschen Buchhandels ausgezeichnete Autor
erstmals im Wintersemester 1947/48 an der Universität Tübingen
gehalten hatte. Daß es für die in Trümmern lebende und verstörte
Generation tatsächlich eine Orientierungshilfe war, erklärt die
Begierde, mit der es zunächst aufgenommen wurde.

Sobald mit dem wirtschaftlichen Wiederaufstieg und der Ein-
gliederung der Bundesrepublik in den Westen der Eindruck sich
festsetzte, auch die geistige Krise sei überwunden, verebbte die
Wirkung des Buches rasch. Inzwischen mehrfach neu aufgelegt,
ist es laut Auskunft des Verlags auch heute noch erhältlich; aber
eine rege Nachfrage scheint nicht zu bestehen.

Der Orientierungsversuch spiegelt die Aufbruchsstimmung wider, die nach 1945 in Deutschland herrschte. Motiviert war er wohl
durch das Bedürfnis, die – allerdings nie wirklich beim Namen
genannte – Naziherrschaft aus jahrhundertelangen Entwicklungen zu verstehen. Aber das leitende Ziel ist nicht Kritik der
Vergangenheit, sondern Verständigung über die Tendenzen, in
denen eine neue Epoche sich ankündigt. »Mit genauestem Recht«,
heißt es in dem Buch, »kann man sagen, daß von jetzt an ein neuer
Abschnitt der Geschichte beginnt.« Im herannahenden Zeitalter
sieht Guardini im Grunde sogar mehr als bloß eine Epoche. In
seiner Sicht ist der Augenblick gekommen, in dem der Mensch sich
entweder endgültig verliert oder sich so verwirklicht, wie es seiner
ewigen Bestimmung entspricht. Es ist das Kierkegaardsche Entweder-Oder, unter das Guardini die Geschichte zwingen möchte. Wie
Kierkegaard ist auch er überzeugt, daß der Mensch seine ewige

Bestimmung nur im Offenbarungsglauben findet.

Auch dies gehört zur Signatur der damaligen Situation. Das Buch ist nicht zuletzt ein Dokument des Engagements, das die vom Faschismus unversehrt gebliebenen Christen nach und auch schon vor der Niederlage Hitlers in die gemeinsame Besinnung der Deutschen auf ihre Zukunftsaufgaben eingebracht haben. Wie gewiß jeder, dessen Hoffnungen auf einen wirklichen Umbruch durch die nachfolgenden Restaurationsbewegungen enttäuscht wurden, das Entscheidungspathos des Buches beim Wiederlesen fast mit Wehmut aufnimmt, so wird insbesondere der Christ sich schmerzlich berührt fühlen, wenn er Guardinis Prognose einer umfassenden Alternative von entschiedenem Christentum und unverbrämtem Antichristentum mit der tatsächlichen Indifferenz in der Gegenwart vergleicht.

Allerdings kann heute niemand, wo immer er auch stehen mag, über die Fragwürdigkeit des ganzen Unternehmens hinwegsehen. Der Inhalt des Buches kann in wenigen Sätzen zusammengefaßt werden: Die Neuzeit entfaltet sich in der Ausbildung des Begriffs einer in sich ruhenden Natur, in der Apotheose der menschlichen Subjektivität als autonomer Persönlichkeit und in der Entstehung der Kultur als eines eigengesetzlichen Zwischenbereichs, dessen Subsysteme sich ebenfalls immer mehr verselbständigen und ausdifferenzieren. Natur, Subjektivität und Kultur gelten als letzte Gegebenheiten, aus denen alles seinen Sinn empfängt. Daß die Neuzeit zu Ende geht, bedeutet: diese Ideen versinken.

Indessen eröffnet sich dem Menschen gerade hiermit die Chance, nun endlich »Person« zu werden, das heißt die Verantwortung, in die Gott ihn gerufen hat, auf sich zu nehmen. Diese Zuversicht basiert auf der Annahme, daß Personalität und Individualität sich gleichsam umgekehrt proportional zueinander verhalten. Der Mensch muß – das ist das Axiom Guardinis – erst die natürlichen und kulturellen Reichtümer verlieren, die ihm seine individuelle Selbstverwirklichung ermöglicht haben, um die wesentliche Armut seines auf sich gestellten und zugleich absolut beanspruchten Personseins erfahren zu können. Die Heraufkunft der Masse verlangt zwar den Abschied vom Persönlichkeitsideal, nicht hingegen den Rückzug der Person, für deren Existenz sie vielmehr erst die angemessenen Bedingungen schafft.

Was Guardini, verschleiert durch vornehme Ferne von den historischen Realitäten, in alledem wirklich reflektiert, ist der Zerfall der bürgerlichen Welt. Der Gedanke einer Affinität von Person und Masse birgt auch jetzt noch ein progressives Potential, das den ideologisch konstruierten Gegensatz von Personalismus und Kollektivismus aufzusprengen vermag. Wer das Buch fast dreißig Jahre nach seiner Konzeption wieder in die Hand nimmt, wird jedoch zunächst einmal das darin formulierte Verständnis der Neuzeit mit Fragezeichen versehen müssen.

Die Subjektivismuskritik Guardinis wirkt oberflächlich, nicht nur weil sie sich – im Sinne Heideggers – vornehmlich gegen eine individuelle Persönlichkeit richtet, die bloß Symptom des vorstellend-herstellenden Verhältnisses zum Seienden im ganzen ist, sondern auch und mehr noch aufgrund ihres Unvermögens, die Neuzeit aus übergreifenden Zusammenhängen verständlich zu machen. Auf der anderen Seite hat uns Hans Blumenbergs Insistieren auf einer »Legitimität der Neuzeit« eines Besseren belehrt. Auf seinen Schultern stehend, sehen wir heute, daß die Subjektivismusthese, sei sie nun seinsgeschichtlich begründet oder Ausdruck christlicher Sorge um den Menschen, generell zu kurz greift.

Sie greift zu kurz, weil sie sich nicht genügend auf ihren Gegenstand einläßt. Im vorliegenden Falle ist ihre Reichweite um so beschränkter, als sie sich mit der Säkularisierungsthese verbindet. Guardini meinte noch von der »Unwahrheit des Autonomiegedankens« reden zu dürfen, ohne sich rechtfertigen zu müssen, weil er überzeugt war, daß aus dem Abfall vom Glauben nur der Empörungsglaube des Autonomismus hervorgehen kann.

Wenn es Guardinis Interpretation der Neuzeit dermaßen an Fundiertheit mangelt, dann kann auch seine These über das Ende der Neuzeit nicht einleuchten. Sie leuchtet heute weniger ein denn je. Wie brüchig die Grundlagen sind, auf denen sie ruht, zeigt beispielhaft die Behauptung eines Wandels der Naturauffassung. Den neuzeitlichen Naturbegriff entnimmt Guardini dem Fragment »Die Natur« aus Goethes Tiefurter Journal von 1782. Daß Goethe die Natur als die alles umfangende Mutter preist, soll kennzeichnend sein für die Neuzeit überhaupt. Dabei bleibt im dunkeln, wie das hingebende Naturvertrauen sich zu dem »Gefühl der Preisgegebenheit, ja der Bedrohung« verhält, das derselben Theorie zufolge den neuzeitlichen Menschen im Anblick des entgrenzten Weltalls überkommt.

Dem rückwärtsgewandten Propheten entgeht, daß beide, die neuzeitliche Naturfrömmigkeit und die neuzeitliche Naturangst, den Willen zur Naturbeherrschung, den sie aufgeben, je auf ihre Weise durchaus auch bezeugen. Die Angst entspringt der Ohnmacht, die mit dem Willen zur Macht zusammenhängt; und die fromme Verehrung kompensiert, geschichtlich gesehen, nur die Gewalttätigkeit. Indem Guardini diese Dialektik übersah, verstellte er sich auch die Möglichkeit, das, was er als Ende der Neuzeit deutete, als deren Vollendung wahrzunehmen. Nicht die Bedrohung durch die Natur müssen wir fürchten, sondern ihr Verschwinden. Das Verschwinden der Natur aber wäre die letzte Konsequenz ihrer seit den Anfängen der Neuzeit betriebenen Ausbeutung.

Im Rückblick wird man sagen müssen, daß Guardini seinen Anspruch, »zu zeigen, wie tief die Umlagerung greift, die überall vor sich geht«, paradoxerweise eben deshalb nicht erfüllt, weil er die geschichtliche Kontinuität unterschätzt. Deren Vernachlässigung zeigt die durchgehende Ungeschichtlichkeit seines Ansatzes. Die Epochen werden beschrieben, als bedürfe ihre Genese, auf die sich das Interesse gegenwärtiger Geschichtsforschung konzentriert, keiner Aufklärung und als sei ihre Einteilung, von Historikern seit Beginn der fünfziger Jahre zunehmend mehr in Zweifel gezogen, wie selbstverständlich vorgegeben. In Wirklichkeit ist die Neuzeit, die uns das Buch darbietet, ein Konstrukt.

Von besonderer Art ist die Ungeschichtlichkeit dessen, was Guardini »das Kommende« nennt. Seine gedruckten Ausführungen hatten ursprünglich den Zweck, eine Vorlesung über Pascal einzuleiten. Das »Christliche Bewußtsein« aber, das der Titel seines schönen Pascal-Buches von 1934 beschwört, bezieht er in seine Beschreibung der Neuzeit nicht ein. Er betrachtet es wie ein exterritoriales Gebiet, wie eine Insel, die aus dem Strom neuzeitlicher Bewußtseinsgeschichte herausragt.

Auf dieser Insel hat, so scheint er anzunehmen, die Substanz überdauert, die mit dem Ende der Neuzeit in die Geschichte heimkehren soll. Ein solches Konzept schließt nicht nur jede für die moderne Theologie so wichtig gewordene Theorie des neuzeitlichen Christentums aus. Es entlastet sich auch von der Aufgabe, das Christentum der Zukunft in den historischen Kontext einzuzeichnen und selber geschichtlich zu denken.

Daß das Buch nichts Neues voraussagt, sondern nur die Möglichkeit der Wiederkehr des Alten, hat die Nicht-Christen schon 1950 bewogen, es rasch beiseite zu legen. Nach Anbruch des letzten Viertels unseres Jahrhunderts werden es auch die Christen, die sich damals von seinem Appell zur Erneuerung betroffen fühlten, antiquiert finden, und zwar aus demselben Grunde. Aktuell ist es nur noch, sofern man an ihm studieren kann, um wieviel prekärer die Lage des Christentums geworden ist und wie sehr dementsprechend die Schwierigkeiten christlicher Kulturkritik und Zeitdiagnose gewachsen sind. Selbst die Religiosität, die durch das Erschlaffen utopischer Sehnsüchte einen gewissen Auftrieb bekommen hat, widerlegt noch die Prognose. Denn sie ist bestenfalls richtungslos und keineswegs die christliche, als die allein Guardini sich künftige Religiosität vorstellen konnte.

Eine Art negativer Aktualität gewinnt das Buch vor allem durch den heilsamen Schrecken, den seine Behandlung des christlichen Erbes dem durch Ernst Blochs Werk hindurchgegangenen Leser einjagt. Daß die Neuzeit den Offenbarungsglauben hinter sich läßt und gleichwohl das darin verwurzelte Ethos bewahrt, beurteilt Guardini als »Unredlichkeit«. Demgemäß fordert er: »Der Nicht-Glaubende muß aus dem Nebel der Säkularisationen heraus. Er muß das Nutznießertum aufgeben, welches die Offenbarung verneint, sich aber die von ihr entwickelten Werte und Kräfte angeeignet hat.«

Da der so selbstsicher Glaubende eine moderne Kultur, die auf diese »Werte und Kräfte« verzichtet, für unmöglich hält, weiß er, was er tut: Er verfügt über alle, die sein Entweder-Oder nicht begreifen wollen, die Vorhölle der Barbarei. Man fragt sich nur, warum es der Forderung überhaupt noch bedarf. Denn angeblich verschwindet mit dem Glauben die von ihm geprägte Menschlichkeit von selber. Weder verschwindet sie jedoch ohne weiteres, noch kann der Glaubende wünschen oder gar fordern, daß sie verschwindet. Denn ihr historischer Ursprung ist, auch wenn er verleugnet wird, kein Beweis ihrer Unrechtmäßigkeit. Daß der einfühlsame Interpret religiösen Dichtens und Denkens sich dieser schlichten Einsicht verschlossen hat, entrückt seinen Versuch von 1950 in eine Vergangenheit, die keine orentierende Kraft mehr besitzt.

Aufruf zur Rettung des dritten Menschen

Alfred Weber: »Der dritte oder der vierte Mensch« (1953)

NICOLAUS SOMBART

·   *Dem Andenken Else Richthofens gewidmet*

Nicht ohne Spannung, ja innere Erregung, nahm ich den schmalen Band zur Hand, den ich vor nun schon mehr als zwanzig Jahren zum ersten Mal gelesen habe. Gelesen? Als das Protokoll langer mündlicher Auslassungen überflogen, weil das, was sein Autor, der 1953, als das Buch erschien, noch lebte, der außergewöhnliche alte Herr in der Dachstube, Heidelberg, Bachstraße 24, zu sagen hatte, mir ohnehin vertraut war. So fasziniert ich seinen leidenschaftlichen Extemporationen im privatissimum lauschte, so sehr litt ich unter seinem schlechten Stil. Jetzt, wo ich mir den Text einmal genau angesehen habe, komme ich aus dem Staunen nicht heraus. Das Buch ist noch viel interessanter, als es mir in Erinnerung geblieben war.

Es ist still geworden um Alfred Weber, es ist sogar schick, bei Erwähnung seines Namens, wenn man ihn überhaupt noch kennt, süffisant zu lächeln. Heidelberger Schule? Kultursoziologie? Das tun die jungen Damen und Herren mit einer Handbewegung ab. Dabei kann man nicht sagen, daß Alfred Weber bewußt vergessen wurde. Er geriet einfach aus dem Blickwinkel heranwachsender Gesellschaftswissenschaftler, für die erkenntniskritische, methodologische und wissenschaftstheoretische Fragen in dem Maß an Bedeutung gewinnen mußten, in dem sie der Faszination, die von großen Konzeptionen ausgeht, zu mißtrauen gelernt hatten. Die Wiederentdeckung Max Webers und das Luxurieren der Frankfurter Schule sind dementsprechend charakteristisch für eine dogmatische Wissenschaftsfrömmigkeit, in der rabulistisch-talmudistische Textinterpretationen das Gefühl vermitteln, im Besitze der Wahrheit zu sein, weil sie von den Risiken des offenen Denkens dispensieren.

Um Alfred Weber zu folgen, genügt es nicht, ein Buch genau zu kennen, einen Autor, einen Jargon. Er setzt Bibliotheken voraus. Darin ist er der vielleicht letzte, durch ein biologisches Wunder in unsere Zeit hereinragende Repräsentant der bürgerlichen Geisteswissenschaften der imperialistischen Ära, in der sich europäische Daseinserhellung und Weltherrschaft in gewaltigen, die gesamte Geschichte der Menschheit umfassenden planetarischen Synthesen reflektierten. Alfred Weber gehört sicher in die Reihe derer, in denen der Hegelsche Geist – ein Denken in Jahrtausenden und Kontinenten, als dem ausgezeichneten Modus eines säkularen und säkularisierten Selbstverständnisses – zu voller Entfaltung kam. Seine »Kultursoziologie« steht, wie die Werke Saint-Simons, Auguste Comtes und Karl Marx', in dieser Tradition und gehört zum Genre der geschichtsphilosphischen Systeme, das inzwischen ebenso verfallen ist, wie die europäische Weltherrschaft – und der große europäische Roman. Sein Universalismus ist ebensosehr ein später Abglanz der Universalität der deutschen Universitas des XIX. Jahrhunderts, wie derjenige Toynbees eine letzte geistige Blüte des britischen Empires war.

Dabei ist Alfred Weber alles andere als ein Epigone. Das Erstaunliche an ihm liegt darin, daß dieser Nachzügler des neunzehnten Jahrhunderts ein Pionier eines neuen Denkens von atemberaubender Progressivität und Aktualität werden konnte, dem es gelang, die *nach*europäische, *nach*bürgerliche Welt mit derselben Unbefangenheit und vormärzlichen Menschheitsgläubigkeit zu deuten, mit der er die Vergangenheit der Menschheit gedeutet hatte – den das epochale Krisenbewußtsein nicht verdüsterte, sondern der unverzagt weiter nach dem Weg suchte, auf dem es weitergehen konnte. Das unterscheidet ihn besonders von Spengler.

So ist Alfred Weber als Achtzigjähriger in einem Buch, wie dem, das wir hier in Erinnerung bringen, ein Vorläufer gewesen, was wir überhaupt erst heute richtig würdigen können, nachdem sich unter dem wachsenden Druck der Weltprobleme – Energiekrise, Übervölkerung, Unterernährung, Ausweitung der Atomgefahr, Verschmutzung der Meere und der Atmosphäre, Ungleichgewicht der reichen und der armen Länder – der vorübergehend verlorengegangene Sinn für das Ganze der geschichtlich-gesellschaftlichen Wirklichkeit und der Bestimmung des Menschen in der Weltöffentlichkeit wieder Geltung zu verschaffen begonnen hat und sei es auch in der Charaktermaske neuartiger Spezialwissenschaften, wie der Zukunftsforschung und der Ökologie.

Wenn Alfred Weber noch in der »Geschichte« wurzelte, so hat er doch den »Abschied von der bisherigen Geschichte« proklamiert, was natürlich heißt: Abschied von der europäischen Geschichtsphilosophie des XIX. Jahrhunderts. Er ist damit in den Raum vorgestoßen, in dem das Verhältnis von Mensch und Erde in planetarischen Dimensionen zum Gegenstand einer »nuova scienza« werden mußte, die anthropologische, soziologische, ökonomische, demographische und ökologische Probleme als ebensoviele Aspekte der Art- und Erdgeschichte zu artikulieren versteht. Vielleicht war Alfred Weber der allererste, der als Einzelkämpfer, als bürgerlicher »Selbstdenker« das Menschheitsbewußtsein an die Schwelle begleitet hat, von der ab es fürderhin nur mehr von mit Computern arbeitenden interdisziplinären Teams weitergeführt werden kann. In seinem Denkansatz, in seiner Problemstellung, in seiner absoluten Offenheit, was die Methoden betrifft, in seiner Sorge um die Zukunft der Gattung – deren Überlebenschancen er gering einschätzt –, steht er an derselben Stelle, wie der »Club of Rome«. Was ihn von diesem unterscheidet, ist, daß er unendlich viel mehr weiß.

Seine Ausgangsposition ist in aller Bescheidenheit die des »beobachtenden Soziologen«, dem es um die »Klärung der generellen soziologischen Rahmenbedingungen« geht, innerhalb derer sich die Fortentwicklung der Menschheit als Gattung vollzieht. Zu seinem methodischen Instrumentarium gehört die Distinktion von Sozialstruktur, Kultursphäre und Zivilisationsprozeß – drei Komponenten des »geschichtlichen Gesamts«, auf deren wechselseitiges Verhältnis und einzigartige Interrelation die aufeinanderfolgenden universalgeschichtlichen Epochen und die sie beherrschenden »Geschichtskörper« befragt werden müssen, die in ihrer jeweiligen Ausformung eine je spezifische Variante der Spezies »Mensch« produzieren.

So ist vom »ersten, »zweiten« und »dritten« Menschen die Rede. Kontinuität und Einheit der Menschheitsentwicklung wird quer zu den verschiedenen Geschichtskörpern durch den Zivilisationsprozeß gestiftet. Es ist das frühe Verdienst Alfred Webers gewesen, diesen Prozeß als den Parameter einer progressiven und letzten Endes nicht umkehrbaren scientistisch-technologischen Daseinserhellung und -bewältigung identifiziert zu haben, an dem sich die Veränderung der Gattung nicht nur in ihren historischen Erscheinungen, sondern als artgeschichtliche, anthropologische Transformation ablesen läßt.

Die »chaotischen Krisenerscheinungen«, von denen wir heute umgeben sind, lassen erkennen, daß dieser Umwandlungsprozeß nunmehr in eine Phase eingetreten ist, aus der die Gattung Mensch – wenn sie überhaupt physisch überlebt – als etwas total

Neues und Anderes, allen Anzeichen nach, für das tradierte Selbstverständnis wenigstens, Entsetzliches, Unmenschliches hervorzugehen droht. Dieses Unheil, das da heraufzieht, dieses Ungeheuer, das sich überall ankündigt, in uns und um uns, bezeichnet Alfred Weber ganz unpathetisch mit dem mageren Terminus technicus: der »vierte Mensch«.

Der »dritte Mensch«, das braucht wohl kaum gesagt zu werden, ist der geschichtliche Mensch der Neuzeit, der »homo europeensis« – ein fragiles Produkt der letzten, äußerst kurzen Evolutionsphase der Menschheit. Dieser Menschentyp, der einen um die Idee der Freiheit und der Menschlichkeit integrierten ich- und persönlichkeitsbezogenen Daseinsmodus herausgebildet hat, stellt vielleicht einen Höhepunkt menschlicher Selbstentfaltung dar; es ist ihm aber nicht gelungen, die seinen Bedürfnissen adäquaten Sozialstrukturen zu stabilisieren, vielmehr hat er, als letzter Agent des Zivilisationsprozesses, Automatismen in Gang gesetzt, die nicht nur seine Weiterexistenz, sondern auch das Fortbestehen seiner Lebensbasis aufs äußerste in Frage stellen.

Von Fortschritt ist nicht mehr die Rede. Was wir erleben, ist das Gegenteil: die Ausbildung und Verhärtung neuer Sozialstrukturen, in denen die technologischen Errungenschaften des Zivilisationsprozesses mit den in sie eingebundenen Individuen Verbindungen eingehen, die ihre psychische und geistige Desintegration zur Folge haben. Weber spricht von der »Gesamtverapparatung«, die den Menschen erfaßt und ihn im Extremfall zum »Roboter einer bürokratisch-autokratischen Terrormaschine« macht. Die amerikanischen Analysen des »organisation man«, nicht weniger in Rußland, für die ein Solschenizyn die letzten Belege geliefert hat, führen uns vor Augen, wohin die Aufspaltungstendenzen führen. Aber wir erleben auch in Europa in unzähligen Einzelsymptomen die Heraufkunft des »vierten Menschen!«

Webers kultursoziologische Deutungsversuche dieses Phänomens gehen weiter und schürfen tiefer als alles, was eine larmoyante Zeitkritik bisher darüber zu sagen gewußt hat. Er versucht den Prozeß der Regression, des Zerfalls des »dritten« Menschen, an seiner anthropologischen Wurzel zu fassen. Im Zentrum seiner Überlegungen steht darum eine ebenso offene wie radikale Anthropologie, die sich gleichermaßen frei zu halten sucht von theologischen und philosophischen Dogmen (besonders denen, die säkularisierte Theologie sind) wie von den rein biologisch-zoologischen, um zunächst einmal Aufschluß über die prinzipielle Wandelbarkeit und Plastizität des Menschen als gesellschaftlichem

Wesen – die durchaus variable Fixierung der Spezies auf bestimmte, nicht nur historische, sondern auch psychosomatische Typen – zu suchen.

Dabei scheut er sich nicht, auf dem Boden eines dezidiert diesseits fundierten Daseinsverständnisses, die unmittelbare Erfahrung nach Wesen und Wirksamkeit von »hinter den Phänomenen wirkenden Mächten« zu befragen, deren prägende Kraft in der Kultursphäre vielleicht ihren deutlichsten Ausdruck findet, ohne die aber – und das zu sehen und zu sagen ist sicher Alfred Webers größtes Verdienst – kein Aspekt der Menschheitsgeschichte verstanden werden kann. Nur unter Einbeziehung dieser »Mächte« in das Blickfeld des »beobachtenden Soziologen« scheint es ihm möglich, den Transformationsprozeß, dessen Zeuge wir sind, vollständig zu erfassen, unsere Position darin zu bestimmen und unser Handeln zu einem sinnvollen zu machen.

Um diese numinosen Kräfte zu bezeichnen, die wir als »Werte« erleben und die allen unseren Vorstellungen – vom Guten und Bösen, vom Schönen und Häßlichen, vom Niedrigen und vom Erhabenen – zu Grunde liegen: die allem, was besteht, in der Natur, zu der auch der Mensch mit seiner Geschichte gehört, seine spezifische Bedeutung verleihen, hat Weber keinen besseren Begriff gefunden, als den der »immanenten Transzendenz«. Ein terminologisches Unding, gewiß, aber es zeugt von der Zurückhaltung und intellektuellen Redlichkeit dessen, der sich seiner bedient. Der Kampf des »dritten« und »vierten« Menschen ist ihm schließlich ein Kampf dieser Mächte in uns.

Weber sucht nach Kriterien, um das Wirken der Mächte »hinter dem Wirken der Menschen« zu deuten, um es uns möglich zu machen, für diejenigen zu optieren, die unser »Überleben« bewirken könnten. »Die positiv erfahrenen Mächte sind universalisierend und dadurch befreiend. Sie fügen uns in eine Weite und erlösen und befreien uns damit von dem Eingesperrtsein in unsere subjektive Enge. Die negativen aber sind partikularisierend. Sie verengen oder isolieren uns, sie haben in dieser Verengung und Isolierung den Effekt, sofern sie praktisch wesentliche Mächte sind, unsere Anlagen der Gewalt, des Hasses und der Zerstörung zu wecken.«

Es geht also um die Klärung der »grundsätzlichen Verbindung zwischen unserem Aufgebautsein aus in der Lagerung variablen Anlagekomplexen und diesen Mächten«, »die außer uns inkorporiert und zugleich als Anlagemächte in uns existent und wirklich sind und die höchst aktiv aus sich selber sind und fortgesetzte

Entscheidungen fordern«. Aber »dies nur als ein allgemeines Schema, ohne daß ich schon jetzt und hier der außerordentlichen Verzweigtheit dieser in absichtlicher Vereinfachung zunächst einmal ins Bewußtsein gehobenen Phänomenwelt nachgehe«. Pianissimo. Versuchsweise: »Man lügt für die Gesamtstrukturbetrachtung der Geschichte nicht völlig, wenn man sagt, die Außenstrukturierung sei heute zu einer Funktion der Innenstrukturierung geworden.«

Wenn man näher hinschaut, wird man erkennen, daß die Analysen des »beobachtenden Soziologen« hier an jene Grenze stoßen, an der jede Kulturtheorie ihre Probe bestehen muß – die Grenze, an der die Unterscheidung von Innen und Außen entfällt. Jede Gewißheit hört auf, und Arbeitshypothesen werden leicht zu Mythologemen, deren Evidenz kein Syllogismus mehr erweisen kann, sondern nur subjektive, nicht falsifizierbare Erfahrung, die in der Geschichte der Mythen und in den Chiffren der Kunst ihren einzigen und letzten Legitimationsgrund findet. Alfred Weber steht hier an derselben Schwelle, an der Sigmund Freud (derjenige seiner Altersgenossen, mit dem er in seiner anthropologischen Tiefenforschung vielleicht mehr gemein hat als mit irgendeinem anderen) seine Versuche, die Trieblehre zu einer Kulturphilosophie auszubauen, abgebrochen hat. Was beide gleichermaßen auszeichnet, ist der Mut, die Radikalität und die völlige Unvoreingenommenheit ihres Denkens.

Alfred Weber ist total undogmatisch, eklektisch, synkretistisch – wenn man will: unwissenschaftlich. Ihm fehlt die harte, militant aggressive »preußische« Rationalität seines Bruders. Diese »Sanftheit« ist seine Stärke. Und das erklärt auch seine Sprache, die nicht der inneren Logik und terminologischen Stringenz eines »Discours« folgt, der sich immer schon auf ein System bezieht, sondern die Hilflosigkeit und Demut eines unsystematischen Sichherantastens ans Unbekannte hat. Er ringt mit den Worten. Er verzichtet auf jede Sprachmagie, auf den trügerischen Reiz der brillanten Formulierung, des suggestiven Paradoxons, des dialektischen Kalauers. Es fehlt bei ihm jeder Anspruch auf sprachliche Perfektion, er sucht nicht den Leser zu überrumpeln, sondern in den Strudel eines Denkprozesses hineinzureißen, er will ihm nie definitive Ergebnisse vorlegen, sondern ihn an einem Lernprozeß, an einer Exploration, teilnehmen lassen.

Sein Stil ist das Gegenteil von »Jargon«. Den Naphtas und Settembrinis gegenüber ist er ein rechter Peeperkorn. So schert er sich den Teufel um das Verdikt Wittgensteins, demzufolge man über das, worüber man nicht sprechen kann, zu schweigen hat. Gerade das, und er wäre durchaus bereit, es als das »Mystische« zu qualifizieren, interessiert ihn. Gerade darauf, was unsere Sprache uns versagt, auf das Unsagbare (und darum nicht weniger Existierende) kommt es ihm an.

Trotzdem will Alfred Weber durchaus praxisbezogen sein. Der »vierte Mensch« ist eine Gefahr, aber keine Fatalität. Weber glaubt, daß es möglich ist, die Kulturerrungenschaften des »dritten Menschen«, so prekär sie auch immer sein mögen, in eine neue Ära hinüberzuretten. Voraussetzung dazu ist allerdings ein klares Bewußtsein der Lage, in der wir uns befinden. Was uns daran hindert, dieses Bewußtsein zu gewinnen, ist nicht die Kühnheit spekulativen, intuitiven Denkens, sondern ein dogmatischer Begriff von Wissenschaft.

»Das muß man sehen: Die Gefährdung auf der einen und die Rettungsmöglichkeiten auf der anderen Seite. Die Gefährdung auf der einen Seite: niemand, auch der auf höchster autoritärer Warte Stehende, darf, sich in Dogmen hüllend, an dieser Situation vorbeisehen und Verhaltensregeln geben, als ob die Gefahr nicht bestünde, daß die Menschheit durch weiter fortschreitende Vermehrung in den Zustand von einander auffressender Heuschreckenschwärmen hineingerät. Niemand darf sich hiergegen blind stellen und seine Autorität dazu mißbrauchen, die Abkehr von diesem Wege zu verhindern.«

Wir müssen den Prozeß der Desintegrierung aufhalten! Der Spaltung und inneren Auflösung sind besonders die mit der Gesamtverapparatung und Bürokratisierung entstandenen halbintellektuellen Mittelschichten ausgeliefert, die Funktionäre und Angestellten, alle, die man heute zum tertiären Sektor zählt, der auch ständig weiter anschwillt. Nicht nur von ihren seltsamen, praxisfernen Arbeitsbedingungen, gerade auch von ihren nichtbewältigten Freizeitmöglichkeiten her erscheinen sie als gefährdet. Die Arbeiterschaft hingegen hielt Alfred Weber für durchaus resistent und für positive geistige Impulse aufgeschlossen.

Nach dem Zweiten Weltkrieg hat er das politische Engagement nicht gescheut, sondern gesucht. Er wurde Mitglied der Sozialdemokratischen Partei, wo er natürlich in den Schumacherschen Zeiten ein Außenseiter bleiben mußte. Doch gehört er zu den ersten, die das Konzept eines freiheitlichen Sozialismus, eines »Sozialismus mit menschlichem Antlitz«, zu formulieren unternahmen. Er hat die Wendung zum Godesberger Programm mit vorbereiten helfen. Seine Übung war – bis zu seinem Tode – am schwarzen Brett angekündigt unter dem Titel: »Sozialismus und Demokratie«.

Alfred Webers Buch: »Der dritte oder der vierte Mensch« ist erstaunlich wirklichkeitsbezogen und visionär zugleich. Es ist sein vielleicht bestes, sein kürzestes, sein klarstes Buch. Im Grunde ein Manifest, ein Appell, ein Testament. Wenn eine derartige Bezeichnung noch einen Sinn haben sollte – und der Attitüde des Kulturpessimismus gegenüber, die unter bürgerlichen Zeitkritikern sonst de rigueur ist, hat sie das vielleicht –, wäre zu sagen, daß Alfred Weber immer ein Optimist war. Er gehörte nicht zu denen, die aus der Verachtung der Menschen ihre Stärke ziehen; in ihrer Gefährdung liebte er sie. Immer ist er auf dem langen Marsch in das Gelobte Land geblieben. »Tritt man, von der Not gezwungen, endlich aus dem bisherigen bloß naturhaften Verhältnis zwischen Mensch und Erde hinaus in ein rational überlegtes und geformtes, das wilden Expansionstrieben die Zügel anlegt, so wird sich das über die gesamte Daseinssphäre hin auswirken und sie dem Wesen nach verändern. Es werden sich ein anderes seelisches und geistiges Klima und ganz neue und andere Daseinsmöglichkeiten einstellen.«

Ich bin mir sehr wohl bewußt, daß es Leute im heutigen Wissenschaftsestablishment gibt, die in Alfred Weber nicht mehr sehen können, als einen spätbürgerlichen professoralen Spinner. In einem Augenblick aber, in dem man in Frankreich daran geht, den »maîtres de pensées«, deren Gesellschaftsanalysen das Denken der europäischen Intelligenzia heute weitgehend beherrschen, den Prozeß zu machen – schließlich und endlich geht es ja nur wieder einmal darum, die Gültigkeit des Marxismus als letztes Wort der Menschheit über ihre Weiterentwicklung in Frage zu stellen –, ist es vielleicht geraten, Denkanstöße wieder aufzunehmen, die, wie diejenigen Alfred Webers, einen antiquierten Marxismus längst hinter sich gelassen haben.

Ich könnte mir durchaus vorstellen, daß, sagen wir einmal in zwanzig Jahren, wenn kaum noch ein Mensch weiß, wer Adorno war, die Stunde gekommen sein wird, in der Alfred Weber in seinen wahren Dimensionen, als weiser Seher, gewürdigt werden wird, der an der Schwelle des neuen Äons als erster das tellurische Kraftfeld der Transformation des Menschen für die Zukunft vermessen hat. Max Weber, wird man fragen, wer war das? Ach ja, der ältere Bruder von Alfred.

Der proletarische Bürger

Hans Freyer: »Theorie des gegenwärtigen Zeitalters«
(1955)

GÜNTER MASCHKE

1955. Schon zeichnet sich ab, daß Deutschland wieder eine führende Industrienation sein wird. Die Konsumkraft der Massen steigt ins bis dahin Ungeahnte. Der Glaube, daß man künftig alle Wirtschaftskrisen vermeiden kann, greift ebenso um sich, wie die Illusion einer baldigen, radikalen Kürzung der Arbeitszeit. Noch anstehende Probleme löst der technisch-wissenschaftliche Fortschritt, dessen Grenzen nicht vorstellbar sind. Der Klassenkampf geht zu Ende, und der Überfluß wird zum Hauptproblem der Ökonomie. Immer humaner wirkende Sachzwänge lösen die Herrschaftsverhältnisse – und damit die Politik – auf. Das Freizeitland des Industrialismus rückt nahe, und vielleicht dehnt es sich bald auf die ganze Welt aus.

Die Thesen dieser optimistischen Ideologie, die damals nicht nur die Massen erfaßte, sondern, mit welchen Differenzen auch immer, ebenso die Gesellschaftstheoretiker (z. B. Jean Fourastié, Colin Clark, Kenneth Galbraith, Peter Drucker), münden in der Überzeugung von der immer besseren Steuerbarkeit der Gesellschaft unterm Imperativ allgemeinen Wohlstands.

Die rasch reagierende Kulturkritik teilt diese Überschätzung des Industriesystems. Sie spricht, in Deutschland noch unter dem Eindruck des Zweiten Weltkrieges, von der dämonischen Technik, die den Menschen entwurzelt und vermaßt; vom immer perfekteren »Apparat« der technischen Zivilisation, der die Entfremdung verewigt. Die topoi der Kulturkritik nach 1918 kehren zurück und verbinden sich mit einer Kritik des Massenkonsums, der die Individuen zu prestigesüchtigen Marionetten eines Verbrauchswettbewerbs degradiert, mit einer Kritik der Massenmedien, deren Manipulationskraft niemand widersteht.

Gerade die beiden letzten Elemente erzwingen eine sozialwissenschaftliche Akzentuierung; das frühere kühne Hantieren mit geschichtsphilosophischen Konstruktionen wird seltener. Prototypisch dafür ist Hans Freyers 1955 erschienenes Werk »Theorie des gegenwärtigen Zeitalters.«

Was Freyers Buch heraushebt, ist die Nähe zur Empirie; immer wird versucht, die oft vorsichtig lancierten Thesen mit Hinweisen aus Forschung und Arbeitswelt, zur Entwicklung der Automation etc. abzustützen. Der Kenner der Wirtschaftsgeschichte (»Die Bedeutung der Wirtschaft für das philosophische Denken des 19. Jahrhunderts«, 1921), der Soziologe (»Soziologie als Wirklichkeitswissenschaft«, 1930), der Theoretiker der Planung (»Herrschaft und Planung«, 1933) – diese verschiedenen Dimensionen bleiben präsent. Doch war Freyer nicht nur ein Wissenschaftler von einigen Graden; er war, in seinen Anfängen, auch ein jugendbewegter Pathetiker (»Antäus«, 1922; »Prometheus«, 1923), danach ein revolutionär-romantischer Rechtsradikaler. Wenn man Freyers »Theorie« als sein Hauptwerk ansehen kann, so auch deshalb, weil hier alle diese Tendenzen zusammentreffen.

Je tiefer wir in das Buch eindringen, desto mehr wird der Analytiker, der Freyer sein will, überwältigt von dem Kulturkritiker, der er nicht sein will. Die Intentionen des frühen, revolutionär-rechtsradikalen Freyer melden sich unterschwellig, bestimmen die Denkrichtung.

1931 hatte Freyer, bevor er Nationalsozialist wurde, auf dem Hintergrund der damals in der intellektuellen Rechten gängigen Reagrarisierungsideologie, die »Revolution von rechts« gefordert. Diese Revolution des »Volkes« sollte das Industriesystem und damit die diesem eingebaute »Revolution von links« beseitigen. Die anti-industrielle Revolution kam nicht, auch und gerade nicht durch die Nazis. 1955 konnte Freyer nur feststellen, daß das Industriesystem endgültig etabliert war. An seine Umwälzung war nicht mehr zu denken, selbst Widerstand gegen die immer reibungsloser laufende große Maschine war sinnlos – die Frage war nur noch, wie man sich in der hinzunehmenden Realität einrichtete.

Diese neue Realität ist das »sekundäre System«. Das sekundäre System ist als soziale Struktur »so gebaut, daß keine vorgefundene Ordnung in es aufgenommen, keine eingebrachte Eigenschaft anerkannt, auf keine vorausliegende Gültigkeit vertraut und mit keiner gerechnet wird; vielmehr soll alles, was in diese Struktur eingeht, in ihrem Bauplan vorgesehen und von ihren Antrieben in Bewegung gesetzt sein«. Geschichtlich geprägte Strukturen lösen sich auf, und der andere wird auf das Minimum an Mitmenschlichkeit reduziert, das zum Funktionieren des Ganzen nötig ist. In früheren Systemen wurde der ganze Mensch »vollgenommen« und »angesprochen«; Treubruch, Verrat, Kränkungen waren wie »Schicksale«, jetzt kommt alles herunter auf »moralische Betriebsunfälle.« »Frühere Sozialordnungen hoben den Menschen mitsamt der Erde aus, in der er wurzelte, und pflanzten ihn so in sich ein. Die sekundären Systeme beschäftigen ihn als eine Arbeitskraft, die den Kategorien und Tarifen des Systems eingepaßt ist, und nur in dieser Umformung beschäftigen sie ihn voll.«

So steigern sich Reduktion und Entfremdung des Menschen permanent. Eine der subtilsten Methoden dazu ist der Lebensstandard, denn durch ihn »wird der Mensch auf den Normalverbrauch reduziert, z. B. chic in allen Lebenslagen von DM 17,80 bis zu mehreren Tausend, motorisiert vom schweren Wagen bis zum Kleinmotor am Fahrrad«.

Das sekundäre System ist nicht »auf gewachsenem Grund, das heißt, im schon gestalteten sozialen Raum, gebaut«. Dennoch entwirft es sich bis ins Innerste der Subjekte hinein. Aufforderung und Erfüllung, die Chance und der Wettbewerb um sie, die Spielregel und die Spieler werden einander angepaßt, und es entsteht eine Rationalität, »die nur von den Institutionen her« vorangetrieben wird. Der Mensch, das ist: seine Stellung im Sachprozeß. Und genau damit ist die maximale Entfremdung erreicht, und die Gesellschaft wird zur Ansammlung von – Proletariern.

Denn der Proletarier ist der Mensch, »der unter ein Sachsystem subsumiert worden ist, daß Antriebe, die ihm selbst entspringen, nicht mehr zum Zuge kommen«. Während der klassenkämpferische Inhalt des Begriffs sich auflöst, erfährt er seine Steigerung ins Prinzipielle: alle sind Proletarier, weil alle psychisch Verelendete sind. Alle werden gelebt, anstatt zu leben. Alle sind fremdorientiert durch die anonyme Gewalt der Sachverhältnisse. Alle Individuen werden zu Schnittpunkten von Funktionen. Und schließlich wird »der persönliche Charakter zur persönlichen Gleichung, die Heimat zum Aufenthaltsort, die Neigung zum Hobby, der Beruf zum Job«.

Hier trifft sich der resignierte Revolutionär von rechts mit seinen Nachfolgern, ja manchmal Plagiatoren: den resignierten Revolutionären von links. Es gibt kaum ein Element in Freyers Werk, das 1964 in Herbert Marcuses »One-dimensional man« nicht wiederkehrt: die Verdammung des Konsums als raffinierteste aller Reduktionen des Menschen – wohl, weil er dadurch »unwesentlich« wird –; die alle Bereiche durchdringende Macht technischer

Rationalität, die angeblich keine Zuneigung, keine Spontaneität, keine Leidenschaft, keine produktive Irritierung, kein Gespräch mehr duldet (über die Realitäten sieht man hinweg, und man muß die Frage stellen, ob Freyer und Marcuse jemals in einer Fabrik, in einem Büro oder in einer Behörde unter normalen Bedingungen arbeiteten); endlich die als fast unbeschränkt angenommene Manipulationskraft der Medien und die total werdende Bewußtlosigkeit der Bevölkerung. Selbst der magische Begriff der »Eindimensionalität« stammt von Freyer, ebenso die bei Marcuse wieder benutzte und überinterpretierte Beobachtung, daß technische Termini auf zwischenmenschliche Konstellationen angewandt werden: »checken«, »ankurbeln«, »abschalten« etc. Und 1964 erscheint auch Leo Koflers Buch »Der proletarische Bürger«, und nicht nur der Titel dieser marxistischen Schrift erinnert an Freyers Gedankengänge.

Diese Verwandtschaft konservativer und progressiver Kulturkritik ist eine deutsche Spezialität. Die Hegelianer von rechts und die Hegelianer von links nähren sich von den Resten, die ihnen das enteilende System hinwirft. »Das was ist, kann nicht wahr sein« (Ernst Bloch) ist das Dogma dieser obdachlosen Intelligenz. Entweder stilisiert sie die Vergangenheit zum idyllischen Bildchen (wie eifrig sie es auch bestreitet) oder die Zukunft, an die sie nicht mehr recht glaubt, als eine etwas komfortablere Seinsweise des alten Idylls.

Was alle wollen, ist die »Gemeinschaft«, die schon Tönnies 1887 in »Gemeinschaft und Gesellschaft« beschwor, die »Begegnung«, das »Wesentlichwerden« – die anderen sprechen vom »herrschaftsfreien Dialog«, »unverzerrter Kommunikation« etc. Das nennt sich Soziologie und ist doch nur Wortmaskenverleihinstitut. Während die konstatierende, analytische Sozialwissenschaft auf der Strecke bleibt, provoziert die monströse »Gesellschaft« rhetorisch eindrucksvollen Schauder.

Nun muß man Freyer zugute halten, daß er sich, mehr als andere aus der unübersehbaren Schar der deutschen Kulturkritiker, um Analyse bemüht. Er zeigt einige Folgen des Systems auf, die unbestreitbar sind. Für ihn besteht das System aus Spielregeln, die ebenso verbindlich sind wie willkürlich. So hat etwa der Rechtsverkehr, um eines seiner beliebten, wenn auch etwas albernen Beispiele zu erwähnen, dem Linksverkehr nichts voraus. Es gibt aber sicher viele solcher dominierenden Ordnungen heute, die den Menschen nie »ganz« erfassen. Die sanfte bürokratische Kontrolle fast aller durch fast alle ist eine Quelle diffusen Unbehagens. Aber gerade, weil der Mensch hier nie ganz erfaßt wird, immer nur Steuerzahler, Sozialleistungsbeanspruchender, Verkehrsteilnehmer, Freizeitsportler etc. ist, gerade deshalb vermag er auch auszuweichen, was er, etwa in der alten Dorfgemeinschaft, nicht konnte. Freyer sieht das auch zögernd ein. Doch überschätzt er fast immer, und sicher wider besseres Wissen, den Individualisierungsgrad früherer Gesellschaften. Daß, wer »in einem Abzahlungsgeschäft die Mahnkartei von A bis F führt«, sich kaum unentbehrlich fühlen kann, sei unbestritten. Hier muß tatsächlich die »gut verpaßte Ideologie« aushelfen und die Menschen integrieren, einen vage bleibenden Lebenssinn herstellen. Der Schwund an konkreten Erfahrungen durch den Verlust einer überschaubaren Welt, die ständige Reizung des Bewußtseins durch Informationen über das, was weit draußen oder weit oben geschieht (sei es ein Krieg in Fernost, eine Wirtschaftskrise in den USA, ein Regierungsumsturz in Übersee), schaffen eine nervöse Irritation, verbunden mit dem Zwang zum Engagement. Und dies, obgleich man nur Kenntnisse aus zweiter oder dritter Hand besitzt.

Hier haben manipulative Ideologien mit Welterklärungsanspruch ihre Eintrittsstelle. Aber was könnte an diesem Prozeß auch nur um ein Jota geändert werden? Entweder man träumt von der Ich-und-Du-Geselligkeit im Globalzusammenhang oder von den sinnerfüllten Zeiten, wo der Blick nur bis zum nächsten Kirchturm reicht. Was man für absurder hält, ist eine Frage des Naturells. Und daß die »großen, strotzenden Geisteskrankheiten« zuungunsten der »kleinen, zähen, spießigen Schizophrenien« verschwinden und »überraschende, aus dem Rahmen fallende Reaktionen, die geradewegs aus dem Mittelpunkt der Person kommen«, seltener werden, mag zutreffen. Doch ist dieser verständliche Romantizismus überwiegend Schreibtischkühnheit; hier wird die Geschichte zum dramatischen Cinema-Scope-Film, an dem sich die Kulturkritiker, längst im Besitz von Automobilen, Fernsehern, Wollwesten und Tranquilizern, laben. Die Angst, den brutalen Lebenskampf, den nackten und würgenden Mangel als etwas zu verklären, das die Menschen kraftvoller, wesentlicher, intensiver sein ließ, kann hingehen, wenn man entsprechende Erfahrungen hat oder bereit ist, für sie zu zahlen. Doch wenn Stubengelehrte, deren Handlungskreis reduziert ist, so daß ihr psychischer Innenraum überfüllt ist – um eine Wendung Freyers zu benutzen –, dies tun, darf man doch Skepsis entwickeln. Auf der Ebene eines ästhetischen Vitalismus haben solche Klagen etwas für sich. Doch diese Ebene ist nicht die der Soziologie. Vor allem wird hier die andauernde Abenteuerlichkeit, Gefährlichkeit, Gespanntheit der Zustände in der Moderne gar nicht gesehen, und der Vitalismus ist hier nur ein pathetisches Gefühl.

Freyer versteht sein sekundäres System als ein »anhand vieler gegenwärtiger Entwicklungen konstruiertes Modell, als den reinen Fall dieser Erscheinungen«. Schon deshalb ist dieses System viel offener, als er vorgibt, denn es wird, in seiner Sprache, konstituiert von vier »Trends«.

Der erste Trend ist die »Machbarkeit der Sachen«. Während Bauer und Jäger nicht »machen«, sondern »warten« – auf das Reifen und Werden –, hat es der Mensch jetzt mit Stoffen zu tun, »die nicht Partner des Lebens sind, . . . denen er seine Zwecke aufdrückt«. Die Bindung an die Natur geht verloren: Der Stoff wird herbeigeschafft oder ist bereits Kunstprodukt. Im zweiten Trend, der »Organisierbarkeit der Arbeit«, ersetzt die Maschine das Werkzeug. Der Mensch muß sich der Maschine anpassen, die Arbeit ist nicht mehr menschliches Attribut. Die »Zivilisierbarkeit« bedeutet Anpassung an Spielregeln, die nur aus den Zwängen der Sachwelt herrühren. Ihre Entlastungsfunktion sieht Freyer kaum. Die Modellierbarkeit der Psychen und der Gehorsamszwang gegenüber Abstrakta nehmen zu.

Diese drei Trends kulminieren in der »Vollendbarkeit der Geschichte«. Fortschritts- und Planungsideologien repräsentieren das tatsächliche Fortschreiten, das nur noch die bessere Beherrschung der Natur und größeren Wohlstand meint, nicht mehr, wie die Aufklärung, auch die »Veredlung der Sitten«. Für das »Machen« und »Planen« ist die Geschichte keine Vorgabe mehr. Die Möglichkeit zum menschlichen Glück werden gerade durch die Dynamik der Trends geringer. Wenn die Lage so ist, dann kann die Zukunft keine Hoffnung mehr sein, und nur eine Wiederbelebung der Kräfte der Vergangenheit kann solchen Weltschmerz des technischen Zeitalters lindern. Bei Freyer wird hier der Typ des »konservativen Revolutionärs« neu rekrutiert, der die soziale und technische Entwicklung akzeptiert, aber nicht bereit ist, ihr die »Ursprünglichkeit des Menschen« zu opfern. Dieses »konservative Handeln« (Ist es wirklich konservativ? Kann denn der Konservative glauben, die Summe des menschlichen Glücks und Unglücks sei derartigen Schwankungen ausgesetzt?) ist »paradox«, doch gilt es Freyer als die einzige Chance, damit die Geschichte wieder belebt wird und die Wandlungsfähigkeit des Menschen, die gerade im Prozeß totaler Anpassung Schaden leidet, erhalten bleibt: »Und ebenso könnte es sein, daß ein altes Kulturvolk den

Sprung in den Industrialismus tut und dabei Tugenden wie Scharfsinn, Verschwiegenheit, Enthaltsamkeit, Zuverlässigkeit und Treue, die sich an lauter alten Aufgaben diszipliniert haben, mit souveräner Sicherheit auf Fabrik- und Büroarbeit anwendet . . . Auf die Wandlungsfähigkeit des Mitgebrachten kommt es an . . ., es kann vieles darunter sein, was gegen die Schädigungen des sekundären Systems immun ist . . .«

Nur wer, wie Freyer oder seine spätmarxistischen, ihm so nahen Feinde, glaubt, daß der sozioökonomische und technische Unterbau das Gesellschaftsganze determiniert, mag diese überall festzustellenden Entwicklungen zu vagen Hoffnungen verdünnen. Etwas anderes ist die Frage des »Erbes«: man muß das Erbe ganz haben, um »es um sich, bei sich, in sich zu haben, um es ohne Schaden zu hüten . . . Diese Art der Gründung ist gleichsam nach unten offen. Sie konstruiert sich nicht bis zum Grunde durch.« Die raunende, zaghafte Beschwörung mündet zum Schluß in die realistische Zuversicht, daß »gerade beim Schaffen von Apparaten und anderen hochrationalen Gebilden sich zeigt, daß die ersten, die sich an diese Dinge wagen, sehr viel einsetzen und sich widerstandslos hingeben. Die nächste Generation ist dann bereits viel freier gegenüber der künstlichen Umwelt, viel gewappneter gegen ihre Gefahren, viel geschmeidiger in ihrem Gebrauch.«

Gerade dies ist eingetreten. Die Geschichte mag ein großes Maß an Unvorhersehbarkeit verloren haben, mag kristallisieren – aber sie ist dennoch nicht zu Ende, weil es unendlich viele Formen der Anpassung an den weitergehenden Prozeß gibt. Anpassung ist immer auch Bewältigung. Der Macht des sekundären Systems aber kann man sich nicht entziehen durch ein historisches Bewußtsein für die Massen, die wir alle sind, denn dieses Bewußtsein könnte sich nur in Mythologien der Substantialität verlieren. Und so bündig sind die Ratschläge der Geschichte nicht, die doch, vor allem anderen, ein so riesiges wie unordentliches Arsenal von Interpretierbarkeiten ist.

Und der einzelne? Arnold Gehlen, der Schüler Freyers, der ihn an Bedeutung und analytischer Schärfe weit übertraf, notierte einmal: »Die Askese muß gerade zum kaum Leistenden hinführen, und das wäre heute der Verzicht auf die Vorteile der öffentlichen Meinung, auf die Montagen des Einverständnisses und die facilités des Schwachstrom-Lebensersatzes.« Nur derart kann der Ansturm der Ideokraten abgewehrt werden, nur derart der Ansturm schweifender Subjektivität, die, als Notwehrreaktion, die

Antwort auf das immer enger werdende Netz der Spielregeln ist. Eine Lebenslehre für Kollektive ist das nicht.

Freyer aber steht auf gegen die Sachzwänge der Industriekultur, die, wenn sie auch die erschütterten Institutionen nur unvollkommen ersetzen, als haltende Mächte fungieren und unzähligen Arbeit, Brot und soziale wie psychische Sicherheit geben. Daß die Rationalität dieses Systems seine Grenze hat, wußte Freyer, der schon damals die Ausplünderung der Rohstoffe und die Mentalität des »Uns-wird-schon-etwas-einfallen« erfaßte. Aber hier einzugreifen ist nicht möglich durch ein Abstandnehmen, sondern nur durch einen massiveren Einsatz technisch-zweckgerichteter Rationalität als bisher, einer wirklich entwickelten Rationalität, die ihre Folgen und Implikationen überschaut. Die Vorbedingung ist Analyse: »Rechne mit den Beständen«(Benn).

Und hier ist der neuralgische Punkt aller Kulturkritik. Seit der Heraufkunft des Industrialismus klagt man lieber über die Entfremdung, als daß man empirische Untersuchungen führt, um die Arbeitsbedingungen zu verbessern. Seit der Heraufkunft des Industrialimus klagt man lieber über die Krise, anstatt herauszufinden, wie die feststellbaren und prognostizierbaren Krisen beendet, verhindert, abgeschwächt werden könnten. Ein hypertrophes Weltdeutungsbedürfnis und eine Sehnsucht nach Gesamtschau (»Wer Schau will, gehe ins Lichtspiel!«, sagte schon Max Weber) schwächen den Willen nach geduldiger Erforschung der Lebensumstände. Der vom Betrieb distanzierte Intellektuelle projiziert seine eigene Entfremdung in die Massen, die er nicht kennt und die wie eh und je bald glücklich, bald unglücklich dahinleben. Er sollte sie aber weder bewundern, noch ihr Führer sein wollen, sondern seinen Platz in ihnen suchen und finden.

Hier wäre die Aufgabe der Sozialwissenschaften, die in Deutschland immer wieder beeinträchtigt wird durch die Angriffe des Rechts- wie des Linkshegelianismus. Man erregt sich über die Ideologiebereitschaft der Menschen, aber man gibt ihnen seit mehr als hundert Jahren immer das gleiche, säuerliche Brot, gemischt aus Utopie und Negation. Ist es ein Zufall, daß gerade in Deutschland die fanatische Hingabe an die Zwänge des Industriesystems groß ist, die Angst, daß etwas nicht »funktionieren« könne, hemmungslos – während die Intelligenz die totale Ablehnung dieser Zustände propagiert?

Wenn auch Freyer unter den Kulturkritikern Deutschlands, seien sie konservativ, zerknirscht, christlich oder progressiv, ein etwas weißerer Rabe ist – auch er gehört zu den Intellektuellen, die spätestens seit den 20er Jahren ihre Literatur mit der sozialen Bewegung verwechseln. Vom immer noch bestehenden Lebenskampf, vom immer noch bestehenden Mangel, von der immer noch bestehenden Ungerechtigkeit nimmt diese Kritik weder etwas weg, noch erklärt sie sie. Noch immer sucht man etwas »jenseits des Hegelschen Notsystems« der Bedürfnisse und Interessen der Wirtschaftsgesellschaft, statt sich zu fragen, ob diese Gesellschaft nicht ihre Regulative in sich selbst trägt (René König). Was die Gesellschaft braucht, sind Analysen und nicht Ideen, mit denen sich, besonders heute, nur eines anfangen läßt: Man kann sie diskutieren.

Der Mensch in der Welt der Geräte

Günther Anders: »Die Antiquiertheit des Menschen« (1956)

MICHAEL SCHWARZE

> Da es dem König aber wenig gefiel, daß sein Sohn, die kontrollierten Straßen verlassend, sich querfeldein herumtrieb, um sich selbst ein Urteil über die Welt zu bilden, schenkte er ihm Wagen und Pferd. »Nun brauchst du nicht mehr zu Fuß zu gehen«, waren seine Worte. »Nun darfst du es nicht mehr«, war deren Sinn. »Nun kannst du es nicht mehr«, deren Wirkung.
>
> Aus: »Kindergeschichten«

In der Geschichte der Künste hat es immer wieder Versuche gegeben, Wirklichkeit zu fingieren, das künstlich Gemachte als real hinzustellen. In Denis Diderots Vernet-Dialogen aus dem Salon von 1767 wird der »trompe d'œil« aufgelöst, und Diderot enthüllt dem Leser, daß er ihn nicht durch tatsächliche, sondern durch gemalte Landschaften geführt habe. An diese Demystifikation knüpft Diderot eine Apotheose des Künstlers: »Es geht nicht um Natur, es geht um Kunst; ich spreche zu ihnen nicht mehr von Gott, sondern von Vernet«. Und fast schon blasphemisch äußert er über Vernet: »Er sagt: ›Es werde Licht‹, und es wird Licht; er sagt: ›Die Nacht folge dem Tag, und der Tag folge der Finsternis‹, und es wird bald dunkel, bald hell . . . Tatsächlich verkündigen solche Kompositionen die Größe, die Macht, die Erhabenheit der Natur besser als die Natur selbst. Es steht geschrieben: Coeli narrant gloriam Dei. Aber hier sind es die Himmel Vernets; hier ist es der Ruhm Vernets.«

Jener Mythos von der Allmacht des Künstlers hat im Fernsehzeitalter rührend antiquierte Züge. Im Fernsehen sind die Grenzen zwischen Schein und Sein, Natur und Artefakt bis zur Unkenntlichkeit verschwommen. Es bedarf nicht länger der Genialität eines Vernet, um den Zuschauer in die Irre zu führen. Die gemalten Landschaften sind zum ständigen Bühnenbild eines Mediums geworden, das Wirklichkeit, ob es will oder nicht, inszeniert und nicht abbildet. Das Fernsehen muß seinen Wirklichkeitscharakter nicht behaupten, es muß ganz im Gegenteil auf dem fiktiven Gestus der einzelnen Sendungen insistieren. Denn nichts, was in diesem Medium bebildert wird, ist phantastisch genug, um nicht einen Anstrich von Wahrscheinlichkeit zu haben.

Niemand hat diese Entleerung unseres Begriffs von Wirklichkeit hellsichtiger vorausgeahnt als Günther Anders in seinem 1956 publizierten Essay »Die Welt als Phantom und Matrize«. »So wie«, schrieb er, »wo das Leben als Traum gilt, Träume als Leben gelten, so wirkt nun, da jede Realität als Phantom auftritt, jedes Phantom real. Wo jenem wirklichen Vorgang durch dessen Übertragung etwas Scheinhaftes verliehen wird, muß das *Scheinge-schehen* (der erfundenen dramatischen Szene) in der Übertragung seinen spezifisch ästhetischen Scheincharakter einbüßen. Tatsächlich ist dieser Charakter nicht mehr zu spüren, jedenfalls in so geringem Maße, daß der fiktive Vorgang uns glauben macht, wir seien dessen wirkliche Zeugen, dessen wirkliche Teilnehmer, ja dessen wirkliche Opfer.«

Die besonderen Möglichkeiten von Fernsehen und Rundfunk, die Ergebnis der ihnen unvermindert attestierten Glaubwürdigkeit sind, haben gelegentlich zu Reaktionen geführt, die jene hoffnungsvolle Vorstellung, wir lebten in einem aufgeklärten Zeitalter, zur Farce werden ließen.

Gibt es eine absurdere Geschichte als jene von der Invasion der Marsmenschen auf der Erde? Und doch haben einige hunderttausend Amerikaner diese Horrorvision für bare Münze genommen, weil sie die formale Tarnung eines Hörspiels als Reportage nicht erkennen konnten. Auf Lernfähigkeit ist kaum zu hoffen. Im deutschen Fernsehen waren die Filme »Smog« und »Millionenspiel« zu sehen, die Verwirrung äußerte sich weniger spektakulär – der Effekt war der gleiche. Viel spricht dafür, daß, wer die Medien im Besitz hat, auch die Macht hat, und es ist gewiß kein Zufall, daß Revolutionäre und Putschisten aller Schattierungen zuerst einmal die Massenkommunikationsmittel an sich bringen wollen. So abwegig ist die Vorstellung nicht mehr, daß es irgendwann einmal einen Putsch geben wird, dessen Erfolg mit fingierten Bildern zuerst einmal im Fernsehen behauptet, dann geglaubt und schließlich Wirklichkeit würde.

Das Fernsehen ist gelegentlich als getarnter Riese bezeichnet worden. Daran ist soviel richtig, daß sich diese Institution eher zutraulich gibt. Und auch seine Konsumenten werden nicht müde zu betonen, wie unabhängig sie im Grunde von den televisionären Segnungen sind. Wenn Günther Anders mutmaßt, er sei überzeugt, daß es heute zahllose Menschen gebe, die sich, konfisziere man ihre Geräte, »grausamer gestraft fühlen würden als jene

Häftlinge, denen man zwar ihre Freiheit konfisziert, aber ihre Apparate beläßt«, so mag dies den meisten als unangemessene Schwarzmalerei erscheinen. Und doch hat ein Versuch, einer Berliner Familie vier Wochen lang den Fernsehkonsum vorzuenthalten, dies und nichts anderes bewiesen.

Es gehört zu den Ungereimtheiten unseres Kulturbetriebs, daß Günther Anders' Essay so sehr an der Peripherie der theoretischen Diskussion geblieben ist. Das Fernsehen in diesem Lande existiert seit nunmehr fünfundzwanzig Jahren. Berufen hat es sich stets auf die Macht des Faktischen, das Defizit an Theorie ist unübersehbar. Mc Luhans (»Die magischen Kanäle«) schwammige Medientheorie hat inzwischen, zumindest in Schlagworten, Eingang in den Jargon der Hauptabteilungsleiter gefunden, auf die ungleich bemerkenswerteren Gedanken von Günther Anders bezieht sich, soweit zu sehen ist, niemand. Dabei fehlt in »Die Welt als Phantom und Matrize« kaum eine der relevanten Erkenntnisse über das Wesen und die Erscheinung dieses Mediums. Er hat den mit dem Aufkommen des Fernsehens neu entstandenen Typus des »Massenremiten« beschrieben, vom Zerfall »gemeinsamer Privatheit« gesprochen und auch vom Verlust der Sprache.

Im Fernsehen, so pointiert er, müsse sich das Original nach seiner Reproduktion richten, eine These, die sich angesichts der Art und Weise, wie etwa Politik auf dem Bildschirm vermittelt wird, vollauf bestätigt hat. Und er hat auch angedeutet, warum dieser Verschleierung der Wirklichkeit per Inszenierung so schwer auf die Spur zu kommen ist: »Nicht im Zeitalter des Surrealismus leben wir, sondern in dem des Pseudo-Realismus; im Zeitalter der Verbrämungen, das sich als Zeitalter der Enthüllungen verbrämt. Wo man lügt – und wo täte man das nicht? –, lügt man nicht mehr wie gedruckt, sondern wie photographiert; nein, nicht wie photographiert, sondern effektiv photographiert. Das Medium der Photographie ist als solches derart glaubwürdig, derart ›objektiv‹, daß es mehr Unwahrheiten absorbieren, sich mehr Lügen leisten kann als irgendein anderes Medium vor ihm. Wer also die Realität schablonenhaft machen will, tarnt, mit dem Mittel der Photographie, seine Schablone realistisch. Um das aber tun zu können, um die Wirklichkeit mit einem angeblichen Bilde des Wirklichen abblenden zu können, braucht man doch wieder auch ein spezielles Bild vom Wirklichen, ein überwirkliches, wenn man will: ›surreales‹, auf jeden Fall ein blendendes, kurz: das Sensationsbild.« Träume gelten am Ende als Leben und das Leben als Traum. Die

Welt wird mit Schein-Vertrautem bevölkert und der Nachbar gerät uns aus dem Blickfeld.

Der Andersschen Methode ist eigen, daß der Hauptakzent auf die strukturellen Besonderheiten des Fernsehens gelegt wird. Dabei wird gelegentlich vergessen, daß es auch noch einen subjektiven Faktor gibt, daß Menschen die manipulativen Möglichkeiten dieses Mediums nutzen, aber auch nicht nutzen können. Dies bedeutet für die Analyse von Günther Anders, daß jeweils die tristeste Möglichkeit als wahrscheinlich angenommen wird. Der Leser ist somit in der Situation eines Menschen, der sich am Ende eines Weges befindet und nun spannungsvoll erwartet, wie weit man ihm entgegenkommt. In Anders' Kritik des Fernsehens steckt gewiß ein gutes Stück bildungsbürgerliches Pathos, aber es sind keine Ressentiments, die er vorträgt, und auch elitärer Hochmut ist ihm fremd. Sein Aufstand, dessen Scheitern unschwer zu prognostizieren ist, hat Würde und jenen Hauch von Tragik, den wir spüren, wenn sich Menschen aussichtslos dem Lauf der Zeit entgegenstellen. Unglücksboten wurden in unaufgeklärteren Zeiten geköpft, heute werden sie nicht gelesen.

Die Tatsache, daß dieses Buch – es enthält noch die Aufsätze »Über prometheische Scham«, »Sein ohne Zeit«, »Über die Bombe und die Wurzeln unserer Apokalypse-Blindheit« und trägt den Untertitel »Über die Seele im Zeitalter der zweiten industriellen Revolution« – Mitte der fünfziger Jahre veröffentlicht wurde, ist von Belang. Viel spricht dafür, daß für weite Bereiche unseres Alltagslebens die tradierte Erkenntnistheorie keine Gültigkeit mehr hat. Galt dieser die Ausdifferenzierung eines Gegenstandsbereichs als Vorbedingung einer angemessenen Erkenntnis dieses Gegenstands, so scheint es heute, daß allzuviel so sehr mit dem Alltagsleben verschmilzt, uns so vertraut wird, daß wir mit zunehmender Dauer erblinden und nicht an Erkenntnis gewinnen. Wen würde heute, nach fünfundzwanzig Jahren Fernsehen, noch die dominierende Position jener Truhe aus Glas und Holz in unseren Wohnzimmern irritieren? Anders konnte darüber noch staunen: »Tatsächlich sitzen ja die Familienmitglieder nun nicht einander gegenüber, die Stuhlordnung vor dem Schirm ist bloße Juxtaposition, die Möglichkeit, einander zu sehen, besteht nur noch aus Versehen; die, miteinander zu sprechen (wenn man das überhaupt noch will und kann), nur noch durch Zufall.«

Für Wahrnehmungen dieser Art kann man zu seiner Zeit schwerlich Ruhm erwarten. Schließlich waren die Eigenheiten des Fernsehzeitalters in jenen Jahren auch manch anderem bewußt.

Nur: niedergeschrieben hat niemand diese Beobachtungen, kaum etwas wissen wir über jenen unerhörten psychischen Umbruch, der mit dem Beginn des Programms einhergegangen ist. Die besondere Leistung von Günther Anders war es, die psychischen und sozialen Strukturen einer Fernsehgesellschaft bloßgelegt zu haben, als es diese Gesellschaft nur in rudimentären Formen gab. Heute steht nahezu in jedem Haushalt dieses Landes ein Fernsehgerät, Mitte der fünfziger Jahre waren es einige zehntausend Geräte. Selten sind Prognosen von der Wirklichkeit so sehr bestätigt worden.

Diesem prognostischen Charakter des Buches wie seiner besonderen Weise der Wahrnehmung von Alltagsphänomenen ist es wohl zuzuschreiben, daß dieser Titel seinerzeit wohl freundlich besprochen, insgesamt in seiner überragenden Bedeutung doch nicht erkannt worden ist.

Mit dem Titel »Die Antiquiertheit des Menschen« ist die wesentlichste These von Günther Anders schon erfaßt: Der Mensch befindet sich nicht mehr auf der Höhe der Objekte. Die Geräte sind uns fremd geworden, wohl auch unheimlich in ihrer entseelten Perfektion. Anders nennt dieses Gefühl »prometheische Scham« und meint damit, der Mensch schäme sich, kein Ding zu sein. Und er setzt hinzu: »Die Geräte sind die Begabten von heute«. In dem Aufsatz »Über prometheische Scham« wird freilich mit Gegnern abgerechnet, die wir heute kaum noch ausmachen können. Jene emphatischen Hoffnungen, mit denen vielleicht vor zwanzig Jahren die technisch-naturwissenschaftlichen Entwicklungen begrüßt worden waren, sind längst tiefer Skepsis gewichen. Was immer man von der Nostalgie, jener Boutiquenausgabe von Tradition halten mag, sie ist gewiß auch ein Ausdruck jener Resignation, die mit technischem Fortschritt keinerlei chiliastische Hoffnungen mehr verknüpfen kann. Anders beschreibt die Kluft zwischen Mensch und Maschine mit außerordentlicher Präzision, doch die Menschen reagieren auf diese Diskrepanz inzwischen vollkommen anders. Wo wäre heute die Verwandlung in einen Roboter die Wunschvorstellung der Menschen? Ganz im Gegenteil: kein Science-Fiction-Film, der nicht an die kollektiven Ängste vor einer übermächtigen Technik anknüpfte, der nicht das Bild eines hybriden Wissenschaftlers entwerfen würde, der am Ende das Opfer seines Größenwahns wird. So ist dieser Aufsatz eher literarische Urkunde einer Zeit, in der es notwendig war, vor einer vorschnellen Verknüpfung der Begriffe Technik und Fortschritt zu warnen. Die eigentümlichsten Leserreaktionen entfacht der Essay »Über die Bombe und die Wurzeln unserer Apokalypse-Blindheit«. Warum? Weil man plötzlich feststellt, wie fabelhaft wir jene ungeheuerliche Erkenntnis des Günther Anders haben verdrängen können: »Da wir die ersten Titanen sind, sind wir auch die ersten Zwerge oder Pygmäen, oder wie immer wir uns kollektiv befristete Wesen nennen wollen, die nun nicht mehr als Individuen sterblich sind, sondern als Gruppe; und deren Existenz nur bis auf Widerruf gestattet bleibt.« – Solange die Bilder von Atompilzen in unsere Wohnstube kamen, gab es die Atomangst. Sie hatte schon damals nur Ausmaße, die Anders berechtigen zu sagen, »gemessen an dem Quantum an Angst, das uns ziemte, das wir eigentlich aufzubringen hätten, sind wir einfach Analphabeten der Angst«, heutzutage bringt sich eine diffuse Furcht nur noch in Aktionen gegen Atomkraftwerke zur Sprache, die viel größere Bedrohung der Menschheit bleibt tabuisiert. Mit der Bombe zu leben haben wir gelernt. Auch so etwas kann man Fortschritt nennen.

Fühlend seien wir kleiner als wir selbst, sagt Anders, und er meint damit unsere Unfähigkeit, zur Not einen Selbsterschlagenen bereuen zu können, »während wir als Tötende oder gar als Leichenproduzenten bereits das stolze Stadium industrieller Massenproduktion erreicht haben«. Über unsere Ängste mögen wir uns hinweglügen. Folgen haben sie dennoch. Der Existenz der Bombe ist wohl nicht der dahinschwindende Fortschrittsoptimismus zuzuschreiben und, wenn auch den meisten unbewußt, jene vollkommene Gegenwartsorientiertheit, in der die Bequemlichkeiten des Heute einem Morgen nicht mehr geopfert werden. Wir alle befinden uns in der Lage jener vor der Pest in die Lustbarkeit flüchtenden Hofgesellschaft, die Edgar Allan Poe in »Die Maske des roten Todes« beschrieb.

Günther Anders ist ein Emigrant aus der Zukunft. Mit Paul Valéry könnte er sagen: »Die Zukunft ist auch nicht mehr, was sie früher war.« Dabei tut er niemandem den Gefallen, bestimmte politische Systeme von seinem Verdikt auszunehmen. Er hat eine Konvergenztheorie eigener Art, sieht sozusagen global eine zunehmende Verwüstung des Menschen. Die Segnungen der Zivilisation sind ihm überaus suspekt. Er hält sie für Geschenke jener diabolischen Natur, wie sie der König seinem Sohn verehrte. Nun braucht ihr die Mühe eigener Erfahrungen und Anstrengungen nicht mehr auf euch zu nehmen, ist deren Verheißung. Nun dürft ihr es nicht mehr, ist deren Sinn, und nun könnt ihr es nicht mehr, ist deren Wirkung.

In einer Diskussion hat Günther Anders einmal geäußert, er bete darum, mit seinen düsteren Prophetien nicht recht zu haben. Vielleicht ist dies die letzte utopische Perspektive, die uns belassen ist: daß wir mit unserem Pessimismus nicht recht behalten.

Kulturkritik zwischen Skepsis und Spekulation

Arnold Gehlen: »Die Seele im technischen Zeitalter« (1957)

KARL KORN

Der vor einem Jahr im Alter von 72 Jahren gestorbene Professor der Philosophie und Soziologie Arnold Gehlen war in der äußeren Erscheinung, im Gehabe und im Lebensstil ein Mann der alten Schule, für Außenstehende spröde korrekt, nicht frei von spürbarer akademischer Exklusivität, konservativ im Wesen, hochmodern als denkender Geist, voller Abneigung gegen den Typus des Medien-Intellektuellen. Die Abneigung war durchaus gegenseitig. Gehlen hatte zeitlebens mehr Feinde als Freunde. Sein in den Zeitschriften »Merkur« (München) und »Neue deutsche Hefte« (Berlin) vorgetragenen Angriffe gegen die Intellektuellen, ihre Machtpositionen und ihren angeblich unkontrollierten Status ohne politische Verantwortung brachten ihn in den Geruch eines Reaktionärs. Es war wohl der allemal vom Geist captivierbare Theodor Adorno, der Gehlen unerschrocken als Gesprächspartner annahm und den Bann, in den ihn kleinere Geister gern getan hätten, verhindert oder aufgebrochen hat. Es gibt ein aufgezeichnetes Nachtstudiogespräch zwischen den beiden, die als Philosophen Soziologen und als Soziologen Philosophen waren, worin sie voreinander anmutig groteske Tanzrituale aufführen, um sich gegenseitig zu versichern, wie nahe sie sich geistig überraschenderweise seien, während sie doch Welten trennten.

In der Diagnose des Zeitalters waren sich die beiden Matadore in der Tat sehr nahe, vor allem in der fundamentalen Erkenntnis, daß Pathos und Ethos des autonom denkenden und handelnden Individuums der Aufklärung durch den versachlichten – Adorno würde gesagt haben: verdinglichten – Kosmos der industriellen Produktions- und Verkehrswirtschaft aufgezehrt sind. Gehlen formuliert scharf, daß die technisch-industriellen Superstrukturen der Privatwirtschaft denen der Planwirtschaft, welchen Systems auch immer, darin gleichen, daß sie keinerlei ethische, sondern nur technische Grenzen ihrer Zielsetzung kennen.

Damit ist das Thema des Buches bezeichnet, das hier aus der halben Vergessenheit gezogen werden soll, in die es seit seinem Erscheinungsjahr 1957 geraten ist, »Die Seele im technischen Zeitalter«. Es stellt im äußerlich schlichten Gewande des Bandes 53 von Rowohlts deutscher Enzyklopädie die Neubearbeitung des bereits 1949 erschienenen Buches »Sozialpsychologische Probleme in der industriellen Gesellschaft« dar.

Das Buch ist formal einzigartig. Seine Sprache liegt in der Mitte zwischen der hergebrachten, humanistischen Bildungsdiktion und dem neueren Spezialjargon der Soziologie, der Verhaltensforschung, der Ideologiekritik. Gehlen kann, da er ein konservativer und skeptischer Denker ist und von linkem ideologischem Eifern meilenweit entfernt, die neuen Idiome in die klassische Bildungssprache übersetzen. Das mag auch daher rühren, daß er einmal von so großen und fruchtbaren nichtmarxistischen Denkern wie Max Scheler und Nicolai Hartmann hergekommen ist. Dafür ein Beispiel aus dem letzten Kapitel »Persönlichkeit«.

»Die Kultur kann nicht neben der Apparatur konserviert, sie kann nur in sie hineingerettet werden. Subjektiv gesehen hat Kultur, wer den Tatsachen gegenüber einen auswählenden und distanzierenden Instinkt behält, der die Alleinherrschaft von Affekten im Herzen ebenso scheut wie die von Abstraktionen im Kopfe; wer einen Sinn hat für die Vielheit der inneren Bedeutungen einer Situation, für das Unausgesagte, Potentielle, Unerprobte, Verletzbare darin; zur Kultur gehört ein fundierter Optimismus und, vor allem, eine intakte Idealität im Menschlichen.«

Eine zweite Signatur des Gehlenschen Buches ist seine weniger systematische als vielmehr essayistische Struktur. Zwar ist das Buch als Ganzes mehr als ein Essay. Es enthält durchaus eine geschlossene Gesellschafts- und Kulturtheorie. Das System aber wird jeweils von verschiedenen Ansatzpunkten aus angegangen. Das Buch ist ein Bündel von Essays, unter denen höchst eigenwillige und originelle Ansichten über den Stellenwert der modernen bildenden Kunst in der Seelenlandschaft der Moderne auffallen.

Gehlens sozialpsychologisch fundierte Kulturkritik setzt mit dem Aufweis der naturwissenschaftlich-technisch-industriellen Superstruktur ein. Vorausgesetzt wird dabei, was der Autor in seinem Werk »Urmensch und Spätkultur« über den keineswegs rationalen, vielmehr magischen Ursprung von Werkzeugtechnik und die in die Urgeschichte zurückreichende Tendenz des Menschen, sich in die Natur hinein auszulegen und sich aus dem Werk zurückzuverstehen, ausgeführt hat. Die Entlastung durch das

Werkzeug, durch naturbeherrschende Routine und Gewohnheitsbildung steht am Anfang der ersten Technik.

In der Endstufe dieser Tendenz vertraut der Mensch zu seiner Entlastung nicht nur seine individuelle Leistung den Kraftmaschinen an, sondern auch seinen geistigen Aufwand den Automaten und der Automation. Das ergibt dann die modernen Regelungsapparate mit der Rückmeldung von Störungen und deren eingebauter automatischer Korrektur. Dabei trägt der Mensch in die unbelebte Natur ein Organisationsprinzip hinein, das an vielen Stellen im Organismus wirksam ist. Nun ist die moderne hochkomplizierte Apparatur samt ihren eingebauten Regeltechniken alles andere als irrational, aber der tiefenpsychologische Ursprung aller Technik ist, wie Gehlen mit Nachdruck deutlich macht, ein unbewußt wirksames triebhaftes Lebensgesetz. Verwirklicht sich nun dieser Urtrieb in so gigantischen, rational konstruierten und gesteuerten Mammutgebilden, wie sie die moderne Großtechnik entwickelt, dann ergeben sich enorme, gefährliche Rückwirkungen auf den Menschen. Der Übergang vom Werkzeug zur Großtechnik ist die größte Umwälzung seit dem von der Jäger- und Sammlergesellschaft zur Seßhaftigkeit der Ackerbauern.

Seit Jahrtausenden hat der Mensch im Sinnlich-Nahen bis hin zur dichtbevölkerten Großsiedlung, zur Reichtumsdifferenzierung, zu Herrschaft und Arbeitsteilung, zu Göttern und Tempeln in einer konkreten, überschaubaren und verständlichen Umwelt gelebt.

Die neue Industriekultur ist durch einen unerhört hohen Grad von Entsinnlichung, die sich der Popularisierung entzieht, durch die Einführung mathematischer Methoden in die Grundlagenwissenschaften der Psychologie, Soziologie, Motivationsforschung charakterisiert. Analoge Vorgänge der Intellektualisierung und Entsinnlichung beobachtet Gehlen in der Poesie, angefangen mit Benn, und vor allem in den bildenden Künsten, etwa bei Klee und Max Ernst. Das ist nicht kausal eine Folgeerscheinung von Technik, sondern dem Verlust des jahrtausendelang als Wirklichkeit hingenommenen Naturhaften zuzuschreiben und steht in dem umgreifenden Zusammenhang der ungeheuren Komplizierung und Mathematisierung der Welt.

Die Künste werden gegenstandslos, die geoffenbarte Religion verliert ihre Verbindlichkeit. In Naturwissenschaften und Technik kommt parallel zu den Künsten und Wissenschaften ein Denken auf, das nicht mehr gegenständlich darstellend sein will, sondern mathematisierend experimentell. Gehlen, offenbar fasziniert von den Möglichkeiten solcher Verfahren, nennt sie zugleich ein Verhängnis (S. 30). Das ist festzuhalten, fassen wir doch an diesem Punkt so etwas wie eine Aporie unseres Autors und seiner Position.

Das Gegenstück zu diesen Hinweisen auf die abstrakte, neue Weltdimension technisch-mathematischer Entwürfe ist das Kapitel über die »gegenläufige Primitivisierung«. Weil die technisch-industrielle und die Massenwelt steuer- und beherrschbar werden, fallen die Künste, denen die Mathematisierung weniger gelingen kann, ins Spielerisch-Unverbindliche zurück. Die Massenmedien werden mehr und mehr auf den Massengeschmack hin konfektioniert. Parallel dazu läuft die Verkümmerung der Sprache und ihre Auffüllung durch gestanzte, formelhafte, konsumierbare Wendungen.

Mit den modernen industriellen und Verkehrsformen ergeben sich so hochgradig indirekte, verwickelte und überspezialisierte Funktionen, daß das Verhalten des einzelnen darin unter den Begriff der Anpassung gefaßt werden muß. Sie bedeutet nach Riesman bereits Überanpassung in dem Sinne, daß der einzelne das, was er tut und was ihm widerfährt, nicht mehr durchschauen kann und wie ein Primitiver nach Schuldigen sucht, wenn ihm Schicksal widerfährt. Da hat also die überaus hohe, komplizierte Rationalität eines technisch-industriell bedingten gesellschaftlichen Zusammenhangs die Folge des Rückfalls in Primitivität.

In den oberen sozialen Rängen hat die Spezialisierung andere, nicht minder gefährliche Konsequenzen. Die leitenden Funktionäre vermögen jüngere Kräfte kaum von innen zu motivieren, weil der abstrakte Apparat die moralischen Kräfte nicht enthält, die für die modernen, überaus schwierigen und risikoreichen Führungsaufgaben benötigt werden. Anpassung kann zum Opportunismus, zur Flucht in die Unauffälligkeit oder zur, wie Gehlen einigermaßen unmodern sagt, Feminisierung im bloßen Konsumverhalten führen. Das war, 1949 zum erstenmal so gesehen, wahrhaft prophetisch, wenn es auch inzwischen differenzierter zu beurteilen und zu benennen ist.

Zur Charakterisierung der Verbraucherhaltung allgemein greift Gehlen auf den von ihm stets mit großer Bewunderung zitierten Amerikaner David Riesman zurück. Das Modell des innengesteuerten Menschen, der aus eigenen Impulsen und Werthaltungen heraus sich selbst verwirklicht, steht und fällt mit der Beherrschung der Sinnzusammenhänge. Mit dem Verlust nicht nur der Durchschaubarkeit, sondern auch der Loyalitäten, die in der politischen Landschaft des Verrats (Boveri) zur Illoyalität umschlagen können, beginnt das Anpassertum zu florieren, der Typus des außengesteuerten Menschen. Das ist, wie Gehlen seinem Leser immer wieder einhämmert, nicht mehr Aufklärung, an die Person, ihre Denkkraft und moralische Autonomie gebundene Rationalität, sondern »Nachaufklärung«, das heißt, eine Form von Vermassung, die unter dem Etikett einer neuen Verkehrsmoral nach sogenannten Leitbildern gestanzte Verhaltensmodelle und eine Welt von affektivem Humanitarismus hervorbringt. Wie könnte, würde das in Krisen standhalten, zumal solchen unscharfen Verhaltensmustern die konstante Einübung in der Passivität des Konsumierens parallel läuft?

Die übermäßige Arbeitsteilung erzeugt einen inaktiven, quietistischen Menschentyp und führt zur Verkümmerung der vitalen Kraft (Röpke). Erfahrungen im Vollsinn des Begriffs werden kaum noch gemacht. An ihre Stelle treten Meinungen und Gesinnungen zweiter Hand und ein erschreckender Konformitätsdruck. Die großen, dunklen unbegriffenen Fragen werden mit Affekten und Ansprüchen »bewältigt«, die nur zu leicht in die schiere kollektive Tyrannei ausarten.

Gehlens professorale Befangenheit wird in der durchweg negativen Bewertung moderner Informationsdienste und -industrien offenkundig. Da mischt er skandalöse Vorgänge aus der Zeit des Dritten Reichs undifferenziert mit modernen zusammen. Was unter der Flagge der Propaganda des Dr. Goebbels lief, kann nicht global mit modernen Manipulationsmethoden der Meinung auf eine Stufe gestellt werden. Die Marktkonkurrenz ist in gewissem Umfang ein Korrektiv von Meinung, die an den Massenkonsum geliefert wird. Der Verlust von eigener Erfahrung, den Mitscherlich als eine Grundtatsache der vaterlosen Gesellschaft dargestellt hat, wird bei Gehlen oft allzu vereinfachend auf die in der abstrakten Welt doch wohl unentbehrlichen Informationen übertragen. Der Autor übersieht dabei die großen Anstrengungen der Selbstkontrolle innerhalb der Medien.

Freilich ist mit Gehlen nicht einfach zu diskutieren. Er transponiert den Verlust von naher Wirklichkeit vom Sozialpsychologischen ins Anthropologische. In der Industriekultur, die nach Schumpeter »schöpferische Zerstörung« ist, fehle es vom Prinzip her an stabilen Außenhalten für unsere Gesinnungen, Verpflichtungen und Meinungen, fehle es an einem invarianten Schatz von

Gebräuchen, Gewohnheiten, an Einrichtungen, Symbolen, Wegweisern und kulturellen Immobilien. Das läuft auf ein traditionalistisches Gesellschaftsbild der Gehaltenheit in Institutionen hinaus, also genau auf das, was einem nur noch für eine dünne Bildungsschicht verbindlichen Ideal der Autonomie von Urteilskraft und moralischem Eigengewicht entspricht.

Bei solcher sozialpsychologischer Einschätzung des Menschen und der Gesellschaft erscheint Gehlens Abwertung alles dessen, was als Anpassung und Verhaltensnormung in der Industriegesellschaft beobachtet wird, nicht ganz konsequent. Und wie soll man die Schelte des Autors wider die Konformität und Anpassungs-Passivität im technischen Weltalter in Einklang bringen mit dem Lob der haltenden Institutionen früherer, vorindustrieller Sozialverhältnisse? Gehlen würde, wenn er sich solcher Frage stellte, darauf verweisen, daß ja gerade die völlig verschiedene Qualität der alten, von organischen Kulturen getragenen, haltgebenden Institutionen und der sehr anders gearteten, abstrakten, technisch-industriell-gesellschaftlichen Superstrukturen das Dilemma sei. Was einmal konkreter Lebensrahmen war, sei durch die industrielle Massenwelt verloren. Solche verkürzte Wiedergabe der Position des Autors läßt ihn freilich romantischer und simpler erscheinen, als er war. Gehlen ist ein Denker auf der Grenze zwischen Gestern und Morgen gewesen. Das wird besonders durch seine Beziehung auf den interessanten, durch Faschismusverdacht verdunkelten italienischen Sozialtheoretiker Pareto deutlich. Dieser Mann, von Haus aus Ingenieur, war auch Sozialtheoretiker und Mathematiker. Die Zurückführung gesellschaftlicher Bewegung auf gleichbleibende Erscheinungen wie die instinktstarken und ideologieschaffenden »Eliten« bei Pareto war parallel zu Marx auch so etwas wie Ideologiekritik, aber mit umgekehrtem Denkansatz.

Was Gehlen mit Pareto verbindet und ihn andererseits zum Gesprächspartner von Marxisten macht, ist die Durchleuchtung und der Abbau der Ideologien. Die wirklich gesellschaftlichen Kräfte, vor allem des Beharrungsvermögens, sind vitaler Natur, für Gehlen stecken sie im Herkommen, in den Machtstrukturen von Herrschaft und Dienst. Man wird bei ihm den Begriff der Ausbeutung vergebens suchen. Dagegen ist ihm die Automation als die letzte Frucht der technisch-industriellen Superstruktur das schlechthin kulturfeindliche Prinzip. Wenn Begriffe wie Ausbeutung und Entfremdung nicht marxistisch besetzt wären, würde Gehlen sie vielleicht in diesem Zusammenhang gebraucht haben.

Die neueste Ideenkonstellation in der Welt ist durch die Krise der Sozialbewegungen überall charakterisiert. Die Sozialpsychologen und Politologen denken keineswegs mehr generell und ungebrochen marxistisch. Was bei Gehlen in dem Buch »Die Seele im technischen Zeitalter« angetroffen wird, gehört aus heutiger Sicht in die Phalanx jener Sozialingenieure, die auf der Grenze zwischen einem noch immer nicht ganz verschollenen Gestern und einem ebenso ungewissen wie die Gedanken bewegenden Übermorgen liegen.

Das Buch, dessen Gehalt in einem Referat nicht annähernd ausgeschöpft werden kann, ist das optische Instrument eines Grenzjägers. Wer gewitzt genug ist, von solcher Thematik von vornherein keine Heilslehre zu erwarten, wird bei Gehlen Spuren und Fährten freigelegt finden, die erlauben, daß man sich in höchst unsicherem Gelände besser zurechtfindet.

Die überschätzte Industriegesellschaft

Herbert Marcuse: »Der eindimensionale Mensch« (1964)

WOLF LEPENIES

Vor zehn Jahren, im Juli 1967, besuchte Herbert Marcuse Berlin
– die Stadt, in der er 1898 geboren wurde. Einen Monat davor
war Benno Ohnesorg erschossen worden, von nun an wurde die
Bundesrepublik zu einem der Zentren der Studentenrevolte.
Marcuses Auftritt in der Freien Universität mobilisierte mehrere
tausend Studenten, die seine Rede zum größten Teil an Lautspre-
chern außerhalb des Auditorium maximum mitverfolgen mußten; ihn mit seinem Namensvetter Ludwig zu verwechseln, wie
es damals einem deutschen Weltblatt passierte, war jetzt nicht
mehr möglich. Rudi Dutschke und Herbert Marcuse sprechen zu
hören war ein Erlebnis, das die Mehrheit der Studenten bewegte
und mitriß. Beide hatten, jeder auf seine Art, etwas vom Volks-
tribun an sich und erzeugten eine politische Aufbruchstimmung,
wie sie, ein Jahr später, wohl nur noch der Pariser Mai mit sich
brachte.

Heute scheinen diese Ereignisse weit länger als nur zehn Jahre
zurückzuliegen; beinahe undenkbar ist es, daß die damalige oder
die heutige Studentengeneration noch einmal jene Atmosphäre
politischer Romantik wiederbeleben könnte. In dieser Einschätzung treffen sich auch politische Gegner. Als die Freie Universität
vor kurzem den vierten Teil ihrer Dokumentation »Hochschule
im Umbruch« vorlegte, »ein halbes tausend Seiten mit Zeittafel
und Dokumenten über FU und Studentenbewegung, mit innen-
und weltpolitischen Hintergründen und mit Kommentaren von
Habermas, Lefèvre, Löwenthal und Marcuse«, war im Berliner
Abgeordnetenhaus davon die Rede, mit zunehmendem Zeitab-
stand habe das Interesse an einer solchen Dokumentation nachge-
lassen, jedenfalls sei von einer nennenswerten Resonanz in der
Öffentlichkeit nichts bekanntgeworden. Und Rudi Dutschke zog
ein melancholisches Resümee der heißen Jahre an der Freien
Universität Berlin: »Da ist für uns alte Rebellionsgenerationen

der sechziger Jahre noch zuviel Nähe, da schmerzt noch so viel für so manche . . .«

Vor zehn Jahren erschienen auch Herbert Marcuses »Studien zur Ideologie der fortgeschrittenen Industriegesellschaft« auf deutsch, drei Jahre nach dem amerikanischen Original, und mit dem Titel »Der eindimensionale Mensch«, der, ähnlich wie die »Große Weigerung« oder die »Repressive Toleranz«, zu einem der Schlag- und Reizworte der Studentenbewegung werden sollte. Mit der Konzeption des eindimensionalen, des manipulativ an die Struktu- ren der modernen Gesellschaft angepaßten Menschen versuchte Marcuse, der Neuen Linken eine theoretische Grundorientierung zu geben, die zur gleichen Zeit erklärte, warum innerhalb der etablierten Industriegesellschaften die Mobilisierung von Kritik so schwierig geworden war, und die zu zeigen versuchte, welche neuen Formen eine Gesellschaftskritik annehmen mußte, sollte sie Aussicht auf Erfolg haben.

Obwohl Marcuse auch von politischen Freunden schon früh kritisiert wurde, gewann seine Theorie ihre Attraktivität nicht zuletzt dadurch, daß sie den Intellektuellen und damit in erster Linie den Studenten eine entscheidende Rolle im historischen Prozeß zusprach. Aus der Not des klassischen Marxismus wurde nun eine Tugend gemacht: konnte die angepaßte Arbeiterklasse nicht länger mehr als revolutionäres Subjekt betrachtet werden, so suchten sich die Intellektuellen ihre Bündnisgenossen anderswo, etwa in den Randgruppen eigener und fremder Gesellschaften. Gleichzeitig wurde die mangelnde Unterstützung zu Hause durch eine Internationalisierung der Kernthemen und -konflikte wettge- macht: so hat etwa die Opposition gegen den Vietnam-Krieg der Neuen Linken zu weltweiter Identität verholfen. Hinzu kam, daß Herbert Marcuse Staats-Kapitalismus und -Sozialismus mit glei- cher Schärfe kritisierte, so daß die eingespielten antikommunisti- schen Argumente ihm und seinen Anhängern gegenüber nur schwer wirksam werden konnten.

Wenn beim Wiederlesen Marcuses Buch auf den ersten Blick eigentümlich veraltet anmutet, so hat dieser Eindruck zweifellos mit dem Altern der Studentenbewegung zu tun. Antiquiert er- scheint zunächst die Sprache; das Pathos Marcuses, das er mit vielen Führern der Neuen Linken teilt, läßt seine nie ganz verbor- gene Nähe zum existentialistischen Denkstil heute noch deutlicher hervortreten als vor zehn Jahren. Vor allem aber gibt es das Publikum nicht mehr, an das sich Marcuses Buch einst richtete.

Dies gilt im besonderen Maße für die Bundesrepublik. Was Beobachter der Studentenbewegung schon früh prophezeiten, ist längst eingetroffen: Institutionellen Einfluß zu gewinnen und zu bewahren, ist innerhalb der sich schnell zersplitternden Neuen Linken fast ausschließlich den orthodoxen, sich am Sowjetmarxismus orientierenden Kadern gelungen. Darüber kann die größere Publizität, die anarchistischen Gruppen zuteil wird, nicht hinwegtäuschen. Von den Orthodoxen aber wird der scharfe Kritiker der Sowjetgesellschaft kaum mehr bekämpft, sondern totgeschwiegen.

Veraltet aber erscheint Marcuses Buch in erster Linie, weil sein zentrales Thema überholt ist: beschrieb er die entwickelten Industrienationen noch als Überflußgesellschaften auf der Grundlage eines autoritär-demokratischen Leistungsprinzips, deren Festigkeit im wesentlichen auf der Integration der Beherrschten durch Bedürfnissteuerung beruhte, so stehen heute, im Zeichen der Energiekrise, ganz andere Probleme im Vordergrund. Von den »gefesselten Möglichkeiten der fortgeschrittenen Industriegesellschaften« zu sprechen, wie Marcuse es noch ganz unbefangen tun konnte, erscheint kaum noch möglich, mehr und mehr wird die Verwaltung des Mangels (an Rohstoffen, an Energie, an Arbeits- und Studienplätzen) zum Problem.

Damit hängt auch zusammen, daß Marcuse die Stabilität der kapitalistischen Industriegesellschaften wohl überschätzt hat. Ihm erschien deren Änderung ja eher am Rande dieser Gesellschaften oder von außen, durch die politischen Emanzipationsbewegungen in der dritten Welt möglich. Während heute die Legitimationsprobleme, denen sich der Kapitalismus gegenübersieht, immer mehr in den Vordergrund rücken, sah Marcuse in ihm noch eine »Mimesis« vorherrschend, »eine unmittelbare Identifikation des Individuums mit seiner Gesellschaft und dadurch mit der Gesellschaft als einem Ganzen«. Welche weitreichenden Schwerpunktverlagerungen sich hier ergeben haben, wird deutlich, wenn man Marcuses Konzepte mit der drohenden Utopie des despotischen Verteilerstaates vergleicht, wie Wolfgang Harich sie in seinem Essay »Kommunismus ohne Wachstum?« entworfen hat. So skandalös Marcuses Buch in manchen seiner Thesen vor zehn Jahren auch gewirkt haben mag, heute wirkt es in vielen Passagen beinahe idyllisch.

Dennoch wäre es falsch, dem ersten Eindruck nachzugeben und Marcuses Buch schnell ins Antiquariat der Moderne zu stellen. Weitgehend ist der Eindruck des Veralteten nämlich atmosphärisch bestimmt, nicht zuletzt durch die Sprache verursacht. Macht man sich von deren Einfluß frei, ändert sich das Bild.

Aktuell ist Marcuses Auffassung, daß in den Industriegesellschaften ein kritisches Potential bei den etablierten Gruppierungen (Parteien, Verbänden, Gewerkschaften) kaum zu finden ist, daß Strategien politischer Mobilisierung sich vielmehr in erster Linie an Außenseiter, Randgruppen und bislang unorganisierte Bevölkerungsschichten zu richten haben. Marcuse hat dabei freilich unterschätzt, in welchem Ausmaß große Teile der Bevölkerung, wenn ihre eigenen Interessen unmißverständlich auf dem Spiel stehen, aktivierbar sind. Der Erfolg der »Ökologen« bei den französischen Gemeindewahlen ist dafür ebenso ein Indiz wie die wachsende Bedeutung von Bürgerinitiativen in unserem Lande.

Die Probleme, die sich damit der Gesellschaftsanalyse wie der praktischen Politik stellen, sind bei Marcuse aber kaum angedeutet. Einige seiner zentralen Kategorien müßten geradezu »umgedreht« werden, um heute noch aussagekräftig zu sein. So spielt im »Eindimensionalen Menschen« die »Unmittelbarkeit« eine große Rolle; Marcuse meint dazu, sie sei einst Merkmal primitiver Gesellschaften gewesen, heute aber das Ergebnis ausgetüftelter Planung. Unmittelbarkeit ist für ihn eine Herrschaftstechnik: den Betroffenen wird ein Einverständnis mit gesellschaftlichen Zuständen eingeredet, gegen die sie eigentlich opponieren müßten.

Heute ist »Unmittelbarkeit« zweifellos ein kritischer Terminus geworden, Kennzeichen für Versuche, Stellungnahmen zu politischen Grundsatz- und Einzelfragen ohne die Vermittlung repräsentativer Instanzen abzugeben. Die Probleme, die damit auftreten, lassen sich ahnen: es genügt die Erwähnung der Auseinandersetzungen um die Kernenergie. Richter, die in einem Land den Ausbau von Kernkraftwerken stoppen, in einem anderen zulassen, Gewerkschaften, die sich gegen Umweltschützer stellen, um Wachstum und Arbeitsplätze nicht zu gefährden – Probleme dieser Art werden bei Marcuse zwar nicht diskutiert, könnten von ihm aber zweifellos in seinen Argumentationsrahmen eingegliedert werden. Marcuses Buch ist an manchen Stellen veraltet, an anderen durchaus aktuell, an vielen aktualisierbar.

Aktuell ist auch Marcuses Einschätzung der Kunst und ihrer Rolle in der modernen Gesellschaft. Bekannt geblieben ist in diesem Zusammenhang seine Kritik der »repressiven Entsublimierung«, sein Eintreten für eine Kunst, die Bilder von Zuständen hervorbringt, »die mit dem bestehenden Realitätsprinzip unvereinbar sind, die aber als Bilder der Kultur erträglich, ja erhebend und nützlich werden«. Hinter diesen vorsichtigen Formulierungen verbirgt sich eine radikale Absage an alle Spielarten marxistischer Ästhetik: Der Kunst wird ein Eigenrecht gegenüber der Sphäre der materiellen Produktion zugestanden, Schönheit hat vor Nützlichkeit den Vorrang.

Jetzt hat Herbert Marcuse im Hanser-Verlag einen Essay veröffentlicht, der die ästhetischen Überlegungen des »Eindimensionalen Menschen« fortführt und in manchen Aspekten verdeutlicht. Der Untertitel seines Essays »Die Permanenz der Kunst«, der sich »wider eine bestimmte marxistische Ästhetik« richtet, ist freilich von unangemessener Zurückhaltung. Marcuse hätte Hans-Dietrich Sanders Buch »Marxistische Ideologie und allgemeine Kunsttheorie« auch die Schlußfolgerung entnehmen können, daß jedwede »marxistische« Ästhetik sich noch nicht einmal auf Marx selbst berufen kann.

Aktuell ist Marcuses Buch in ästhetischen Fragen, wenn man sich der Umwege erinnert, die die Kunst-, insbesondere die Literaturdiskussion in den letzten zehn Jahren genommen hat. Dem vorschnell verkündeten Tod der »schönen Literatur« ist ihre Auferstehung gefolgt, die Aufforderung zum radikalen Engagement und zum abbildhaften Realismus hat einem neuen Subjektivismus Platz gemacht. Marcuse hat diesen Umweg nicht gehen müssen: schon vor zehn Jahren hat er sich unmißverständlich allen Versuchen widersetzt, »hohe« in »populäre« Kunst zu transformieren und die Literaturproduktion vornehmlich als eine andere Form der Gesellschaftsanalyse zu betrachten.

Liest man den »Eindimensionalen Menschen« nach zehn Jahren wieder, so ergibt sich eine eigentümliche Zweideutigkeit: das Buch Herbert Marcuses erscheint veraltet und aktuell zugleich. Veraltet erscheinen paradoxerweise vor allem seine eher »realistischen« Passagen. Das hängt, wie gesagt, mit der Tatsache zusammen, daß Marcuses Buch zu einem Zeitpunkt geschrieben wurde, als am weiteren Wachstum der Industriegesellschaften noch wenig Zweifel bestanden. Marcuse hat gegen die Ideologie des Wachstums geschrieben und hat auf deren zerstörerische Konsequenzen aufmerksam gemacht, doch hat er die materiellen Voraussetzungen dieser Ideologie nicht in Frage gestellt. Man kann dies feststellen, ohne in einen vorwurfsvollen Ton zu verfallen: es gibt kaum einen Gesellschaftswissenschaftler oder Futurologen, dem hier nicht ebenfalls seine mangelnde Prognosefähigkeit vorgeworfen werden könnte.

Marcuses Buch ist aktuell, wo es die Züge der Utopie annimmt. Dies gilt für die Vision einer jenseits von Verbänden und Parteien mobilisierten Gesellschaft ebenso wie für seine altmodische, im Rückblick aber beinahe prophetisch anmutende Einschätzung von Kunst und Literatur. Vor zehn Jahren wurde auch Marcuses Aufforderung, eine andere Technik als die herkömmliche zu entwerfen, vermutlich mehr belächelt als in unseren Tagen. Zwar ist immer noch unklar, was darunter konkret verstanden werden kann, doch wenn heute in einem Buch wie Carl Friedrich von Weizsäckers nüchterner Analyse »Wege in der Gefahr« (1976) die Prognose gewagt wird, daß vielleicht ein Wirtschaftswachstum in Zukunft ohne ein Wachstum der Energieproduktion durch die Entwicklung Energie ersetzender Techniken möglich sein wird, und in diesem Zusammenhang von einem Ersatz der Technik durch Information die Rede ist, ahnt man, wie Marcuse real erfüllt werden könnte. Und wenn Weizsäcker schließlich eine umfassende Bewußtseinsänderung als die einzige Möglichkeit nennt, um den der Welt drohenden Katastrophen zu entgehen, und sich nicht scheut, in diesem Zusammenhang von einer »theologischen Anthropologie« zu sprechen, mit deren Hilfe eine solche Bewußtseinsänderung herbeigeführt werden soll, gewinnt das Buch Herbert Marcuses einen noch stärkeren Realitätsgehalt.

Ein Buch als Gewittervogel

Karl Jaspers: »Wohin treibt die Bundesrepublik?« (1966)

HERMANN RUDOLPH

In den ersten drei Wochen fand das Buch dreißigtausend Leser, nach weniger als einem Jahr war die Zahl der verkauften Exemplare nahe an die Hunderttausend-Grenze herangekommen. Es wurde aufgenommen als »Lehrbuch für Staatsverdrossenheit«, als »schärfste Kritik an unseren politischen Zuständen, die die deutsche Nachkriegsgeschichte bisher gefunden hat«. Ulbricht, noch im Glanze unbestrittener Alleinherrschaft, meinte in einem Brief, daß den Verfasser und ihn selbst bezüglich der Entwicklung der Bundesrepublik »die gleiche Sorge bedrückt«. Ein junger Nachwuchspolitiker namens Eppler, damals noch nicht mehr als eine politische Hoffnung, schloß dagegen seine Rezension mit der erschrockenen Frage, wie »vergiftet die politische Atmosphäre eines Landes sein müsse, in dem ein solches Buch zum Bestseller wird«. Aber der politisch-zeitkritische Bestseller des Jahres war Jaspers' Buch ganz ohne Zweifel.

Das war vor zehn Jahren. Liest man das Buch heute wieder, so erscheint das einem fast wie ein Gerücht. Die Zwischenzeit hat an dem Buch nicht mit dem Gewicht von Jahren, sondern von Jahrzehnten gezerrt. Es scheint noch ferner als die Große Koalition, das glücklose Interim Erhards und die Ägide Adenauers, die alle zusammen ja auch schon ziemlich blaß geworden sind. Da wetterleuchtet noch etwas vom hilflosen Pathos der frühen Protestbewegungen der fünfziger Jahre, hinter denen allemal die Furcht stand, die junge Bundesrepublik könne unversehens wie durch eine Falltür wieder ins kaum überwundene braune Spektakel hineinfallen, und ganz am Grunde wird seine Tonlage immer noch von jenen Beschwörungsversuchen bestimmt, in denen in der unmittelbaren Nachkriegszeit die Sprachlosigkeit des Erschreckens über das Geschehene nach Ausdruck suchte.

Aber selbst das ist noch nicht die tiefste Schicht, in der man die Herkunft des Buches orten würde. Es waren vor allem die Erfahrungen der deutschen Katastrophe dieses Jahrhunderts, die Jaspers zu dieser Philippika wider die bundesrepublikanische Gegenwart getrieben haben. Unüberhörbar sprach das Vor-, ja das Vorvorgestern beunruhigt, beunruhigend ins Gestern hinein.

Das hat auch etwas mit dem Stil des Buches zu tun, mit jener Stentorstimme, mit der es Seite für Seite spricht, ohne innezuhalten: ein Buch, gleichsam von der ersten bis zur letzten Zeile in Großbuchstaben geschrieben. Halb ist es der Prophet, der hier mit alttestamentarischem Pathos zürnt und warnt, halb der Professor alten Schlages, der vom Katheder herab sein System doziert, halb der Zeitkritiker, der auf Menetekel spezialisiert ist. Nirgendwo läßt das Buch Raum für das fragende Auswerfen des Gedankens, der Zurücknahme, die die Analyse voraussetzt, oder die Mehrschichtigkeit eines Arguments. Im gleichen Atemzug und in der gleichen Stimmlage handelt das Buch derart von der Regierungspraxis und der Verwirklichung der Idee gegen das Chaos, vom Wahlrecht und dem Wagnis der Freiheit, zu dem der Mensch bereit sein müsse.

Die Thesen des Buches sind einfach, faßlich und von unmißverständlicher Direktheit. Die Bundesrepublik hat, so Jaspers' immer wiederholter Grundvorwurf, die innere Umkehr, den »Grundakt der Umkehr«, versäumt, der nach dem Nationalsozialismus notwendig gewesen wäre. Im Konkreten erhärtet Jaspers das an dem Verlauf der Debatte über die Verjährung von NS-Verbrechen, deren Bewertung in einem Gespräch mit dem »Spiegel«-Herausgeber Augstein und einer polemischen Analyse der erste Teil des Buches gewidmet ist. Aber für Jaspers ist das nur die Grundlage für ein viel weiter gehendes Versäumnis. Die Bundesrepublik hat, so seine Behauptung, die ihr durch die Vergangenheit auferlegte »sittlich-politische Aufgabe« nicht erfüllt, einen neuen demokratischen Staat zu gründen.

Die Ausbreitung dieses Vorwurfs, der Aufweis seiner eventuellen Folgen und der Vorschlag möglicher Heilmittel sind das eigentliche Thema des Buches. Jaspers sieht die Bundesrepublik entartet zu einer Parteienoligarchie, die im zynischen Spiel mit den Massen ihre Macht bewahrt. Sie herrsche innerhalb einer Staatsstruktur, die auf der Angst und dem Mißtrauen gegenüber dem Volk beruht. In dieser Verfassung der Bundesrepublik sieht er die Möglichkeit katastrophaler Entwicklungen angelegt. Er bringt sie auf den Nenner »von der Parteienoligarchie zum autoritären Staat; vom autoritären Staat zum Diktaturstaat; vom Diktaturstaat zum Kriege«.

Belegt wird diese Möglichkeit vor allem mit den damals vorbereiteten Notstandsgesetzen und der außenpolitischen Isolierung der Bundesrepublik im Zusammenhang mit der beginnenden Entspannungspolitik, dazu mit den Skandalen der Saison von der Spiegel-Affäre bis zum Pinscher-Wort Ludwig Erhards, vom Fall Paetsch, für den man heute schon im Archiv nachschlagen muß, bis zum Starfighter. Um diese Entwicklung abzuwenden, macht Jaspers schließlich einen Katalog von Vorschlägen: mehr und unmittelbare Mitwirkung der Bürger, um die Parteienoligarchie zu durchbrechen, politische Bildung, Anerkennung des außenpolitischen Status quo durch Bekenntnis zur Oder-Neiße-Grenze und Absage an die Wiedervereinigung – in dieser Richtung.

In der Sache ist das alles heute nur noch von mäßigem Interesse. Das gilt auch für die Passagen in seinem Buch, in denen Jaspers für sich in Anspruch nehmen könnte, Prophet und früher Warner gewesen zu sein.

In der Tat sind ja die Aufforderungen, die er an die Außenpolitik richtete, heute längst Geschichte; die Entspannungspolitik der sozialliberalen Koalition ließe sich ohne weiteres als Einlösung des Jaspersschen Appells lesen. Auch könnte man in seiner Anklage der oligarchistischen Verselbständigung des politischen Betriebes ohne viel Mühe vorausgenommen sehen, was etliche Jahre später mit beträchtlichen intellektuellen Verrenkungen als Legitimitätsdefizit in allen Seminaren entdeckt wurde. Und seine Forderung nach spontanen Bürgervereinigungen jenseits der Parteien: man könnte Jaspers gut und gerne auch für einen Urgroßvater der Bürgerinitiativen nehmen.

Aber mit alledem sprach Jaspers eigentlich nur aus, was in aufgeweckteren Kreisen damals ohnedies umging. Im übrigen war es auch nicht die Kritik, die das Buch seinerzeit in die Bestseller-Listen beförderte. Es war gewiß zunächst der Umstand, daß hier der erste große Frontalangriff auf den bundesdeutschen Status quo geführt wurde, und zwar aus den Tiefen eines Gemüts, an dessen markanter Positivität kein Zweifel sein konnte. Vor allem aber war es – und das läßt sich von heute aus, aus dem zeitlichen Abstand heraus deutlicher wahrnehmen als damals, wo es bestenfalls erahnbar war – das Muster der Kritik, das er anhand der verschiedenen zeitgenössischen Ärgernisse vorführte.

Was für ein Kritik-Muster? Nicht allein die Transformation der Kritik ins Moralische; an moralisierenden Kritikern hatte es in der Bundesrepublik nie gefehlt. Was Jaspers' Interpretation der teils linken, teils nationalen Vorbehalte gegen den westdeutschen Status quo, die bis dahin alle hilflos an dem Schutzpanzer der Selbstzufriedenheit abgeprallt waren, den sich die neue Republik zugelegt hatte, die Durchschlagskraft gab, war das Bezugsfeld, das er der Kritik gab.

Er projizierte sie auf eine Vision von großer Politik, die als Maßstab das Wagnis der Freiheit im »Sturm der Geschichte« und der Wahrhaftigkeit gegen sich selbst postulierte. Die gängige Kritik am politischen Personal von Strauß bis Erhard sah sich im folgenden aufgepfropft auf ein politisches Leitbild, das Japsers rhapsodisch als den Menschen beschwor, der »in den Stürmen der Geschichte« steht, »verantwortlich für den Gang der Dinge, nicht nur verwaltend im Kleinen der Ordnung, sondern im Großen, das alle diese Ordnungen und das tägliche Verhalten in ihnen mitbedingt«, nicht nur die »Gegenwart des Lebens« leistend, sondern zugleich die »Vorbereitungen auf die großen Augenblicke der Weltgeschichte«.

Damals ist daran einmal der existentielle Tonfall bemerkt worden, zum Teil mit dem stillen Vergnügen dessen, der sich längst darüber hinaus dünkt. Vor allem aber sind die Anklänge an traditionelle bildungsbürgerliche Ressentiments gegenüber der Politik und den Parteien von den Politologen und Politikbeflissenen mit Eifer aufgestöbert, kritisch zur Strecke gebracht und zur allgemeinen Nachdenklichkeit angeprangert worden. Von heute aus gesehen wiegt anderes schwerer. Es ist die Veränderung, die die Kritik an den Zeitumständen durch die Aufladung mit der Kulturkritik erfuhr. Der Maßstab, den ihr Jaspers' Kulturkritik einsetzte, bewirkte, daß sie nicht mehr nur auf die Mängel der bundesdeutschen Normalität gerichtet blieb, sondern auf diese Normalität selbst einschwenkte. Indem sie den Gedanken der Daseinswahrheit unvermittelt als Leitfigur in die aktuelle politische Kritik einführte, hob sie sie gleichsam aus den Angeln ihrer Angemessenheit. Sie entleerte und radikalisierte sie zugleich.

Die politische Routine insgesamt als abstoßendes Bild der »Normalität«: die Konsequenz war, daß Hoffnung nicht mehr die Korrektur oder Besserung dieses Zustands sein konnte, sondern die »Umkehr«, die »geistige Revolution«. Die Normalität der Bundesrepublik, so Jaspers' Diktum, ist die »Normalität des ziellosen, unernsten, heimlich ratlosen Fortschlitterns. Die einzige Alternative, die uns retten kann, ist nicht eine unvermeidliche Normalität, sondern die politische Wiedergeburt.«

Mit dem Abstand von zehn einigermaßen dramatisch verlaufenen Jahren ist es das, was in Jaspers' Buch bemerkenswert ist: die radikale Aufladung des zeitkritischen Bewußtseins, begründet in der Verschmelzung der Kritik am politischen Zustand der Bundesrepublik mit der aus den Tiefen eines geplagten Zeitverhältnisses hervorbrechenden Kulturkritik. Sie gab Jaspers' Philippika den explosiven Charakter. Sie schlug gleichsam aus der politischen Reflexion auf die Zeitumstände, die institutionellen, rechtlichen und politisch-praktischen Stützen und Klammern, das Abwägen der Vorzüge und Rücksichten, der Kompetenzen und Erfahrungen heraus, die den politischen Gedanken normalerweise bremsen, steuern, kanalisieren. Das gab dieser Kritik die Sogkraft eines Windkanals, lud sie auf mit der Beschleunigungskraft einer inneren Radikalisierung, die sich mit keiner politisch-institutionellen Antwort mehr zur Ruhe bringen ließ. Denn gefordert wurde, gewiß, die Fünf-Prozent-Klausel und die Anerkennung der Oder-Neiße-Grenze: aber diese Forderung galt in Wahrheit nicht den begrenzten Veränderungen, die damit durchzusetzen waren, sondern einer neuen Wirklichkeit.

Es war dieses Kritik-Muster, das wenig später in den deutschen intellektuellen und universitären Quartieren geradezu epidemische Verbreitung erlangte. Nicht, weiß der Himmel, in Jaspers' ehrwürdiger existentieller Instrumentierung, sondern übersetzt in ganz andere Begriffs- und Vorstellungsdimensionen, angetrieben auch kaum von dem leidenschaftlichen Willen, der Jaspers' bestes Erbteil war, sondern von den sozialen und psychologischen Gärungsprozessen und Konvulsionen im Innern einer Generation und nicht zuletzt vom entschiedenen Willen einer Minderheit, das Unterste zuoberst zu kehren. Aber das Muster der Kritik war das gleiche, und daß es von Jaspers praktiziert wurde, praktiziert werden konnte, zeigte zugleich an, wo sich die Bundesrepublik in der Mitte der sechziger Jahre befand. Sie befand sich in einem Übergang, in dem die Formen und Formeln der Ära des Wiederaufbaus und der Konsolidierung nicht mehr trugen, neue aber noch nicht gefunden waren. Mehr noch, schwerer wiegend: sie war sich, so wie sie war, so wie sie sich politisch darstellte und noch verstand, nicht mehr selbstverständlich. Jeder konnte das spüren, und sehr viele spürten es. In Jaspers' Buch, mehr noch in dem, was man aus ihm heraus- und in es hineinlesen konnte, war dieses Gefühl wie in einem riesigen Radar-Ohr aufgefangen. Seinen Rang besitzt es insofern nicht als Diagnose, sondern als Symptom: sein Erfolg markiert genau jenen Zustand, der wenig später den

Boden für das studentische Aufbegehren und seine Folgen abgab. Ein Buch als Gewittervogel.

Das Urteil enthebt nicht der Pflicht festzustellen, daß es mit dem ideologiekritischen Sezieren nicht getan ist. Jaspers hat nämlich in einer allgemeinen, schwer zu präzisierenden Weise auch recht. Seine Erbitterung darüber, daß die Politik ausgleite in die bloße Geschäftigkeit, seine Beschwörung der Gefahr, daß sie sich verselbständige, seine Aufforderung an die Regierenden, sich in einem Akt der Umkehr von den »Fiktionen« zu lösen und »positiven, zu verwirklichenden Zielen« zuzuwenden: niemand, der ein Auge auf unsere politischen Zustände hat, wird sich davon nicht lebhaft angesprochen fühlen.

Und ist es schließlich nicht wahr, was Jaspers in dem umfänglichen Band, mit dem er ein Jahr nach dem Sturm, den er ausgelöst hatte, seinen Kritikern antwortete, gleichsam als Quintessenz seines Unternehmens formulierte: daß Politik als »ein ›eigengesetzlicher‹, besonderer und abgegrenzter Bereich nicht angemessen und nicht vollständig zu begreifen« sei? Es ist wahr – so wie es richtig ist, daß das politische Handeln der beständigen Anstrengung der »Umkehr«, der »Revolution der Denkungsart«, des Wagnisses bedarf, wenn es nicht in die entleerte Routine absacken soll. Aber das ist nur das eine. Das andere ist die Umsetzung dieser Wahrheit in das Bedingungsgefüge der politischen Wirklichkeit. Wo diese Umsetzung, das eigentliche politische Geschäft, ausbleibt, entgleist sie selbstzerstörerisch.

Der Wohlstand und die Schuld

Alexander und Margarete Mitscherlich:
»Die Unfähigkeit zu trauern« (1967)

IVO FRENZEL

Es gibt Bücher, die bei ihrem Erscheinen von einer bestimmten
Zeitlage begünstigt werden. Sie bekommen dann eine Aktualität,
die die ursprünglichen Absichten ihrer Autoren weit übertrifft. Es
entsteht dann die doppelte Gefahr, daß ein solches Buch von der
modischen Diskussion zerredet wird und alsbald wieder verschwindet oder daß sein Inhalt prinzipiell mißverstanden wird. Als
Alexander und Margarete Mitscherlich 1967 ihre Studie über »Die
Unfähigkeit zu trauern« vorlegten, wollten die Autoren am Beispiel deutscher Vergangenheitsbewältigung Grundlagen kollektiven Verhaltens demonstrieren. Doch ging es dabei nicht nur
darum zu zeigen, wie ein Volk seine eigene geschichtliche Katastrophe verdrängt, sondern es ging auch um das Phänomen des
nachkriegsdeutschen Immobilismus, um eine Kritik an jenem
Bilde des freundlichen Deutschen, der in wachsendem Wohlstand
nicht nur friedfertig, sondern auch selbstgefällig, vergeßlich und
bequem geworden war. Dieses Zeitbild kam dem Gefühl einer
allgemeinen Frustration im Klima der Großen Koalition entgegen.
Das Buch der Mitscherlichs erschien, als die Außerparlamentari-
sche Opposition überall im Lande ihre Stimme erhob, um gegen
Ermüdungserscheinungen der Parteiendemokratie, aber auch gegen die Notstandsgesetze und den Vietnamkrieg zu protestieren.
Demokratischer Wildwuchs, der sich auf hohe Ideale und eine
hohe Moral berief und in dessen Kern sich die rebellierende
Studentenschaft als Neue Linke etablierte. In dieser Atmosphäre
wurde die »Unfähigkeit zu trauern« nicht so sehr als psychoanalytische Studie über Fehlhaltungen gegenüber der Vergangenheit
akzeptiert, sondern vielfach als Beitrag zu einer Diskussion verstanden, die sich primär um näherliegende tagespolitische Themen
kümmerte. Das war aber eigentlich kein Mißverständnis, wenn
man sich daran erinnert, welche Rolle die NPD Ende der sechziger
Jahre zu spielen begann. Die Rechtsextremisten hatten mehr

Zulauf als alle Gruppierungen links von der SPD zusammen. Die Gefahr eines erstarkenden Neofaschismus mußte um so stärker scheinen, je weniger die Erfahrung des Nationalsozialismus verarbeitet war. So kann man von dem doppelten Glücksfall sprechen, daß die »Unfähigkeit zu trauern« im rechten Zeitpunkt erschien und der Gefahr des Mißverständnisses entgangen ist.

Zehn Jahre danach ist in der »Serie Piper« eine unveränderte, nur durch neue Vor- und Nachworte erweiterte Taschenausgabe erschienen, und es stellt sich die Frage, was das Buch nun, in einer veränderten politischen Situation, hergibt. Denn vieles scheint anders: Statt Überfluß und Vollbeschäftigung erleben wir Wachstumskrisen und Arbeitslosigkeit, statt der APO Bürgerinitiativen, statt der Studentenrebellion linksextremen Terror, statt Vietnam-Protesten Bürgerrechtsdebatten, statt einer lautstark auftretenden NPD neofaschistische Grüppchen, die, wenn auch politisch heute einflußlos, eine permanente Unterströmung bilden, deren Größe schwer abzuschätzen ist. Doch weiß man, daß Neofaschisten und ihre Sympathisanten sich zunehmend aus jüngeren Leuten rekrutieren, für die der Nationalsozialismus Geschichte ist, die keine Schuldkomplexe zu kompensieren, nichts zu bereuen und nichts zu betrauern haben. Ist die »Unfähigkeit zu trauern« heute noch ein Problem?

Das Buch von Alexander und Margarete Mitscherlich geht von einer riskanten, weil schwer zu beweisenden Hypothese aus, die sich etwa so formulieren läßt: Einsichten, die über individuelles Verhalten Aufschluß geben (insbesondere über Reaktionen und Fehlverhalten in außergewöhnlichen Situationen), lassen auch Rückschlüsse auf das Verhalten großer Gruppen (sogar eines ganzen Volkes) zu. Die Autoren wissen, daß die von Freud selbst nur spekulativ und programmatisch erhobene Forderung, psychoanalytische Erkenntnisse, die am einzelnen Subjekt erworben wurden, auf Probleme der Massenpsychologie zu übertragen, hinsichtlich ihrer Realisierbarkeit umstritten ist. Können Einzelerfahrungen eine zwingende Erklärung für die Reaktionen von Millionen ganz verschiedener Charaktere geben? Zwar handelt es sich um Reaktionen, die weitgehend übereinstimmend verlaufen, doch scheint es in diesem Bereich anders als in den Naturwissenschaften nicht zulässig, vom Einzelfall ein allgemeines Gesetz abzuleiten. Angesichts solcher Schwierigkeiten ist es allerdings schon viel, wenn die Untersuchung eine partiell brauchbare Erklärung kollektiven Verhaltens liefert. Daß das vorliegende Buch diese Aufgabe leistet, also einen Schlüssel zum Verständnis deutscher Haltung liefert, scheint außer Zweifel.

Worum geht es? »Trauer ist ein seelischer Prozeß, in welchem das Individuum einen Verlust verarbeitet.« Im Sinne dieser Definition sprechen die Autoren von »Trauerarbeit«, die einem Menschen in bestimmten Situationen als positiv zu verstehende Aufgabe zugewiesen ist. Wird dieser Prozeß gestört, so kommt es zur Behinderung zwischenmenschlicher Beziehungen und schöpferischer Fähigkeiten. Diesen Sachverhalt übertragen die Mitscherlichs auf die zeitgeschichtliche Problematik. Sie behaupten, daß zwischen dem bundesdeutschen Provinzialismus und dem politischen und sozialen Immobilismus einerseits und der hartnäckig aufrechterhaltenen Abwehr von Erinnerungen an die NS-Zeit andererseits ein determinierender Zusammenhang besteht. Der Begründung dieser These dienen alle nachfolgenden Überlegungen.

Die oft beschriebene Faszination, die von Hitler ausging, von seinen ständigen Appellen und Forderungen an die Nation, »hatte nicht nur mit Sadismus, sondern auch viel mit Masochismus, mit Unterwerfungslust zu tun, hinter der die viel bewußtseinsfernere Neigung zur Autoritätsschändung stand«. Je bindender ein Gehorsamsideal ist, desto unerträglicher werden die Schuldgefühle bei jedem Gedanken an Protest und Widerstand. Solche Ängste pflegen dann mit überschießender Unterwürfigkeit kompensiert zu werden. Ein plausibler psychosozialer Mechanismus. Denn, so fragen die Autoren mit Recht, welches Volk wäre sonst bereit gewesen, die sich langsam als wahnhaft offenbarenden Ziele seiner Führung mit solcher Geduld, mit solcher Ausdauer auch in der Selbstzerstörung zu verfolgen? Gewiß wird man hier einwenden dürfen, daß nicht nur Schuldgefühle gegenüber dem zum Idol erhobenen Führer im Spiele waren, sondern auch ganz reale Ängste vor der brutalen Gewalt des Systems eine erhebliche Rolle spielten. Denn die Geschichte von Diktaturen lehrt ja, daß es den Menschen, ob mit oder ohne Schuldgefühle, zunächst um Überlebensstrategien gehen muß.

Dennoch: Hitler und das, was er heraufbeschwor, wäre nicht möglich gewesen ohne die breite Gefolgschaft eines Volkes, das ihn im Prinzip bejaht und gewollt hat. Und zweifellos hatte es Hitler den Deutschen mit wenigen Ausnahmen möglich gemacht, »an die Realisierbarkeit ihrer infantilen Omnipotenzphantasien glauben zu dürfen. Es waren archaische Triebrepräsentanzen, denen Befriedigung versprochen war.« Nach dem Sturz des Idols und dem damit verbundenen Verlust solcher Träume setzte sich im Volk die Meinung durch, man sei einem Übermächtigen erlegen (der Führer war an allem schuld), so wie das Kind meint, es sei schuldlos an den Erziehungsfehlern der Erwachsenen. Die Autoren können deshalb zusammenfassend feststellen: »Die Unfähigkeit zur Trauer um den erlittenen Verlust des Führers ist das Ergebnis einer intensiven Abwehr von Schuld, Scham und Angst, sie gelingt durch den Rückzug starker libidinöser Besetzungen. Die Nazivergangenheit wird derealisiert, entwirklicht.« Um hier einem möglichen Mißverständnis vorzubeugen: Anlaß zur Trauer hätte nach 1945 nicht nur der Tod des einst geliebten Führers als realer Person gegeben, sondern vor allem der Verlust eines kollektiven Ich-Ideals, an das man sich angelehnt, dem man Verantwortung übertragen hatte und das zugleich für je eigene Allmachtsvorstellungen stand, die jeder aus seiner frühen Kindheit kennt. Diese Freilegung der psychologischen Wurzel des Hitler-Mythos scheint mir hier so gut geglückt wie nie zuvor und wie danach nur in Erich Fromms »Anatomie der menschlichen Destruktivität«. Man wird sich erinnern, daß es viele offizielle Gesten der Trauer gegeben hat, von der Bereitschaft zur materiellen Wiedergutmachung bis zu dem Kniefall eines deutschen Kanzlers in Warschau, daß das Volk im ganzen aber stets schnell zur Tagesordnung überging: Zunächst galt es zu überleben, dann den Wiederaufbau zu realisieren, schließlich das Erreichte zu sichern. Die vitale Ansicht, daß die Toten ihre Toten begraben sollen, setzte sich ebenso durch wie jene andere, daß für die Abrechnung mit dem schuldhaften Versagen einzelner die Gerichte zuständig seien.

Zu fragen wäre, ob es so etwas wie ein kollektives Gewissen überhaupt gibt und ob Völker nicht fast immer mit Verdrängung und Vergessen auf die dunklen Punkte ihrer Geschichte reagieren. Tatsächlich fällt es wohl schwer, geschichtlich belegbare, positive Beispiele geglückter kollektiver Trauerarbeit vorzuweisen. Mir fallen in der neueren Geschichte eigentlich nur die Dänen ein, die nach dem verlorenen Kriege von 1864 der Devise des grandiosen Pfarrers Grundtvig folgten, im Inneren das zu gewinnen, was man nach außen verloren hatte. Eine solche grundlegende Bewußtseinsänderung hat es bei uns so sichtbar nicht gegeben. In das durch den Sturz Hitlers entstandene Vakuum traten im Raum der geteilten Nation mit Adenauer und Ulbricht zunächst zwei neue Idole auf. »Nicht wissend, welche Rolle sie im Phantasieleben der beiden Staatskollektive ausüben, haben der Staatsratsvorsitzende dort und der Bundeskanzler hier sich einen echten Diadochenkampf um die Erbschaft Hitlers geliefert, des vorerst letzten deutschen Ideals.« Nun wird man sogleich einwenden wollen, daß die deutsche Nachkriegsentwicklung ganz wesentlich von den Vorstellungen und Konflikten der beiden großen Siegermächte abhing. Ohne dies zu leugnen, wollen die Autoren auf etwas anderes hinaus: In dem einen deutschen Teilstaat betrachten sich die Menschen recht selbstgefällig als Besieger des Faschismus, während wir uns ebenso selbstgefällig als die freiheitsliebenden, die guten Deutschen sehen. Weder die einen noch die anderen finden deshalb Anlaß, sich mit der grauenhaften Vergangenheit zu identifizieren.

Hier möchte man den Autoren zustimmen: Eine wirkliche Trauerarbeit, d. h. eine Bewältigung dieser Vergangenheit durch ein Schuldgeständnis, das von Millionen Einzelnen wirklich getragen worden wäre und das zu einer Bewußtseinsänderung hätte führen können, hat es nicht gegeben. Und heute, zehn Jahre nach dieser Feststellung? Das Problem scheint allmählich seine biologische Lösung zu finden. Die, die aktiv am Nationalsozialismus teilgenommen, ihn mitzuverantworten haben, sterben aus. Manche Beispiele, die die Autoren aus dem Umkreis ihrer eigenen politischen Erfahrung genommen haben, sind heute nicht mehr aktuell und lesen sich nur noch als historische Reminiszenz. Geblieben ist aber zweifellos das gebrochene Verhältnis zur eigenen Geschichte, das die Älteren den Jüngeren vererbt haben, eine Gestörtheit, die in der aus Sensationslust und Ratlosigkeit gemischten Rezeption der jüngsten »Hitler-Welle« manifest wird. Diese Haltung offenbart sich heute auch »in der Ablehnung vieler Deutscher, das Auseinanderfallen von Wirklichkeit und Ideal im eigenen Lande auch nur wahrzunehmen«. So Margarete Mitscherlich im Nachwort aus dem August 1977.

Ist dieses Buch, mit Nietzsche zu reden, »ein schönes Umsonst«, weil es eine Entwicklung postuliert, die heute kaum noch nachgeholt werden kann? Ungeachtet mancher Einzelheiten, denen man widersprechen möchte, ist die erneute Lektüre geeignet, auch heute noch jene Betroffenheit auszulösen, die stets eine Grundvoraussetzung sein muß, wenn man in den Kontext der eigenen Geschichte wieder hineinfinden will. Darüber hinaus gibt es aber ein Kapitel, das heute viel stärkere Aufmerksamkeit erregen muß als vor zehn Jahren. Die Autoren sprechen da von der Relativierung der Moral und von den Widersprüchen, mit denen unsere Gesellschaft leben muß. Es handelt sich hier um Probleme, die Alexander Mitscherlich auch in seinem Buch »Auf dem Weg in die vaterlose Gesellschaft« beschrieben hat. Der Gedanke, daß Moral relativierbar ist (worauf nicht zuletzt Nietzsche und Freud hingewiesen haben), weckt Unbehagen. Der weitgehende Verlust der Autoritäten und der an sie geknüpften, alten moralischen Normen hat die moderne Gesellschaft in keineswegs ausgestandene, ja noch unabsehbare Identifikationsschwierigkeiten gestürzt. Die Kommunikationsschwierigkeiten zwischen den Generationen hängen damit ebenso zusammen wie die Legitimitätskrise des demokratischen Staates. Was hat eine zum politischen Extremismus neigende Jugend im Ansatz versäumt, welche geistigen Interessen hat sie nicht erworben oder nicht erwerben können? Wer heute so fragt, stößt bei den Mitscherlichs auf höchst bedenkenswerte Passagen: »Identifikationsmöglichkeit mit einer idealen Person oder Sache auf der einen, der Konflikt mit einer Autorität auf der anderen Seite scheinen für die Entwicklung und Erhaltung der geistigen Interessen des Jugendlichen eine unersetzbare Funktion auszuüben. Nicht selten wird der Autoritätskonflikt verewigt.« Die Autoren appellieren daran, daß es unter den Zwängen unserer Zivilisation darum gehe, »eine unersetzliche Atempause des Denkens vor drang- und angstabhängigen Entscheidungen« zu erreichen. Ein Appell an die Vernunft, um im selbstkritischen Urteil unserer Identität inne zu werden. Dazu gehört aber auch, das zu betrauern, d. h. zu begreifen und zu versachlichen, was an einstigen Idealen, sei es durch eigene Schuld oder die Unbarmherzigkeit der Geschichte, zerstört und nicht mehr rückrufbar ist. Doch ist noch keine Gesellschaft in Sicht, die eine solche Maxime zur Richtschnur ihres kollektiven Verhaltens machen würde.

Das Gesicht des Jahrhunderts

Das Gesicht des Jahrhunderts wird Jahr um Jahr deutlicher. Wir leben in seinem letzten Drittel. Kann, was noch kommt, das, was das Jahrhundert bisher war, noch wesentlich verändern? Dieselbe Frage, um 1870 gestellt und auf das letzte Jahrhundert bezogen, hätte manchen zu einem Nein veranlaßt, obwohl jenes letzte Drittel die große Mutation der Epoche erst gebracht hat, so daß das Ende des 19. Jahrhunderts wie tausend Jahre von seinem Anfang entfernt scheint. Stand an diesem Anfang noch die Idee einer Erziehung des Individuums mit Hilfe der kulturellen Postulate durchgehender Versittlichung und ästhetischen Empfindens, der Seelenbildung, hoher Vergeistigung und philosophischen Begreifens der Welt – an seinem Ende schon versank alles das in den puren Materialismus, über dem die Welt der Kunst nur noch wie der schöne Schein, ein Überbau über dem festen Bau war. Gebaut wurde damals – historisch verspätet – nicht nur der nationale Staat, der sich aus den Regungen der vorhergegangenen Jahrzehnte speiste, nicht nur ein neues Bewußtsein von Kraft, Macht und Rolle der Deutschen in der Weltgeschichte, sondern vor allem jenes feste wirtschaftliche und technische Fundament, das den Staat über alle seine politischen Schicksale hinweg bis heute stärkt und immer ausschließlicher trägt.

Das 20. Jahrhundert hat tief im 19. begonnen. Es erschien, als es begann, als eine Epoche der Erfüllung aller Träume und Möglichkeiten, die die erste Aufklärung mit ihrem Rationalismus, ihrer Bemühung um Mündigkeit und die zweite Aufklärung mit ihrem großen naturwissenschaftlichen Impetus verheißen hatte. Ja, aus einem gewissen Aspekt scheint unser Jahrhundert die Ansätze des voraufgegangenen nur weiterzuführen und mit seinen Verbesserungen, Erfindungen und Raumüberschreitungen aufs erstaunlichste zu vollenden. – »Und das im 20. Jahrhundert«: hinter diesem Entsetzensruf, der vielfachen Grund gehabt hat, west noch immer jene Anfangsvision, die die Hoffnung barg, in einem Zeitalter der Vernunft ans Ende der Konflikte kommen zu können.

Das neue Jahrhundert hat von solchem wohlgemuten Hoffen viel und doch wenig erfüllt. Die zwei Weltkatastrophen der großen Kriege, beide Male an den deutschen Grenzen entflammt, die Revolutionen und Gegenrevolutionen, die mit politischen Eruptionen und Gewaltakten verbundenen Vertreibungen der eigenen Staatsbürger, das Auslöschen nationaler Souveränitäten unter der imperialistischen Ausdehnung der totalitären Machtstaaten, die Zerspaltung Europas: das ist eine eher schlimme Bilanz, stehen doch die vielen Millionen geschlachteter Menschen gegen jene Idee der Humanität, die vom 19. ins 20. Jahrhundert vererbt werden sollte. Wer die Biographien der Autoren der von uns wiedergelesenen Bücher betrachtet, sieht, wie sie alle in diese schlimmen Vorgänge verstrickt wurden, als Propheten, Warner, Retter, Richter, Enflammierte und Getroffene, Vertriebene, Vernichtete und Überlebende, manche auf verlorenem Posten. – Wer der Zeit ihre Diagnosen stellt, begibt sich selbst in ihre Konflikte.

Die Brüche gesellschaftlicher wie mentaler Art in den revolutionären, desaströsen und eruptiven Vorgängen von 1918, 1933, 1945, 1968 erscheinen uns fast prägender als die Kontinuität, die das Jahrhundert durchzieht. Aber jene Ereignisse sind, unter dem Gesichtspunkt des Jahrhunderts, wohl eher die Folgen dessen, was sich als die wahre Kontinuität immer machtvoller darstellt: die Entwicklung des technischen Instrumentariums und des von ihm geprägten Denkens, das – über die nationalen Grenzen hinausgreifend – die Menschen unter den heftigsten Erschütterungen aus dem Gewohnten in ein ganz anderes Lebenssystem führt. War das – wie Max Weber nachwies, von religiösen Energien gespeiste – kapitalistische Wirtschaftssystem noch wesentlich auf Handel und Warentausch aufgebaut, so wurde es durch die Technologie eine eigene Produktionssphäre, die sich mit der Herstellung ganz neuer Produkte, der Beschaffung von Arbeit, der bewußten Ingangsetzung von Wunsch- und Erfüllungsregelungen, der Oktroyierung neuer Verhaltensweisen als der unaufhaltsamste Veränderer der Lebensformen selbst darstellte. Der Prozeß hat Schicksalhaftes an sich, als sei er ein Verhängtes, ist aber doch seit je ganz und gar von der Erfindungs- und Perfektionskraft des Intellekts hervorgerufen, geleitet und vorangetrieben. Er wurde auch durch die geschichtlichen Katastrophen der beiden Kriege, die die Welt mit in den Krisenprozeß Europas hineinzog, das die neuen Energien am heftigsten entfesselte, nicht aufgehalten, sondern eher noch befördert. Die technische Entfaltung hat in den beiden gigantischen Kämpfen große Beschleunigung erfahren und – wie die Fliegerei, wie die Atomphysik, wie das in die Weltraumfahrt und in die totale Weltbedrohung mündende und das elektronische Zeitalter beschleunigt entwickelnde Raketensystem zeigen – Grenzüberschreitungen in das bis dahin unmöglich Erscheinende gebracht. Ja, die Kriege haben zum erstenmal auch Aspekte globaler Großorganisation von technischen Kapazitäten und Menschenmassen eröffnet.

Optimismus – Pessimismus

Der Bund zwischen den kapitalistischen Wirtschaftsformen und der Technologie ist wegen der in ihr enthaltenen Expansions- und Veränderungskraft die grundlegende optimistische Struktur des Jahrhunderts: Sie enthält in sich kalkulierbare Zukunft. Sie ist so stark, daß auch die mit Gewalt durchgesetzten kommunistischen Staatsformen – unter Bündelung der expansiven Kraft des sonst privat gelenkten Kapitals in der Staatsgewalt (als Staatskapitalismus) – auf ihn nicht verzichten konnten.

Der mit der Ausbildung dieses Systems hervorgetretene, von Erwartungen wie Erfolgen gestützte technologische Optimismus setzt sich in neuen Schüben immer wieder durch und hat zuletzt in den sechziger Jahren in dem Glauben an die Machbarkeit aller Dinge, der Sachen wie der gesellschaftlichen Verhältnisse, und in einer Virulenz neuen utopischen Denkens kulminiert, in denen auch die Vorstellungen eines endlich herbeizuführenden Sozialismus, die am Beginn des Jahrhunderts so vehement sich formuliert hatten, noch immer als dringliches Desiderat mitgeführt werden.

Wer den optimistischen Positionen des Jahrhunderts nachspürt, hat die sozialistische Idee (wie deformiert sie in den inzwischen eingerichteten »sozialistischen Staaten« auch in Erscheinung treten mag) mitzudenken, denn ihre Genese verdankt sie jenen idealistischen Antrieben auf Veränderung der Lebens- und Arbeitsbedingungen, die zunächst als Beseitigung der Armut, der Herbeiführung der Gerechtigkeit und Gleichheit, bei Marx als konkrete Kritik der ökonomischen Verhältnisse, Definition der Klassenstruktur der Gesellschaft und deren Sprengung und – in unmarxistischen Positionen – als »ethischer Sozialismus« (Spengler) oder »Erneuerung aus dem Geist der Brüderlichkeit« (Landauer) formuliert werden und in Blochs, Lukács', Horkheimers, Marcuses späteren Schriften in vielfacher Variation in Erscheinung treten.

Dennoch wird kaum ein Zeitgenosse dieses Jahrhundert ein glückliches nennen, obwohl seine Lebensbedingungen, wie sie sich zur Zeit in Mitteleuropa darstellen, einem Bürger von 1800 als unerreichbar hätten erscheinen können. Nicht nur, weil jene erwähnten Katastrophen im Leben aller Generationen Wunden geschlagen haben, sondern weil eine tiefe, mit Ängsten verbundene Skepsis gegen diese doch mit vielen Genüssen und Entlohnungen versehene Entwicklung besteht.

Das Jahrhundert ist nicht ohne Grund überschattet von einem Buch, das dieser Skepsis ein historisches Argument gegeben hat. Spenglers »Untergang des Abendlandes« – konzipiert in jenen Krisenjahren des Ersten Weltkrieges, die heute wie eine Negativform der Zukunft aussehen –, hat in einer letzten Anstrengung geschichtsphilosophischer und morphologischer Ableitungen das Jahrhundert als den Anfang des Endes von Europas Rolle in der Weltentwicklung definiert; als das Ende einer einst epochemachenden weltgeschichtlichen Kraft. Mit der Beschreibung des Übergangs der europäischen Hochkultur in den Zustand erstarrender Zivilisation hat Spengler alles, was sich unter dem Begriff »Zivilisation« noch entwickeln konnte, gegenüber der voraufgehenden »Kultur« pejorisiert. Selbst den Sozialismus rubriziert er als »Ausbreitung einer letzten Weltstimmung« (ähnlich dem Stoizismus der Antike). Mit diesem Buch – das das Lesebuch einer ganzen Generation wurde – haben fast alle Autoren argumentieren müssen. Georg Lukács, Karl Barth, Möller van den Bruck, Ernst Jünger führen seinen Namen, und noch 1950, nach der Zweiten-Weltkriegs-Katastrophe, hat Theodor W. Adorno, gewiß aus der Schule der Aufklärer, resümiert, daß »der Gang der Weltgeschichte selber Spenglers unmittelbaren Prognosen in einem Maße recht gab, das erstaunen müßte, wenn man sich an die Prognosen noch erinnerte. Der vergessene Spengler rächt sich, indem er droht, recht zu behalten.«

Selbst wenn man einräumt, daß Spengler in vielen seiner Ahnungen recht behielt – etwa mit der Prognose der »kommenden farbigen Weltrevolution«, der »Verschiebung des politischen Gleichgewichts« von Europa weg, des Entstehens eines »preußischen Sozialismus« in vielen Ländern der Dritten Welt als einem Instrument des »Willens zur Macht«, in der Beschreibung der bestimmenden Macht des Geldes in der Demokratie –, so war der Grund seiner Wirkung nicht dieses Recht-haben, sondern die

Berührung der unterschwelligen Ängste, die das Jahrhundert beherrschten. Machtverlust, Identitätsverlust, Herausgeschleudertwerden aus den alten, gewohnten Bindungen: die »realen Verlusterlebnisse« waren hier von Spengler in ein historisch argumentierendes System gebracht, das die Reste von Selbstsicherheit in Frage stellte. Diese Ängste und Irritationen erklären mit die in diesem Zeitalter des Rationalismus sich ausbreitenden Irrationalismen. Und die Prophezeiung des heraufkommenden Zeitalters der Massen, deren sintflutartiges Erscheinen die organische Struktur des Volkes aufzuheben schien, von Max Weber erspürt, von Spengler angekündigt und von Ortega mit einer Wirkung auf ganz Europa beschrieben, hat das Erschrecken der Individuen, die doch noch in europäischer Erziehung wurzelten, vor einem als »träge und ziellos im Winde treibend« beschriebenen Menschentyp, den man den »Massenmenschen« nannte, verstärkt.

Es waren eben nicht nur Segnungen der neuen Entwicklung, die sich zeigten. Der Anfang des Jahrhunderts ist angefüllt mit Prognosen von kommenden Dingen, die die Gefahren beschreiben. Max Weber verwies auf den Kapitalismus als Schrittmacher der Bürokratisierung, die Freiheitsbeschränkungen des einzelnen wie der Gesamtheit durch Einpassung in den Apparat, die Verwandlung des einzelnen in eine Erwerbsmaschine, den Abbau der kulturellen Werte, den Zerfall eines bestimmenden Typus: des Kulturbürgers. Walther Rathenau, der wie Max Weber die Praxis der kapitalistischen Weltordnung in seiner großbürgerlichen Familie erfuhr, hatte in der Kriegsorganisation gesehen, wie die Wirtschaft immer mehr zum Herrn der Politik wird, und als industrieller Organisator von Arbeit hatte er erkannt, wie die Arbeit, die als Selbstvergewisserung des Menschen ihren Sinn fände, immer mehr zur Ware denaturiert wird. Georg Lukács, den – wie viele – um 1918 die Stimmung der Verzweiflung über den Weltzustand ergriffen hatte, hat die Analyse der bestehenden Verhältnisse am weitesten getrieben, als er die Entfremdungsprozesse in der technischen Welt, die Verdinglichung der menschlichen Beziehungen beschrieb, Kalkulation, Rentabilität und Verwertbarkeit als das weltgestaltende Prinzip definierte und die Mechanisierung des Menschen aus der Mechanisierung der Arbeit ableitete. Das ganze Leben rückte ihm unter den beherrschenden Aspekt wirtschaftlicher Produktivität, was die Aufzehrung des Eigenwertes der Dinge, der menschlichen Beziehungen wie des Lebens selbst bedeutete, denn die Arbeitswelt reproduzierte sich immer stärker in der Lebenswelt. In Lukács' Beschreibungen wird schon der entscheidende Schritt des Jahrhunderts definiert: der aus der ursprünglichen in eine zweite, fremdbestimmte Wirklichkeit, die von der Wissenschaft unter das Prinzip der Berechenbarkeit gebracht ist. Was als so menschenfreundlich an der Entwicklung, am »Fortschritt« erschien, zeigte hier ein zweites, feindliches Gesicht.

An der Entwicklung von Lukács' Denken, das an den ästhetischen Gegenständen der bürgerlichen Kultur begann und sich den Erscheinungen in der sozialen Welt zuwandte, ist ganz exemplarisch das Entstehen der Kulturkritik in diesem Jahrhundert und die Geburt des Intellektuellen, seine Funktion als Analysator, Theoriebildner und Warner, aber auch seine daraus folgende Verstrickung in die politischen Bewegungen, die in eben jenen analysierten Vorgängen ihre eigene Genese haben, nachzuvollziehen. Der Ausgangspunkt der Kulturkritik war jener vehemente Widerspruch, den – nach Kierkegaard und Marx – Nietzsche angesichts der zunehmenden Technisierung des Lebens erhoben hatte, die – so Nietzsche – den Menschen zu einem Rädchen in der Maschine der Produktion und Konsumtion mache und den Willen, er selbst zu sein, aufhebe. Hier meldet sich zum erstenmal auch die Angst, daß die schöpferische Kraft des Lebens von jenen übergreifenden industriellen Prozessen zerstört werde, die freilich ihren eigenen unbezweifelbaren Sinn in sich selbst haben. Angesichts dieser Entwicklung stellte sich als das Kardinalproblem, wie die Eigengewalt der Entwicklung des technischen Systems gemildert werden und wie der Mensch seine Individualität, seine schöpferische Kraft, seinen Willen, er selbst zu werden, innerhalb der neuen Strukturen erhalten könne. Darauf gab es viele Antworten. Sie sind je nach den gesellschaftlichen Gruppierungen und der Konsequenz des Denkens verschieden, aber sie kreisen fast alle um den gleichen Punkt.

Die Antwort der Reformer und der Sozialisten

Max Weber hat in seiner Auseinandersetzung mit Marx immer wieder darauf hingewiesen, daß die Vergesellschaftung des Privateigentums nach dem Ende der Klassenkämpfe nicht die Lösung des Problems sein werde. Sie führe nicht zur »Assoziation freier Individuen«, wie Marx unterstelle. Sozialisierung führe vielmehr zunehmend zur Macht von Beamten, nicht von Arbeitern. Weber suchte seinerseits nach einer Reform des sich entwickelnden Systems, um dessen wölfische Möglichkeiten, der Ausbeutung des einen durch den anderen, durch ein einzubringendes ethisches System zu lindern. Auch Rathenau dachte in diesen Bahnen einer neuen Wirtschaftsethik, einer neuen Wirtschaftsgesinnung, die den neuen Staat bestimmen könne: er sprach von einem proletarischen Kapitalismus, in dem die Beseitigung der Not, Verzicht auf Luxus, Einschränkung der Erblichkeit von Eigentum und Macht und die Beseitigung der Monopole Ziel einer Reform waren. Was er als Sozialismus definierte, war – fern von Marx – die Vision einer in neuer Lebenshaltung gebundenen Gemeinschaft. Tönnies' frühe Unterscheidung von »Gemeinschaft« und »Gesellschaft« trennt noch spät viele Autoren voneinander.

Was Weber oder Rathenau vortrugen, war nüchtern, bescheidener, auch beschränkter im Anspruch als alles, was Gustav Landauer in seinem »Aufruf zum Sozialismus« an den Anfang des Jahrhunderts gesetzt hatte. Auch für Landauer war der Sozialismus nicht auf dem Weg des Klassenkampfes zu entwickeln. Er wollte den ethischen Impuls, den Geist der Gerechtigkeit, und das heißt jene geistige Erneuerung, die im Ruf nach dem Neuen Menschen zwischen 1910 und 1919 von den meisten deutschen Intellektuellen, sofern sie die Notwendigkeit zur Veränderung begriffen, ersehnt worden ist. Es wurde das die fast rauschhafte Vorstellung einer ganzen, sich expressionistisch nennenden Generation, die in der kurzen Existenz der Räterepublik in München 1919 ihre Niederlage erlitt, nicht nur vor den anrückenden Reichstruppen, sondern auch vor den inzwischen zur parteilichen Organisation gefestigten marxistisch-kommunistischen, auf Klassenkampf basierenden Vorstellungen, die sich von der spontanen geistigen Erneuerung nichts, vom realen revolutionären gesellschaftlichen Kampf um die Gewalt im Staat alles versprachen.

Georg Lukács hat wenig später in »Geschichte und Klassenbewußtsein« vom Standpunkt des konkreten Marxisten, also des Klassenkämpfers, geantwortet, daß nur der verdinglichte Arbeiter selber die Veränderung jener Verhältnisse herbeiführen könne, die seine Sehnsucht nach Befreiung hervorbrächten. Ernst Bloch, der in eben diesen Jahren seinen »Geist der Utopie« schrieb, steht zwischen den beiden Positionen. Ein Schwärmer auch er, getrieben von einem um den Zustand des Ich und der Seele besorgten Enthusiasmus, suchte er nach einem Neuanfang, in dem die »wirtschaftliche Privatsphäre einer genossenschaftlichen Gütererzeugung, einer Gesamtwirtschaft der menschlichen Sozietät« übergeben sein solle und ein Sozialismus herbeigeführt wird, der über die Lösung der wirtschaftlichen Probleme hinaus jener Kirche ihren Raum gewährt, der das Leben der Seele, »das noch verhüllte innere Wesen, das Erste, Letzte und Freieste, einzig Metaphysische und Allerrealste der Welt« anvertraut ist. Schwärmer von Landauers und Blochs Art begleiten nicht nur alle geschichtlich neuen Ansätze, sie verweisen auch auf das Allgemeine der Hoffnung, aus dem diese sich entwickeln. Auch Blochs Reflexionen gehen auf eine Welt, in der der Mensch wieder und endlich er selbst wird.

Das utopisch gerichtete Schwärmertum von einer neuen Welt trat auf als der äußerste Widerspruch zu dem Abendland-Pessimismus Spenglerscher Prägung. Es argumentierte unhistorisch, wie immer es auch vom Aktuellen seinen Absprung nahm; aber es versuchte, Enthusiasmus und Vision als gestaltende und Liebe als mystisch bindende Kraft in die vom ökonomischen Denken bestimmte, in Bürokratie zu erstarren drohende Welt zurückzubringen. Ohne selbst zu politischer Gestalt zu kommen, durchsickert es die Reflexionen und die Aktionen solchen Widerspruchs gegen das real bestehende Unvollkommene und taucht als Zitat auch in späteren Aktionen der 6oer Jahre – in denen auch Ernst Bloch zu nochmaliger starker Geltung kam – wieder auf.

Der nationalistische Ansatz

Je mehr sich die sozialistische Programmatik an den Marxschen Positionen orientierte, um so weniger war Begriff und Schicksal der Nation noch ein denkwürdiger Gegenstand in der Analyse der Situation. Max Weber hatte dringlich zu erinnern versucht, daß zur Lösung der sozialen und seelischen Probleme der Arbeiter nicht als Klasse internationalisiert und von seiner Nation abgesondert werden dürfe. Er müsse vielmehr an der Verantwortung für sie beteiligt werden. Es erwies sich, daß die Nation kein so leicht aufgebender Lebenszusammenhang war, wie es nach der Katastrophe von 1918 – die das Bürgertum als seine eigene empfand – vor allem den Kommunisten erschien.

Der Konflikt zwischen dem sozialistischen Internationalismus und der Wiederherstellung der 1918 schwer verwundeten Nation prägte die zwanziger Jahre. Die nationalen Kräfte zogen ihre Energien zur Restauration der Nation gerade aus den Demütigungen, die mit dem Vertrag von Versailles, der Rhein-Ruhr-Besetzung durch die Siegermächte verbunden waren. Moeller van den

Brucks Buch »Das Dritte Reich« ist noch vor Hitlers »Mein Kampf« der erste wirksame Versuch, die Kräfte zur Überwindung der Niederlage zu sammeln und ihnen ein Programm zu geben, um die Nation zu retten und das Reich zu bewahren. Moeller suchte den Grund für den deutschen Zusammenbruch im System der liberalen Parteien. Er ist antidemokratisch und hat schon als Vision jene das Volk einigende Partei, die aus dem Frontsoldatenmythos sich stärkt, die keinen Zweifel zuläßt, daß so viele Deutsche umsonst gefallen sein könnten, und die die sozialistische Idee einbringt in die nationale Denkfigur. Moeller propagierte seinen Sozialismus als ein neues, auf Ausgleich von Ertrag und Anspruch beruhendes, gegenseitiges Verhältnis von Wirtschaftsführung und Arbeitsleistung.

Lukács' »Geschichte und Klassenbewußtsein« und Moeller van den Brucks Kampfschrift zur Wiederherstellung des Selbstverständnisses, des Sendungsbewußtseins der Nation sind konträre, aber durch Divergenz zusammenhängende Bücher, weil sie die Spannungen der Zeit veranschaulichen und konträre Antworten auf dieselben Fragen versuchen. Beide Autoren sind Intellektuelle des neuen Typus. Lukács will die Überwindung der Entfremdung durch einen revolutionären Akt, Moeller will sie durch Wiederherstellung der nationalen Identität, durch Formulierung einer übergeordneten nationalen Aufgabe, in deren Dienst man sich stellt. Sein Schlußsatz klingt, als hänge vom Deutschen wieder und abermals die Rettung Europas ab: »Das Tier im Menschen kriecht heran, Afrika dunkelt in Europa herauf. Wir haben Wächter zu sein an der Schwelle der Werte.« Deutlich spürt man in den Wörtern noch die Spenglersche Untergangsanalyse, unter deren Eindruck Moeller zu schreiben begann. Das 1930 geschriebene Vorwort von Hans Schwarz zur 2. Auflage sagt, was das Buch auf der nationalen Seite bedeutete: »In diese Stimmung (in der Spenglerschen Endzeit zu sein. G. R.) hinein warf Moeller sein Buch vom ›Dritten Reich‹, dem neuen Gebilde, das sich hinter der politischen Not der Gegenwart über Deuschland hinaus zu formen versprach. Und in diesem Augenblick gab es in Deutschland wieder einen Anfang. Jetzt standen wir nicht mehr unter dem Gesetz der Zeit wie die faustischen, uhrenaufziehenden Menschen bei Spengler.« Man erlebte es als Ermutigung, als Ausstieg aus Spenglers historischem Gesetz, das vielen eine lähmende Erkenntnis war. Solchem anti-spenglerschen Denken entsprach auch Rosenbergs Versuch, den Sendungsauftrag des Volkes auszuformulieren und das Volk »wieder auf den Begriff seines Wertes zu bringen«.

Spengler hatte die Verluste und die neuen fragwürdigen Werte der Zivilisation eindeutig benannt. Ihm charakterisierte sich die Endzeit durch das Wachsen der Großstädte, durch Luxus, Vorrang der Mode, durch die moderne Kunst und Nervenreiz. Geld zählte statt Erde, Masse statt Volk, Klassenbewußtsein statt Einheit. Hier rief Rosenberg zur Revision.

Da zur Tendenz des bald als schwächlich und rationalistisch verrufenen Jahrhunderts die Auszehrung der Mythologien gehörte, scheint es auf eine groteske Weise widersinnig gewesen zu sein, zur Stärkung des verletzten nationalen Selbstbewußtseins auf alte mythische Substanzen zurückzugreifen und die »kraftvolle« germanische Welt zu beschwören. Rosenberg sah als Aufgabe und Anstrengung des Jahrhunderts, »aus einem neuen Lebensmythus einen neuen Menschentyp zu schaffen«, als sei nicht der Mensch allemal das Primäre, sondern ein Produkt der Weltanschauung. Er träumte vom »Aufbau einer Welt aus dem Traum«.

Die Verwirklichung dieses »Traums« im »Dritten Reich« Hitlers hat dargelegt, wie weit man die reale Welt durch Gewalt und Politik verformen kann. Über die gerade von diesem NS-System mit weiterentwickelte technische Welt wurde eine neue Ideologie des Bauerntums gelegt und die Agrarstruktur noch einmal als die ewige, artgemäße simuliert. Die Massen wurden durch Uniformierung und Disziplinierung so gestaltet, daß sie – auf den Parteitagen vor allem – als »Volk« sichtbar wurden. Der Arbeiter, dem auch noch Lukács die soziale Revolution zur Überwindung seiner Entfremdung auferlegt hatte, wurde von der nationalen Revolution mit großer Präferenz in die »Volksgemeinschaft« integriert, die zur Befriedigung schließlich fast aller (außer den Marxisten) Klassenkampf und Klassenstruktur in Deutschland so nachhaltig überwand, daß selbst in den Auseinandersetzungen der 6oer und 7oer Jahre die aus politischen Gründen betriebene Restauration des Klassenkampfgedankens in Westdeutschland kaum noch einen Boden fand.

Der Kampf um den Arbeiter

Was war der Arbeiter, was das Proletariat? Die Frage war deswegen eine der wichtigsten, weil sich an keiner anderen Bevölkerungsgruppe die mit der technischen Entwicklung verbundene soziale Frage so dringlich stellte. Die von Marx eingeleitete Definition sieht ihn als das den Bedingungen des Unternehmers ausgelieferte menschliche Ausbeutungsobjekt, das sich seine Zukunft erst durch Zusammenschluß schaffen müsse. Für den Nationalisten Moeller van den Bruck ist Proletarier nur der, der Proletarier sein will. »Nicht die Maschine, nicht die Mechanisierung der Arbeit, nicht die Lohnabhängigkeit von der kapitalistischen Produktionsweise macht den Menschen zum Proletarier, sondern das proletarische Bewußtsein. Wer sich dem proletarischen Denken entringt, hört auf, ein proletarischer Mensch zu sein.« Er verwies ihn auf den nationalen Zusammenhang. Proletarier sein, war hier ein Denk-, ein Zugehörigkeitsproblem. Als Ernst Jünger 1931 mit seinem »Arbeiter« hervortrat, wurde die Bestimmung des Arbeiters abermals verändert. Er sah nicht den Proleten, sondern im Arbeiter den heroischen Menschentypus des technischen Zeitalters. Er verklärte ihn zur metaphysischen Gestalt der neuen Zeit. Er schilderte ihn als den Träger der technischen Entwicklung, der nicht mehr nach seinem persönlichen Glück, sondern nach dem Dienst fragt. Er erschien hier als der eigentliche Verwandler der Welt mit Hilfe der Technik.

Das sind drei anscheinend voneinander getrennte Interpretationen, deren jeweilige Prägnanz darüber hinwegtäuscht, wie und wo sie auch zusammengehören. Auf die Jüngersche Monumentalisierung hätten sich schließlich beide politische Systeme, das sozialistische wie das nationalsozialistische, die den Arbeiter auch aus ideologischen Gründen verklärten, berufen können. Jüngers Arbeiter ist sicher ohne Jüngers Erfahrungen in der Sowjetunion nicht zu denken.

Am Lebens- und Bewußtseinszustand des Arbeiters sind einige der wichtigsten Denkprozesse, die auf die sozialen und politischen Entwicklungen zurückschlugen, vollzogen worden. Dies nicht zuletzt, weil seit seiner Inanspruchnahme für die Marxschen ökonomischen Analysen sein Erscheinen in der Geschichte mit der Angst der Bürger vor der proletarischen Revolution verbunden war. Nach der russischen Revolution wurde die Arbeiterschaft als neue zukunfts- und kulturbildende Klasse angesehen und die Erwartungen auf eine kulturelle Erneuerung an sie gebunden. Diese Hoffnungen trogen. In den Ideologien wurde der Arbeiter in Funktion und Bedeutung deutlicher definiert, als er sich in der Wirklichkeit darstellte. Um ihn kämpften die Sozialdemokraten, die Kommunisten und die Nationalsozialisten.

Der politische Kampf um die Arbeiterschaft war auch 1930 in Deutschland noch nicht entschieden, sondern ging in eine neue Runde. Die Weltwirtschaftskrise machte seine noch immer armselige Abhängigkeit von ökonomischen Verhältnissen spürbar und diese stand ganz im Widerspruch zu jenem heroischen Bild, das Jünger eben zu dieser Zeit vom Arbeiter entwarf. Der arbeitslos gewordene Arbeiter hielt im ganzen weniger nach politischen Programmen als nach Leuten Ausschau, die ihm Arbeit gaben (und wenn das eine Partei war). In dieser Wirtschaftskrise zeigte sich das anscheinend so glorreich eingerichtete technisch-ökonomische System zum erstenmal nicht mehr als omnipotent, es konnte – ein System ohne Arbeit – den auch von Jünger formulierten Arbeitsanspruch des Arbeiters nicht erfüllen. Und deutlich sah man, wie abhängig auch der Staat von ihm geworden war. Seitdem richteten sich alle Energien darauf, das Arbeitssystem wieder in Gang zu bringen und mit allen Mitteln in Gang zu halten. Schon wo es nur teilweise kollabiert, schlägt der Kollaps durch bis in die Basis der politischen und staatlichen Ordnung.

Die Analysen von 1931

Um 1930 machte Deutschland den Eindruck einer kranken Gesellschaft. Die Feindstrukturen aus dem Ersten Weltkrieg waren noch immer nicht aufgehoben. Carl Schmitt konnte – als läse er die Erkenntnis aus der Wirklichkeit ab – den »Begriff des Politischen« als Freund-Feind-Einstellung definieren, und Ernst Jünger gab die höchste Akklamation; Friedrich Sieburg hat damals in seinem auf Versöhnung und Verständnis angelegten Buch »Gott in Frankreich« Klage geführt, daß der erstarrte Sieger an neuen politischen Vorstellungen einer europäischen Gemeinsamkeit nicht teilnehmen wolle, die die Vernünftigsten von Coudenhouve Kalergi bis Briand als Idee zur Vermeidung künftiger Katastrophen propagierten.

Es gab um 1930 Anzeichen eines neuen Militarismus, im Innern polarisierten sich die politischen Gegensätze zu militanten Parteiungen, das psychische Aggressionspotential lag offen zutage, und selbst die Diskussion darüber, was deutsche Kultur sei und sein sollte, wurde von den linken und rechten Gruppierungen aggressiv gegeneinander geführt. Damals schrieb Freud seinen Essay »Über das Unbehagen in der Kultur«, in dem er, der mit seiner Lehre so viel zur Schwächung aller Über-Ich-Positionen getan hatte, eindringlich darlegte, daß alle Kultur nur dem sublimierenden Triebverzicht zu verdanken sei, also einem Prinzip der Selbstdisziplinierung. Aber er zeigte sich ganz ungewiß in bezug auf die Fähigkeit der Menschen, »der Störung des Zusammenlebens durch den menschlichen Aggressions- und Selbstvernichtungstrieb Herr zu werden«. Er bezog sich mit diesem Satz ausdrücklich auf die »gegenwärtige Zeit«. Seine Vermutung, daß auch ganze Gesellschaften wie Individuen neurotisch erkranken könnten, sah der jüdische Forscher angesichts des rüde wachsenden, als politisches Mittel benutzten Antisemitismus deutlich vor Augen. Siegfried Kracauer hat das innere Gesicht der Epoche anhand der Filmproduktion »Von Caligari bis Hitler« als eines der Ängste und Schrekken dargestellt.

Die Frage nach der Freiheit

1930/31 setzte Karl Jaspers in der »Geistigen Situation der Zeit« noch mal zu einer Analyse an. Er konnte von den schon vorliegenden Analysen der Kulturkritik ausgehen. Er registrierte Entfremdung, Vermassung, Funktionalisierung des einzelnen, Traditionsverlust, Ich-Schwächung, Verlassenheitsgefühl und sah als Schreckbild einer kommenden Gesellschaft eine wachsende, auf die Ausbeutung der Naturkräfte verschworene Industrie, Robotertum, eine Indienststellung der Wissenschaft für das öffentliche Interesse, zunehmende Verschleierung von Verantwortung und als Ersatz des Ich-Bewußtseins das Instanzdenken, Dienstpflicht und das sich Einnisten in Organisation und Dienstanweisung.

Seine – und nicht nur seine – Frage war: Wie kann die Freiheit des einzelnen gerettet werden, wie kann er sich behaupten in den Antagonismen der industriellen Massengesellschaft? Wenn er auch dem Staat den Auftrag zusprach, die Bedingungen für die Freiheit des einzelnen zu verwirklichen, so war das weder eine gegen die bestehenden und kommenden totalitären Staaten einklagbare Forderung und fast nur eine rhetorische an die Weimarer Republik von 1931.

Die Besinnung auf die eigene Existenz, auf den Willen, »zu sich selbst zu kommen«, nicht vernutzt zu werden in Ich-fremden Prozessen, hat damals zu jener Philosophie des ek-sistere, des Heraustretens aus den kollektiven und allgemeinen Ordnungen in die Selbsterfahrung geführt, die unter dem Begriff »Existentialismus« subsumiert wird, der aber die ganze Breite dieses Protestes – die von Karl Barths theologischer Position bis zu Sartres atheistischer Selbstgewinnung reicht – verbirgt. Der existentialistische Protest richtete sich gegen die Aufzehrung des philosophischen

Fragens (Heidegger: »Was ist Metaphysik?«), gegen das Verkommen des Menschen im Betrieb und Genuß der Zwangsläufigkeiten der Apparate, gegen die er sich nicht mehr wehrt (Jaspers). Er versteht sich als Aufforderung, seine Freiheit als Freiheit der Selbsterkundung zu nutzen. Auch Jaspers sagt, daß der Weg der Technik weitergegangen werden muß, daß es kein Zurück gibt, daß es aber darauf ankomme, das Bewußtsein für das Nichtmechanisierbare zu schärfen. Hatte Ortega angesichts der Massen von der Flucht der Eliten gesprochen, hier wurde über die Philosophie der Selbstvergewisserung, der neuen Unabhängigkeit inmitten aller Abhängigkeiten, wieder an eine neue Elite derer gedacht, die weiterdenken, die Würde des Menschen behaupten in der Auseinandersetzung mit dem Wirklichen und ihrer selbst inne werden. Es war eine Form von Widerstand gegen die Vermassungstendenzen der Zeit, die – unter den politischen Ereignissen der vierziger Jahre – auch in den politischen Widerstand gegen das totalitäre NS-System einging, das mit seiner eigenen Philosophie der Heroisierung des einzelnen, seinem Wahnsystem der Ich-Vergrößerung, wie Rosenbergs »Mythus« es darstellt, jenem existentialistischen Denken Spiegel- und Zerrbild zugleich war.

Der in den 20er Jahren sich allmählich formulierende Existentialismus ist denn auch mit dem Scheitern des NS-Staats nicht verkommen, sondern vielmehr ganz zur Erscheinung gelangt, als in der Leere nach der Kriegskatastrophe das philosophische Fragen nach dem, was man, da es nirgends Halt gab, selbst sei, neue Bedeutung bekam.

Nach der Katastrophe

Die Katastrophe von 1945 war mehr als nur eine Niederlage im Krieg: sie griff auch tiefer als die von 1918. 1945 waren der auch im Zusammenbruch noch einmal aufflammende nationale Enthusiasmus und auch die schnell regenerationsfähigen Reste von Aggressivität aufgezehrt. Die staatliche Organisation und die Nation waren in Teile zerschlagen, die Identität des Volkes gebrochen, das seit 1870 aufgebaute, große technische Arbeitssystem, das Deutschland zum ersten Arbeitsplatz in Europa gemacht hatte, zertrümmert.

Einige gravierende Ursachen für den deutschen Exzeß in der Mitte Europas hat Helmuth Plessner in seinem Buch über die »verspätete Nation« beschrieben. Rathenau hätte angesichts dieses Exzesses sein Wort vom »vertikalen Einfall der Barbarei« wiederholt. Plessner sprach ähnlich wie Horkheimer und Adorno von der Verfehlung der Aufklärung. 1945 war fast alles vergessen oder erschien angesichts der totalen Zerstörung ganz bedeutungslos, was zuvor an Beschreibung und Analyse der gesellschaftlichen und technischen Entwicklung seit 1870 geleistet war: denn die eine Antwort auf diese Entwicklungen, die sich als Partei konkret zur Macht gebracht hatte (die nationalsozialistische), hatte alle anderen Antworten auf die Probleme des Jahrhunderts verdrängt oder mit sich in den Abgrund gezogen. Das damals umlaufende Wort von der »Stunde Null« beschrieb das Empfinden: Man muß von vorne anfangen.

Die Auseinandersetzung mit der Zukunft begann noch angesichts der nahenden Katastrophe. Schon 1939, im Augenblick der kraftvollsten Entfaltung des Hitlerschen Machtstaates, hat Friedrich Georg Jünger seine Darlegungen über die »Perfektion der Technik« eröffnet, kurz bevor die industriellen Potentiale sich ganz in den Dienst der Kriegsführung stellten. Deutlicher als alle sah er zu diesem Zeitpunkt in den Zusammenhang von Technik und Krieg. Unter dem Eindruck des Krieges, dem die Technik immer neue Bereiche öffnete, schrieb er: »Die Ohnmacht der Staaten gegenüber den explosiven Vorgängen, welche die Durchbildung der Technik zur Folge hat, ist offensichtlich. Es gibt keinen Staat, der diese Vorgänge meistert, denn in alle staatlichen Organisationen hat sich die technische hineingeschoben: sie höhlt den Staat von innen her aus.«

Die Folgerung, daß um so mehr nach Kräften zu suchen sei, die diese Tendenz steuern, ergab sich zwangsläufig. Die Antworten setzen nun an bei Fragen, ob nicht der herrschende Menschentyp, der nur noch funktionalistisch, nicht mehr in Verantwortung für das Ganze denkt, ersetzt werden müsse. Alfred Weber verlangte in seinem noch in den letzten Kriegsjahren geschriebenen »Abschied von der bisherigen Geschichte« neue geistige und moralische Verantwortung des einzelnen, Bereitschaft zur Selbstbeschränkung, eine neue Menschlichkeit, die jedem, auch dem schon sichtbar Besiegten, seine Würde lasse. Alfred Weber sprach von einer transzendentalen Begründung der neu zu bestimmenden Werte für die künftige Daseinsordnung und von einer anderen Erziehung, die den »deutschen Massenmenschen aus einem geduldig gehorsamen Massentier in einen Typus der Zusammenordnung charakterlich selbständiger, aufrechter, selbstbewußter, auf ihre Freiheitsrechte eifersüchtiger Menschen« verwandle.

Von einem neuen Humanismus war die Rede. Heidegger sagt im »Humanismusbrief« von 1949: »Der Bindung durch die Ethik muß alle Sorge gewidmet sein, wo der in das Massenwesen ausgelieferte Mensch der Technik nur durch eine der Technik entsprechende Sammlung und Ordnung seines Planens und Handelns im ganzen noch zu einer läßlichen Beständigkeit gebracht werden kann.« Karl Barth erinnerte an die »christliche Ethik«, Reinhold Schneider fragte dem »Unzerstörbaren« nach und verlangte, die kollektive Schuld an der Menschenvernichtung im Krieg und Judenprogrom anerkennend, nach einer kollektiven Sittlichkeit. Was er von Sühne sagte, meinte eine neue Kraft aus dem Inneren und verwies – wie Karl Barth nach dem Zusammenbruch von 1918 – auf das Bekenntnis zu Christus. Und Romano Guardini, der Jesuit, sah gar im Zusammenbruch »das Ende der Neuzeit«, weil er diesen als von dem autonom sich gebärdenden Menschen verursacht sah. Er meinte, der Mensch habe jetzt die Chance, »Person« zu werden, sich von Gott durchtönen zu lassen und aus dem christlichen Bewußtsein die kommende Zeit zu prägen. Paul Tillich, der Emigrant, der gegen die Kirche soviel kritische Einwendungen erhob, weil sie und ihre Verkündung unfähig seien, der Vernichtung der Person durch die industrielle Gesellschaft zu widerstehen, trat ein in den »Kampf um die Person«, die sich in den vergegenständlichten Strukturen der technisierten Gesellschaft nur bewahren könne »durch eine partielle Nicht-Partizipation«. Den Ort ihres Rückzuges nannte er – der Existenzphilosophie, Psychoanalyse, Kulturkritik, marxistische und christliche Positionen miteinander verband – das »neue Sein«, das sein Kriterium in dem Bild des Jesus als des Christus gefunden habe. Tillich sah sich und seine christliche Aktion im Bund mit den Lebensphilosophen, Existentialisten und Tiefenpsychologen, die ihren Widerspruch gegen die entmenschlichenden Tendenzen der technisierten Gesellschaft erhoben hatten.

Dieses auf neuen Halt und neue Wertvorstellungen gerichtete Denken war – zusammen mit dem schnell regenerierten Kultur- und Kunstidealismus (Ernst Wiechert, »Rede an die deutsche Jugend«) – die Grundlegung, von der auch die Gründung der CDU ausging, die bald den neuen westlich-deutschen Teilstaat regierte und mit einem christlich-sozialen Programm ausstattete. Jetzt – vor diesem neuchristlichen und neuhumanistischen Hintergrund der ersten Nachkriegsjahre – wurde ganz sichtbar, wie sehr die Katastrophe den Entseelungsprozessen des technischen

Zeitalters zugeschrieben wurde. Sie wurde mit Enthumanisierung, Transzendenzverlust und Wertzerstörung gleichgesetzt. Je mehr nach 1948 – als die Gefahr einer Reagrarisierung Deutschlands durch die Siegermächte (Morgenthau-Plan) überwunden war – der Wiederaufbau fortschritt und das neue, nun gleich höchstmodernisierte industrielle System entstand, das mit der Einführung der Automaten bald eine zweite, noch abstraktere Qualität erreichte, die es dem Menschen noch fremder machte, rückte die Kulturkritik den seelischen Aspekt, die Verwundung der Seele, in den Vordergrund. Arnold Gehlens »Die Seele im technischen Zeitalter« hatte einen Reflex in Günther Anders' Betrachtungen über die »Antiquiertheit des Menschen«, die er »Über die Seele im Zeitalter der zweiten industriellen Revolution« untertitelte. Sedlmayr beschrieb die Geschichte der neueren Kunst, von heilsgeschichtlichen Zusammenhängen ausgehend, als den »Verlust der Mitte«, wie Benno von Wiese seine Betrachtung über »Die deutsche Tragödie von Lessing bis Hebbel« unter den Aspekt der zunehmenden Entfremdung von Gott stellte. Der Verlust der Transzendenz, die Störung des Verhältnisses von Gott und Mensch wurde der vorherrschende Gesichtspunkt der kunstwissenschaftlichen Betrachtung der fünfziger Jahre, die sich fast als Katastrophenforschung verstand.

Sedlmayr beklagte, daß das moderne Kunstwerk in seiner rationalen Zweckorientiertheit den seelischen und geistigen Anspruch des Betrachters nicht befriedige, das Menschenbild zerstöre, nur die eigene Krise ins Bild produziere, und Gehlen hat in der Betrachtung der neuen, zweiten Industriekultur, der Großtechnik und der Automaten, in denen er das kulturfeindliche Prinzip schlechthin sah, ebenfalls die zunehmende Entsinnlichung, Entgegenständlichung und Abstraktheit der Bilder und des Denkens als Symptome und die Unverbindlichkeit der neuen Kunst, die Verbreitung des Massengeschmacks durch die Medien, die Verbreitung von Stereotypen und von Verhaltensmodellen als Zeichen der neuen Primitivierung gesehen. Was 1946 – sich der Katastrophe verdankend – wieder erreichbar schien, ein unbelastetes, apparatloseres freieres Leben, Mitte der fünfziger Jahre wird das autonom handelnde und denkende Individuum schon wieder auf die Verlustliste gesetzt. Manches Buch liest sich jetzt, als wäre es 1928 geschrieben worden.

Alfred Weber hat damals seine Gedanken aus dem »Abschied von der bisherigen Geschichte« weitergeführt und für die Erhaltung des dritten Menschen, des homo europeensis gestritten, der noch mit den Werten Menschlichkeit und Freiheit ausgestattet sei, Selbstentfaltung kenne und noch eine transzendentale Bindung habe. Mit dem Beginn der Automation sah er diesen persönlichkeitsbezogenen Typus aufs höchste gefährdet, in der Welt der Apparate selbst der Verapparatung ausgeliefert, die eine geistige und psychische Desintegration zur Folge haben müsse. Den vierten Menschen nannte er eine Gefahr, den dritten, für den er stritt, sah er gefährdet. Von Guardinis kommendem Menschen, der wieder die Chance haben sollte, »Person« zu werden, war nicht mehr die Rede.

Das sekundäre System

Als Hans Freyer zwei Jahre darauf (1955) zur »Theorie des gegenwärtigen Zeitalters« ansetzte, beschrieb er, was bisher nur erwartet wurde, schon als nah: Die Etablierung des »sekundären Systems«, jener technischen Organisation von Leben und Arbeit, die alle historisch geprägten Strukturen aufgelöst hat und die Tugenden des Menschen nach ihren Erfordernissen (Funktionsfähigkeit, Überblick, Störungsfreiheit, Anpassungsfähigkeit u. a.) bestimmt. Der Mensch bestimmt sich hier nicht mehr durch seine Menschlichkeit, sondern durch seine Stellung und den Erfolg im System. Er ist fremdgesteuert, seelisch verelendet, unterliegt den Sachzwängen. Für diesen reduzierten Menschen gilt der Satz »Man wird gelebt, statt selbst zu leben«.

Als Freyers Buch erschien, hatte der westliche Teil Deutschlands wieder das modernste industrielle System Europas und war – zehn Jahre nach Kriegsende – bereits auf dem Weg zur großen Wirtschaftsmacht, die dem Staat auch eine politische Macht zurückgewann. Die konservative wie progressive Kulturkritik kommt zu ähnlichen Befunden.

»Man wird gelebt, statt selbst zu leben«: Der Punkt, an dem der Satz wieder als wahr erscheint, mußte das Ende, das Scheitern des existentialistischen Widerspruchs bedeuten, denn er besagt, daß die Einpassung in den Apparat vollkommener ist als zuvor. Mitte der fünfziger Jahre ist die Schwelle sichtbar, das alte Freiheitsgefühl, das die Katastrophe von 1945 erträglich, ja sogar genießbar machte, ist aufgezehrt und gewinnt nostalgischen Reiz. Günther Anders zieht, schon im Vorgriff auf die kommende, sich abzeichnende Entwicklung, damals das Resümee: Die Perfektion der Apparate ist größer als die des Menschen. Gegenüber den Apparaten ist der Mensch antiquiert. Die Geräte sind die Begabten von heute. Die Veränderung der Welt, der Lebensgewohnheiten, der Zukunftsaussichten beschreibt er an der neuen Apparatur des Fernsehens, das dem Menschen sogar den Begriff davon verwischt, was Realität, was allein Vorstellung sei, und an der Atombombe, mit deren Erprobung am Kriegsende der technische Fortschritt die Gefährdung des menschlichen Lebens selbst herbeigeführt hat. Vom Danaer-Geschenk ist die Rede. Was einst als Glück erschienen war, zeigt seine Kehrseite.

Die Frage stellt sich nun noch nachdrücklicher, ob die Perfektion der Technik wirklich Fortschritt sei, wenn sie so die Existenz des Lebens in Frage stellte. Der Satz, mit dem Freud 1930 seine Betrachtung über »Das Unbehagen in der Kultur« schloß, hieß: »Die Menschen haben es jetzt in der Beherrschung der Naturkräfte soweit gebracht, daß sie es mit deren Hilfe leicht haben, einander bis auf den letzten Mann auszurotten. Sie wissen das, daher ein gut Stück ihrer gegenwärtigen Unruhe, ihres Unglücks, ihrer Angststimmung.« Mitte der fünfziger Jahre, als die Zahl der verfügbaren Atombomben sich vervielfachte, war der Satz noch gültiger. Reinhold Schneider nannte damals, es waren seine letzten Schriften, diese Art Forschergeist einen Geist der Zerstörung und des Machtmißbrauchs, denn der Mensch dürfe nicht alles entdecken, was entdeckt werden könne. »Die Katastrophe, vor der die Menschheit zittert«, hieß es 1954 in seinem Aufsatz »Wesen und Verwaltung der Macht«, habe sich schon ereignet. Sie sei da und bestimme die geschichtliche Sphäre unserer Zeit. Sie bestehe darin, »daß die zu den modernen Waffen führenden Entdeckungen und Kombinationen *gemacht* worden sind – im ernsten Doppelsinn des Wortes. Hier ist die geistige und sittliche Katastrophe, der die Zeit unterliegt.«

Aber wer wollte sich in den Jahren des Kalten Krieges, der Konfrontation der beiden politischen Systeme in Ost und West auf solche Fragen der Moral an die Waffen einlassen? Die Angst, von der Freud sprach, war den 50er Jahren nicht fremd. Die Literatur behandelte das Thema. Aber diese Angst setzte sich auch um in ein ganz anderes Lebensverhalten; nämlich in jenes allgemeine Wohlgefallen, das sich einerseits als Wiederaufbau- und Expansionsfleiß, auf der anderen Seite als Genuß des Wiedererarbeiteten, als Genuß des schnell sich verbreitenden Wohlstandes äußerte. Das ging um so leichter, als der Wiederaufbau des eigenen technisch-ökonomischen Systems unter bewußtem Verzicht auf jene Atombomben und die damit verbundene Forschung vor sich ging, also der Betroffene das gute Gewissen hatte, nicht zu den Mitmachern im bösen Spiel zu gehören.

Was man damals Wirtschaftswunder nannte, diese beachtliche Kopulation von Überlebenswillen und Kapital, die Wiederaufstiegslust, die sich überall ihre Symbole suchte (und sei es in der 1954 errungenen Fußballweltmeisterschaft): dies war begleitet von uniformierenden Vorgängen, die von der Kulturindustrie ausgingen, die in den fünfziger Jahren sich als großer »Medienmarkt« herstellte. Adorno-Horkheimers aus amerikanischen Beobachtungen abgeleitete Darlegungen über die Kulturindustrie (vom Frankfurter Lehramt aus auch persönlich vorgetragen) haben damals Positionen kritischen Bewußtseins unter der studierenden Jugend gegen diese neue, schnell wachsende Uniformitätsindustrie zu bilden versucht. Ihr Erfolg bestätigte, auf welchen Verdruß am System sie bei der jungen Generation trafen.

Das gemeinsame Thema

Im Rückblick ist die kulturanalytische Arbeit Horkheimers, Adornos, Plessners, Gehlens, Freyers, Anders' und Sedlmayrs – von so verschiedenen Positionen und politischen Gesinnungen alle auch ausgingen – doch eine gemeinsame kritische Anstrengung gegen einen alle überwältigenden Prozeß. Denn diese »neuen Gründerjahre« nach 1948 nehmen sich mit ihrer Energie, ihrer Hektik, ihrer Zukunftssucht auch aus wie eine große Flucht vor der Vergangenheit, wie eine große Verdrängung eben jener moralischen Fragen, die am Kriegsende angesichts der jetzt veröffentlichten Bilder aus den Konzentrationslagern des SS-Staates sich für alle stellten und die in den Jahren zwischen 1945 und 1950 von Autoren wie Reinhold Schneider eindringlich vorgetragen wurden. Schneiders schnelles Vergessenwerden nach seinem Tod (1955) ist ein Charakteristikum dieser Verdrängung. Erst in den sechziger Jahren haben – parallel mit den beginnenden KZ-Prozessen – junge Autoren (Hochhuth, Walser, Weiss, Kipphardt) das Thema – zuerst auf dem Theater – wieder aufgegriffen, und als Jaspers 1966 die Frage stellte: »Wohin treibt die Bundesrepublik?« hob er dieses Thema hervor. Die Bundesrepublik habe, so sagte er, den »Grundakt der Umkehr« versäumt, die sittlich-politische Aufgabe, einen wirklich demokratischen Staat zu schaffen, der, statt in bloßer Geschäftigkeit fortzuschlittern, den Bürger am Staatswesen beteilige und wieder einen Sinn vermittle. Das als

Warnung geschriebene Buch traf hart, weil es sich nicht mehr, wie die Kulturkritik der fünfziger Jahre, auf die Folgen der technischen Revolution und die Folgen der Kulturindustrie beschränkte, sondern auf den Zustand der Politik, des Bewußtseins und der Moral reflektierte. Mitscherlichs »Unfähigkeit zu trauern« ging diesem großen Verdrängungsprozeß der fünfziger Jahre, in dem durch Abwehr von Schuld und Scham sich doch auch hartnäckig eine Erinnerung an die NS-Zeit erhalte, entschiedener nach. Trauerarbeit sei Verarbeitung von Verlusten. Er entwarf das Bild des selbstgefälligen, bequem gewordenen Deutschen, der sich, »unfähig zu trauern«, im verstockten Bewußtsein eingerichtet hat.

Abermals ergänzten sich die Bücher und gaben der jungen studentischen Generation, die in den Seminaren – gewiß nicht nur der Frankfurter Schule – mit der Kulturkritik, der kritischen Einstellung zum Bestehenden ausgerüstet wurde, Diskussion und Zündstoff, der sich – verbindend mit Funken, die aus der politischen Realität herüberschlugen (der Schah-Besuch, Notstandsgesetze) – alsbald in eine gesellschaftliche Aktivität umsetzte, die als »Protestbewegung« nicht nur das kulturkritische Potential aktivierte, sondern selbst den Versuch machte, die Situation, die Gegenstand der Kritik und des von ihr abgeleiteten Leidens war, zu verändern. Herbert Marcuses Analyse »Der eindimensionale Mensch«, diese äußerste Beschreibung des reduzierten, manipulativ in die industrielle Gesellschaft eingepaßten Menschen, war ein Schreckbild sowohl der Unfreiheit wie des um seinen Sinn gebrachten Lebens. Auch Marcuse replizierte auf eine andere Gesellschaft, in der der Mensch, frei vom Leistungsdruck, die Vieldimensionalität des Lebens wieder herstellen könne. Marcuse propagierte die große Weigerung, und wenn das auch nicht mehr der individual-existentialistische Protest gegen die Schrumpfung des Lebens in der total verwalteten Welt war, sondern einer, der sich mit sozialpsychologischen und soziologischen Kategorien ausstattete, so wurde doch bald Marcuses Rückbeziehung auf seine Heideggersche Abkunft vermerkt.

Marcuse hat freilich für sein Programm der großen situationsverändernden Weigerung nicht mehr auf den Arbeiter vertraut, auf seine Revolution, da die Arbeiterklasse inzwischen dem technisch-ökonomischen System ganz eingepaßt war. So vertraute er auf die Intellektuellen, die neuen Führungseliten der technischen Gesellschaft. Die von den Prinzipien der Wohlstandsgesellschaft durch Generationsbruch sich absetzenden Studenten machten sich daraus eine subjektive politische Rolle, die ihnen in einer ohne

Sinn ausgestatteten Gesellschaft noch einen Sinn zusprach: Arbeiter für eine »gesellschaftliche Veränderung« zu sein. Diese Anstrengung war vehement und kurz, hat aber zur Aufarbeitung der linken literarischen Bestände von Trotzki, Rosa Luxemburg über Landauer bis zu Lukács geführt. Ihr Versickern hängt nicht nur damit zusammen, daß die Studentenbewegung aus der Isolation im studentischen Ghetto nicht ausbrechen konnte oder daß die Marcuse-These sich am Nichtgelingen der Kontakte zur Arbeiterschaft bestätigte, sondern auch mit der Einsicht in die Beständigkeit des Systems, das keine entscheidende Veränderung, nur Variation und Milderung zuläßt. Dort, wo diese einst intellektuell dynamische, mit großer Argumentationskraft auftretende Bewegung, die ihrerseits eine ganze Gattung neuer »kritischer Literatur« begründete, von Anfang der 70er Jahre an im Terrorismus versickerte, bestätigt das verbrecherische Ermorden (»Abknallen«) von Symbolfiguren des ungeliebten »Systems« nur noch den aus der Ohnmacht resultierenden, blanken, in Wahnsinn umschlagenden Zorn.

Mit dem Zerfallsprozeß dieser Bewegung sind die Intellektuellen, die die Kulturkritik bisher geprägt und in jener Protestbewegung kräftig mitgesprochen hatten, und ihr Führungsanspruch selbst zum Gegenstand der Kritik geworden. Schelskys (»Die Arbeit tun die anderen«) und Sontheimers Analysen (»Das Elend der Intellektuellen«) beschreiben nicht nur diese Auseinandersetzung, sie sind selbst –, da sie von Intellektuellen geschrieben sind, Produkte der Spaltung, des Dissentierens, des Sich-neu-Bestimmens.

Daraus ist nicht zu folgern, daß die Kulturkritik damit an das Ende ihrer Funktion gekommen sei. Zusammengebrochen ist nur der Versuch eines bestimmten Flügels der Intellektuellen, aus der »Systemkritik« einen neuen politischen Aktivismus zu gewinnen. Aber die Kulturkritik hat sich selbst neu eingestellt auf das Reale. In Mitscherlichs Aufsätzen ist dies am deutlichsten zu sehen. Hier wird nicht mehr über die Schädigung der Seele geklagt, sondern deren Zustand und die Folgen dieses Zustands für die Gesellschaft beschrieben. Die neue Kulturkritik hat sich seit 1970 immer deutlicher andere Gegenstände gesucht: Den Zustand der Städte, des Wohnens, der Erziehung, die Einrichtung einer sozialeren Umwelt. Sie richtet sich nun gegen die fortschreitende Landzerstörung, die »Plünderung des Planeten« (H. Gruhl), die totale Ökonomisierung der Welt, aber auch auf den Wiedergewinn von Wertvorstellungen, die für alle wieder verbindlich werden könnten, und auf neue Bereitschaft zu Partnerschaft angesichts der Isolation und allgemeinen Lieblosigkeit. Die Literatur, die zu diesen Fragen entsteht, ist noch unmittelbar gegenwärtige Diskussion. Wenn man in zehn Jahren bei ihr mit dem »Wiederlesen« beginnt, wird man sehen, wie sich im letzten Drittel dieses Jahrhunderts eine neue Betrachtung der anstehenden Probleme des Lebens in der technischen Welt einstellt. Man akzeptiert die Macht des Vorhandenen und sucht nach Mitteln der Bändigung und Humanisierung, nach »Umtausch der Ideologien«, etwa der des ständigen industriellen Wachstums gegen ein neues Sich-Bescheiden – im ganzen danach, wie man die entstaltete Welt wieder wohnlich macht, lebenswert hält und vor der totalen Ökonomisierung bewahrt.

Frankfurt/M., Juni 1978   Günther Rühle

Die Autoren der Zeitanalysen

Adorno, Theodor W.

(eigentlich Theodor Wiesengrund). Geboren am 11. September 1903 in Frankfurt. Sohn eines Kaufmanns und der Sängerin M. Calvelli-Adorno. Studium der Musik, Soziologie und Philosophie; dann Musikschriftsteller, Kompositionsschüler von Alban Berg, 1931 Habilitation am Institut für Sozialforschung in Frankfurt. Entlassung 1933, 1934 Exil. Lehramt an der Universität Oxford, ab 1938 am Institute for Social Research in New York. Dort musikalischer Berater Thomas Manns für »Doktor Faustus«, zusammen mit Max Horkheimer »Dialektik der Aufklärung« (1947). 1949 Rückkehr nach Deutschland. Professor für Sozialphilosophie an der Universität Frankfurt, mit Horkheimer Leiter des Instituts für Sozialforschung. Adorno war durch seine Vorlesungen und seine Schriften wesentlich beteiligt an der Wiederherstellung der ästhetischen Diskussion und der Kulturkritik in der Bundesrepublik. Seine musiktheoretischen und -soziologischen Schriften, »Philosophie der neuen Musik« (1949), »Dissonanzen, Musik in der verwalteten Welt« (1956), »Klangfiguren« (1959), »Mahler – eine musikalische Physiognomik« (1960), »Einleitung in die Musiksoziologie« (1962), »Der getreue Korrepetitor« (1963) u. a., wurden so wichtig wie seine »Noten zur Literatur« und seine »Minima moralia« (1951), »Prismen, Kulturkritik und Gesellschaft« (1955), »Jargon der Eigentlichkeit« (1964) und seine »Negative Dialektik« (1968). Adornos kritische Position gegen die bürokratisierte und von einem faden Kulturbetrieb geprägte Nachkriegsgesellschaft wirkte stark auf die junge Generation, prägte mit das intellektuelle Klima der sechziger Jahre. Adorno wurde – neben dem in Amerika verbliebenen Herbert Marcuse – der wirkungsreichste Vertreter der Frankfurter Schule. Adorno starb – nach Auseinandersetzungen mit aktivistisch gewordenen Studenten – am 6. August 1969 an seinem Urlaubsort Brig im Wallis.

MAX HORKHEIMER/THEODOR W. ADORNO, »Dialektik der Aufklärung. Philosophische Fragmente«, Querido Verlag, Amsterdam 1948.
  Heute: S. Fischer Verlag, Frankfurt/M. 1972 und Fischer Taschenbuch (Bücher des Wissens), Band 6144.

Anders, Günther

Geboren am 12. Juli 1902 in Breslau als Sohn des Psychologen William Stern (Anders: Pseudonym für Stern). Promotion bei Husserl, Kunstrezensent für die »Vossische Zeitung« in Berlin. 1933 Emigration nach Frankreich, dann USA, 1950 Rückkehr nach Europa (Wien). Anders schrieb Novellen (»Der Hungermarsch«, 1936), Gedichte und vor allem philosophische Essays. Nach »Kafka, pro und contra« und »The Acoustic Stereoscope« (beide 1951) entspann sich um seine Essays »Die Antiquiertheit des Menschen« (1956) eine vielseitige Diskussion. Engagiert in der Anti-Atom-Bewegung, die er mit inaugurierte. Daraus entstand sein Tagebuch aus Hiroshima und Nagasaki »Der Mann auf der Brücke« (1959) und der Briefwechsel mit dem amerikanischen Atombomben-Piloten Claude Eatherly »Off Limits für das Gewissen« (1961). Unter seinen in den sechziger Jahren veröffentlichten Schriften sind eine Darstellung von Georg Grosz (1961), »Gespräche mit Brecht« (1962), Betrachtungen zur Aggression in Vietnam und über die atomare Situation heute: »Endzeit und Zeitende« (1972).

GÜNTHER ANDERS, »Die Antiquiertheit des Menschen. Über die Seele im Zeitalter der zweiten industriellen Revolution«, Beck'sche Verlagsbuchhandlung, München 1956.
  Heute: Beck'sche Sonderausgabe, Beck Verlag, München 1968.

Barth, Karl

Geboren am 10. Mai 1886 in Basel, Sohn eines Pfarrers. 1909 Vikar in der deutschen reformierten Gemeinde in Genf, von 1911 bis 1921 Pfarrer in Safenwil (Kanton Aargau), 1921 außerordentlicher Professor für Theologie in Göttingen, 1925 als Ordinarius für Dogmatik in Münster, ab 1930 in Bonn. Dort begründete er die »Dialektische Theologie«. Barths Bedeutung wurde durch die Schrift über den »Römerbrief« (1919/1922) eingeleitet und durch sein großes 14bändiges Werk »Die kirchliche Dogmatik« endgültig gesichert. Stark calvinistisch geprägt. Konflikt mit den nationalsozialistischen Machthabern durch seine Kritik der »Deutschen Christen«, initiierte gegen diese die »Erklärung von Barmen«, verweigerte 1934 den Eid auf Hitler, 1935 aus Deutschland ausgewiesen. Professor in Basel. In vielen Schriften versuchte Barth, Aufgabe, Situation und Wesen des Christentums in der Gegenwart zu bestimmen und bezog seine Fragen auch auf die schwierige politische Situation des gespaltenen Deutschland. Letzte Vorlesung 1962 über das Thema »Über die Liebe«. Barth starb, verehrt als ein großer Lehrer der neuen Theologen, am 10. Dezember 1968 in Basel.

KARL BARTH, »Der Römerbrief«, Chr: Kaiser Verlag, München 1922.
    Heute: 11. Aufl., Theologischer Verlag, Zürich 1976.

Bloch, Ernst

Geboren am 8. Juli 1885 in Ludwigshafen, Sohn eines Eisenbahnbeamten. Promotion mit »kritischen Erörterungen« über Rickerts Philosophie. Pazifist. »Geist der Utopie« (Erste Fassung 1918) und das nach seinem Übertritt von der SPD zur KPD entstandene Buch über »Thomas Münzer als Theologe der Revolution« zeigten ihn als einen von den theologisch geprägten sozialrevolutionären Bewegungen des Mittelalters ausgehenden Denker mit stark visionären Eigenschaften. Geschichtliche Entwicklung war für ihn auf ein Ideal des Guten hin angelegt, das er als einen gerechten, die Würde des Menschen zur Erscheinung bringenden Sozialismus begriff. Bloch emigrierte nach Hitlers Machtübernahme 1933 von Berlin nach Zürich, Paris, Wien, Prag und 1938 in die USA, übernahm nach seiner Rückkehr 1949 den Lehrstuhl für Philosophie an der Universität Leipzig. Bloch strahlte eine große Anziehungskraft auf die junge Intelligenz der DDR aus. Dort entstand 1949–1954 sein Hauptwerk »Das Prinzip Hoffnung«. 1954 erster Konflikt mit der SED-Führung wegen seiner offenen, freieren Vorstellungen von Sozialismus (Babelsberger Philosophenkonferenz), 1961 von einer Vortragsreise durch Westdeutschland nicht mehr in die DDR zurückgekehrt. Gastprofessur in Tübingen, dort neue starke Wirkung auf die junge oppositionelle Generation der sechziger Jahre. Bloch starb, gewürdigt als »der letzte Metaphysiker des Marxismus«, am 4. August 1977.

ERNST BLOCH, »Geist der Utopie«, 1. Fassung, Verlag Duncker & Humblot, München 1918.
    Heute: in »Gesamtausgabe in 16 Bänden«; Band 16: »Geist der Utopie« (Faksimileausgabe der 1. Fassung von 1918), Suhrkamp Verlag, Frankfurt/M. 1976; »Geist der Utopie« (bearbeitete Neuauflage der 2. Fassung von 1923), Suhrkamp Verlag, Frankfurt/M. 1975.

Bultmann, Rudolf Karl

Geboren am 20. August 1884 in Wiefelstede (Oldenburg), Sohn eines Pfarrers. 1916–1921 außerordentlicher Professor in Breslau und Gießen, 1921–1951 Professor für neutestamentliche Wissenschaften in Marburg. Hauptwerke: »Geschichte der synoptischen Tradition« (1921); »Jesus« (1926); »Glauben und Verstehen« (4 Bände, 1933–1967); »Das Johannesevangelium« (1941); »Offenbarung und Heilsgeschehen« (1941); »Die Theologie des Neuen Testaments« (1948); »Das Urchristentum im Rahmen der antiken Religionen« (1949); »Die drei Johannesbriefe« (1967). Wurde über theologische Kreise hinaus bekannt durch seine »Entmythologisierung des Christentums«, mit der er große mythische Vorstellungen wie Jungfrauengeburt, Gotteskindschaft, leibliche Auferstehung Jesu nicht als historische Ereignisse, sondern als Mythen deutete, die sich in der Urgemeinde gebildet hätten. Heftige Kontroversen mit Karl Barth, Karl Jaspers gegen deren Vorwurf, er eliminiere die mythische Substanz. Bultmann: er interpretiere die mythische Argumentation des Neuen Testaments. (Dokumentation im Piper-Verlag, 1954, »Zur Frage der Entmythologisierung«.) Neben Karl Barth hat Bultmann die evangelische Theologie dieses Jahrhunderts am stärksten beeinflußt. Bultmann starb am 30. Juli 1976.

RUDOLF BULTMANN, »Jesus«, Deutsche Bibliothek, Berlin 1926.
Heute: Gütersloher Verlagshaus (Taschenbuch Siebenstern 17), Gütersloh 1977.

Freud, Sigmund

Geboren am 6. Mai 1856 in Freiberg (Mähren), aufgewachsen in Wien. 1881 Promotion zum Dr. med. Ab 1885 Dozent der Neuralpathologie, ab 1920 ordentlicher Professor an der Universität Wien. Freud ist der Begründer der Psychoanalyse. Er erkannte im Unbewußten die Gründe für bestimmte Störungen im seelischen Leben des Menschen, lenkte den Blick vor allem auf die bis dahin weitgehend tabuisierte Sexualsphäre und suchte die Verdrängungen aufzuklären und die Störungen durch Bewußtmachen zu heilen. Die Freudsche Psychoanalyse führte nicht nur zur Ausbildung einer besonderen Psychotherapie, sondern auch zu neuer Betrachtung bestimmter Erlebnisweisen (Traum, Angst), Persönlichkeitsstrukturen wie zu einer allgemeinen Kulturkritik. Die Gesamtausgabe seiner Werke umfaßt 18 Bände. Seine einst heftig umstrittene Arbeit gehört heute zu den wesentlichsten wissenschaftlichen Leistungen des Jahrhunderts. Freud, der 1938 von Wien nach London emigrierte, setzte seine Arbeit im Exil fort, wurde führendes Mitglied der Internationalen Liga gegen Rassismus und Antisemitismus. Er starb am 24. September 1939 in London.

SIGMUND FREUD, »Das Unbehagen in der Kultur«, Internationaler Psychoanalytischer Verlag, Wien 1930.
    Heute: in »Gesammelte Werke«, Bd. 14, 6. Aufl., S. Fischer Verlag, Frankfurt/M. 1977.

Freyer, Hans

Geboren am 31. Juli 1887 in Leipzig, Sohn eines Postdirektors. 1920 Habilitation in Leipzig, 1922 Professor für Philosophie in Kiel, 1925 bis 1948 auf dem Lehrstuhl für Soziologie in Leipzig und seit 1933 Leiter des Instituts für Kultur- und Universalgeschichte. Freyer begann mit großen philosophischen Arbeiten, »Antäus-Grundlegung einer Ethik des bewußten Lebens« (1918), »Theorie des objektiven Geistes« (1922) und »Der Staat«, und näherte sich dann soziologischen und politischen Fragestellungen, zuerst in »Prometheus, Ideen zur Philosophie der Kultur« (1923), dann in »Soziologie als Wirklichkeitswissenschaft« (1930), der Geschichte der Utopien »Die politische Insel« (1936) und »Machiavelli« (1938). Nach dem Zweiten Weltkrieg vor allem historische und kultursoziologische Arbeiten: die »Weltgeschichte Europas« (1948), 2 Bände, die vieldiskutierte »Theorie des gegenwärtigen Zeitalters« (1955) und die »Schwellen der Zeiten« (1965) sowie »Moderne Industriegesellschaft in Ost und West« (1965). Freyer hatte 1948 Leipzig verlassen, wurde in Wiesbaden Mitarbeiter des Brockhaus Verlags, lehrte an den Universitäten in Münster und Ankara. Er starb am 18. Januar 1969 in Wiesbaden.

HANS FREYER, »Theorie des gegenwärtigen Zeitalters«, Deutsche Verlags-Anstalt, Stuttgart 1955. *Vergriffen.*

Gehlen, Arnold

Geboren am 29. Januar 1904 in Leipzig, Sohn eines Verlegers. Während des Studiums in Köln starker Einfluß Max Schelers, Promotion 1927 bei Hans Driesch in Leipzig, dort ab 1930 Privatdozent, 1934 ordentlicher Professor (Nachfolger von Driesch), ab 1938 an der Universität Königsberg, von 1940 in Wien, 1947 in Speyer und ab 1962 an der Technischen Hochschule in Aachen. Der junge Gehlen war stark von den ethischen Postulaten des deutschen Idealismus geprägt, »Theorie der Willensfreiheit« (1933), wechselte dann zu anthropologischen und soziologischen Betrachtungsweisen. In »Der Mensch. Seine Natur und Stellung in der Welt« schilderte er den Menschen als ein instabiles Mängelwesen, das auf die Leistung und Stützung von Institutionen angewiesen ist. In »Urmensch und Spätkultur« (1956) beschrieb er die Funktion der sozialen Institutionen für den ohne Instinktsicherheit lebenden Menschen. In seinem vielbeachteten Buch »Die Seele im technischen Zeitalter« (1957) betrachtete Gehlen sozialpsychologische Probleme in der modernen Industriegesellschaft. Gehlen wurde in den sechziger Jahren der am meisten beachtete konservative Kritiker gesellschaftlicher Entwicklungen. Seine philosophische Anthropologie gewann Einfluß auf die Philosophie und Soziologie. Mit »Zeitbilder« (1960), »Moral und Hypermoral – eine pluralistische Ethik« (1969) und »Einblicke« (1975) forderte er seine Gegner immer mehr heraus. Gehlen starb am 30. Januar 1976 in Hamburg.

ARNOLD GEHLEN, »Die Seele im technischen Zeitalter«, Rowohlt Taschenbuchverlag, Hamburg 1957.
  Heute: in rde 53, Rowohlt Taschenbuch Verlag, Reinbek.

Guardini, Romano

Geboren am 17. Februar 1885 in Verona, Sohn eines Kaufmanns. Aufgewachsen in Deutschland, natur-, staatswissenschaftliche und theologische Studien, 1910 ordiniert zum Priester. 1922 Dozentur für Dogmatik in Bonn, 1923 Lehrstuhl in Breslau und Berlin (1939 aus politischen Gründen aufgehoben). Seit 1945 Lehrstuhl für Religionsphilosophie und christliche Weltanschauung in Tübingen, 1948 bis 1964 in München. Guardini wurde bekannt als einer der Führer der katholischen Jugendbewegung Quickborn und der liturgischen Bewegung. Vermittels seiner großen, umfassenden schriftstellerischen Tätigkeit, die neben theologischen und religionspsychologischen Betrachtungen, »Vom Sinn der Kirche« (1922), »Das Wesen des Christentums« (1938), auch Exegesen literarischer Werke (Dostojewski, Rilke, Hölderlin, Mörike) umfaßt, gewann Guardini großen, über den katholischen Bereich hinausreichenden Einfluß, weil seine universalistische Betrachtungsweise jede kirchenspezifische Enge überwand und die in den fünfziger Jahren von vielen Positionen her diskutierte Frage nach dem Sinn menschlicher Existenz aus der katholischen Tradition aufnahm. Mit »Ende der Neuzeit« (1950)

regte er diese Diskussion mit an. Guardini starb am 1. Oktober 1968 in München.

ROMANO GUARDINI, »Das Ende der Neuzeit«, Hess Verlag, Basel 1950. *Vergriffen.*

Heidegger, Martin

Geboren am 26. September 1889 in Meßkirch, Sohn eines Handwerkers. 1923 außerordentlicher Professor für Philosophie in Marburg, ab 1928 Ordinarius in Freiburg, als Nachfolger seines Lehrers Husserl. – 1927 erscheint das Hauptwerk »Sein und Zeit«. Der daraus abgeleiteten Einordnung seines Denkens unter die »Existenzphilosophie« widerspricht Heidegger. Wesentlichste Schriften zum Problem der Metaphysik »Kant und das Problem der Metaphysik« und »Was ist Metaphysik?« (beide 1929) und später »Einführung in die Metaphysik« (1953). – 1933 Bekenntnis Heideggers zum Nationalsozialismus und Rektor der Freiburger Universität. 1934 Rücktritt vom Rektorenamt. 1936: »Hölderlin und das Wesen der Dichtkunst«, 1943: »Vom Wesen der Wahrheit«. Wegen seines Engagements von 1933 nach Kriegsende 1947 Entzug der Lehrerlaubnis. 1950 wieder aufgehoben. Vorlesungen bis 1952. 1952 emeritiert. Heideggers Publikationen von 1949 ab: »Der Feldweg«, »Holzwege« (1950), »Was heißt Denken?« (1954), »Zur Seinsfrage« (1956), »Unterwegs zur Sprache« (1959), »Die Technik und die Kehre« (1962), seine Exegesen von Johann Peter Hebels und Hölderlins Dichtungen (1957 und 1971) werden immer wieder Gegenstand öffentlicher Diskussion. 1961 erscheint die zweibändige Nietzsche-Monographie. Heidegger lebte zurückgezogen in Todtnauberg/Schwarzwald. Er starb am 26. Mai 1977 in Freiburg.

MARTIN HEIDEGGER, »Was ist Metaphysik?« (Öffentliche Antrittsvorlesung), Verlag F. Cohen, Bonn 1929.
    Heute: 11. durchgesehene Auflage, Verlag Klostermann, Frankfurt/M. 1975.

Horkheimer, Max

Geboren am 14. Februar 1895 in Stuttgart, Sohn eines Textilindustriellen. Kaufmännische Lehrzeit, Philosophiestudium, 1925 Habilitation über Kants Kritik der Urteilskraft. 1930 Professur für Sozialphilosophie in Frankfurt. Mitbegründer und Direktor des Instituts für Sozialforschung, distanziert interessiertes Verhältnis zum Werk von Marx. 1930 »Anfänge der bürgerlichen Philosophie«, 1932 Gründung der »Zeitschrift für Sozialforschung«. 1933 Emigration. Schließung des Instituts, Exil in Genf, Paris und dann New York. Lehrtätigkeit ab 1934 an der Columbia University und Leiter des dorthin übernommenen Instituts für Sozialforschung. 1940 amerikanischer Staatsbürger. Im Exil Hinneigung zur jüdischen Theologie, unter dem Eindruck der Stalin-Prozesse Schwinden der Zuversicht auf eine Welt der Gerechtigkeit und Freiheit, kritische Analysen der gesellschaftlichen Entwicklung zur automatisierten, verwalteten Welt. 1947, zusammen mit Adorno, »Dialektik der Aufklärung«; »Eclipse of reason« (1947), »Kritik der instrumentellen Vernunft« (1967) zeigen seinen zunehmenden Pessimismus. 1949 Rückkehr an die Universität Frankfurt am Main. Leiter des neu erbauten Instituts für Sozialforschung. Die – gemeinsam mit Theodor W. Adorno projektierte – Arbeit des Instituts führte zur Formulierung der »Kritischen Theorie«, die für die Studentenbewegung der sechziger Jahre wichtig wurde (Horkheimers zweibändige Aufsatzsammlung »Kritische Theorie«, 1969). Horkheimers wichtigste Forschungsarbeiten galten der Rolle der Vorurteile in der Gesellschaft, Fragen der Freiheit und dem Werk Schopenhauers. Horkheimer starb am 7. Juli 1973 in Nürnberg.

MAX HORKHEIMER/THEODOR W. ADORNO, »Dialektik der Aufklärung. Philosophische Fragmente«, Querido Verlag, Amsterdam 1948.
   Heute: S. Fischer Verlag, Frankfurt/M. 1972 und Fischer Taschenbuch (Bücher des Wissens), Band 6144.

Jaspers, Karl

Geboren am 23. Februar 1883 in Oldenburg. Vater Bankdirektor. Habilitation in Psychiatrie 1903 in Heidelberg. Erste Werke »Allgemeine Psychopathologie« (1913), »Psychologie der Weltanschauungen« (1919). Dann Wechsel zur Philosophie. 1921 Ordinarius für Philosophie in Heidelberg. Hauptwerk 1930 »Philosophie«, 3 Bände, das seinen internationalen Ruf begründet. 1931 die Analyse »Die geistige Situation der Zeit«. 1937 wird Jaspers der Lehrstuhl entzogen. 1938 erscheint seine Betrachtung über »Existenzphilosophie«. Jaspers gilt seitdem als der Begründer der Existenzphilosophie in Deutschland. Jaspers übernimmt 1946 wieder seinen Heidelberger Lehrstuhl, lehrt von 1948 bis 1964 an der Universität in Basel. In diesen Jahren viele Schriften, die der Wiederherstellung des geistigen Lebens nach der Kriegskatastrophe dienen: »Vom europäischen Geist«, »Von der Wahrheit«, »Ursprung und Ziel der Geschichte«, »Der philosophische Glaube« (1948), dazu Geistesbiographien großer Persönlichkeiten: »Die großen Philosophen«; »Die maßgebenden Menschen«. In den sechziger Jahren wird Jaspers (wie 1931) wieder zum Kritiker der gesellschaftlichen Entwicklung. Seine Bücher »Die Atombombe und die Zukunft des Menschen« (1958) und »Wohin treibt die Bundesrepublik?« (1966), in denen er eine radikale Änderung der Politik vorschlägt, lösen eine heftige Kontroverse in der Bundesrepublik aus. – Jaspers starb am 26. Februar 1969.

KARL JASPERS, »Die geistige Situation der Zeit«, de Gruyter Verlag, Berlin 1931.
    Heute: in Sammlung Göschen, 3000 Berlin 1971.
    KARL JASPERS, »Wohin treibt die Bundesrepublik?«, Piper Verlag, München 1966. *Vergriffen.*

Jünger, Ernst

Geboren am 29. März 1895 in Heidelberg. Sohn eines Apothekers, 1914 Kriegsfreiwilliger, einer der höchstdekorierten Offiziere des deutschen Heeres. Soldat bis 1923, dann Verarbeitung des Kriegserlebnisses in weitwirkenden Büchern, »In Stahlgewittern«, »Feuer und Blut« und »Das Wäldchen 125«. Jünger lebt aus einem sich heroisch verstehenden Enthusiasmus, propagierte den Kampf als Lebensform. »Das abenteuerliche Herz« gibt dieser Haltung eine philosophische Deutung. Jüngers Schrift »Die totale Mobilmachung«, vor allem sein heftig umstrittenes Buch »Der Arbeiter. Herrschaft und Gestalt« ließen Jünger zeitweise als einen Wegbereiter für das Dritte Reich erscheinen, sein Buch »Auf den Marmorklippen« (1939), später seine Zusammenarbeit mit General Stülpnagel in Paris, der am Putsch gegen Hitler vom 20. Juli 1944 führend beteiligt war, und sein in Abschriften verbreiteter Essay »Der Friede« (1943) revidieren dieses Bild. Gleichwohl geriet Jünger nach Kriegsende in den Streit um die Bewertung von Person und Werk. Als Tagebücher der Jahre 1941 bis 1948 erschienen »Strahlungen« und »Jahre der Okkupation« und – an die »Marmorklippen« anknüpfend – der utopische Roman »Heliopolis«. Im »Waldgang« (1951) beschrieb er die Position dessen, der zum Widerstand gegen Tyrannei entschlossen ist. Jüngers zahlreiche weitere Bücher zeigten einen hochgebildeten, auch esoterischen Autor, einen genauen Beobachter von Natur und Zeit und Analysierer auch subtiler Phänomene.

ERNST JÜNGER, »Der Arbeiter. Herrschaft und Gestalt«, Hanseatische Verlagsanstalt, Hamburg 1932.
   Heute: in »Werke«, Band 6. Ernst Klett Verlag, Stuttgart 1964.

Jünger, Friedrich Georg

Geboren am 1. September 1898 in Hannover, Sohn eines Apothekers. Bruder von Ernst Jünger, nach Jurastudium freier Schriftsteller, ab 1928 in Berlin, dann in Überlingen (ab 1937, nach
Verhängung des Schreibverbots). – Jüngers Werk enthält sehr
anspruchsvolle, stilistisch hochgetriebene, gedanklich geprägte
Lyrik (»Der Taurus«, »Der Westwind«, »Die Perlenschnur«,
»Ring der Jahre« u. a.) sowie kulturphilosophische Essays mit
großer Neigung zu den mythischen Gegenständen (»Orient und
Okzident«; »Griechische Götter«, »Die Spiele« u. a.) und Erzählungen. Die stärkste Diskussion löste der von der Öffentlichkeit
sehr zurückgezogene Autor mit seinem Essay »Die Perfektion der
Technik« (1946) aus, zu dem es später eine Fortsetzung »Maschine
und Eigentum« gab. F. G. Jünger starb am 20. Juli 1977 in
Überlingen.

FRIEDRICH GEORG JÜNGER, »Die Perfektion der Technik«, Klostermann Verlag, Frankfurt/M. 1946.
   Heute: 5. Aufl., Klostermann Verlag, Frankfurt/M. 1968.

Kracauer, Siegfried

Geboren 1889 in Frankfurt am Main. Dr. Ing. Von 1920 bis 1933
Feuilletonredakteur der »Frankfurter Zeitung«. Wurde bekannt
mit kultur- und kunstsoziologischen Untersuchungen zur Filmproduktion und -rezeption und durch seine Arbeit »Die Angestellten: aus dem neuesten Deutschland«, die Habitus und Mentalität
eines Standes beschrieb, der damals auch politisch von Bedeutung
wurde. Kracauer gehörte zum Kreis um Horkheimer und Adorno.
1933 Emigration nach Frankreich, 1941 nach New York, wurde
dort Mitarbeiter der Film-Bibliothek des Museum of Modern Art,
der Guggenheim und Bollingen Foundation und seit 1952 des
Büros für angewandte Sozialforschung der Columbia-Universität.
Werke im Exil: »Pariser Leben, Jacques Offenbach und seine Zeit«
(1938); »Propaganda and the Nazi War Film« (1942) und »Von
Caligari zu Hitler. Ein Beitrag zur Geschichte des deutschen
Films« (1947) und »Theorie des Films« (1950). Kracauers Rezeption im Deutschland der sechziger Jahre veränderte dort das

Filmverständnis. – Kracauer starb am 26. November 1966 in New York.

SIEGFRIED KRACAUER, »Von Caligari zu Hitler«, Princeton University Press, Princeton, N. J., 1947. Deutsch: Rowohlt Taschenbuch Verlag, Reinbek 1958.
Heute: in »Schriften«, Bd. 2, Suhrkamp Verlag, Frankfurt/M. 1977.

Landauer, Gustav

Geboren am 7. April 1870 in Karlsruhe, Schriftsteller, früh Anhänger und später Wortführer des anarchistischen Sozialismus, Herausgeber der Zeitschrift »Der Sozialist«. Literarische Tätigkeit als Erzähler (»Der Todesprediger«, 1893; »Macht und Mächte«, 1903), Übersetzer und Editor (»Briefe aus der französischen Revolution«, 2 Bände 1918); Literarhistoriker (Hauptwerk: »Shakespeare«, 2 Bände, 1920, postum) und Kulturkritiker (gesammelte Aufsätze: »Der werdende Mensch«, 1921, und »Beginnen, Aufsätze über Sozialismus«, 1924, postum ed. von Martin Buber). Freundschaft mit Martin Buber, Einfluß auf Georg Kaiser, Ernst Toller, Erich Mühsam, Ludwig Rubiner und Kurt Eisner. Nach Eisners Ermordung beteiligt an Einrichtung und Verteidigung der Münchner Räterepublik. Nach deren Zusammenbruch erschlagen von Regierungssoldaten am 2. Mai 1919 im Gefängnis Stadelheim. Sein »Aufruf zum Sozialismus« (1905) wurde Programmschrift einer herbeizuführenden Revolution zu einem nichtmarxistischen, von den sozialen Urtrieben des Menschen ausgehenden Sozialismus, in dem geistbezogenes Leben und Brüderlichkeit bestimmende Kräfte sind.

GUSTAV LANDAUER, »Aufruf zum Sozialismus«. Verlag des sozialistischen Bundes, Berlin 1911.
Heute: in »Politische Texte«, Europäische Verlagsanstalt, Köln 1967.

Lessing, Theodor

Geboren am 8. Februar 1872 in Andorten bei Hannover. Studium der Mathematik, Philosophie und Medizin, frühe Schul- und Studienfreundschaft mit Ludwig Klages. Durch ihn (nicht anhaltender) Kontakt mit dem Kreis um Stefan George. Lessing ist Pazifist, Mitglied der SPD. 1908 Privatdozent an der Technischen Hochschule in Hannover, ab 1922 außerordentlicher Professor für Philosophie und Pädagogik. Unter dem Eindruck des Ersten Weltkriegs entsteht sein Hauptwerk »Geschichte als Sinngebung des Sinnlosen«. Im Wahlkampf um den neuen Reichspräsidenten veröffentlicht das »Prager Tagblatt« 1925 ein Interview, in dem Lessing den künftigen Reichspräsidenten von Hindenburg so stark kritisiert, daß es zu Demonstrationen nationalgesinnter Studenten kommt. Lessing muß 1926 sein Lehramt aufgeben, nimmt einen Forschungsauftrag des preußischen Kultusministers Becker an und geht schon im Februar 1933 in die Tschechoslowakei ins Exil, weil er den Nationalsozialisten als ein Hauptfeind gilt. Für seine Ergreifung werden 80 000 Reichsmark ausgesetzt. Lessing wird, eines der ersten Opfer, am 30. August 1933 in Marienbad ermordet.

THEODOR LESSING, »Geschichte als Sinngebung des Sinnlosen«, C. H. Beck'sche Verlagshandlung, München 1919. *Vergriffen.*

Lukács, Georg

Geboren am 13. April 1885 in Budapest, Sohn eines Bankdirektors. Ab 1906 in dem Kreis radikaler bürgerlicher Intellektueller um die Zeitschrift »Huszadik Század«. Nach der Promotion (1909) längerer (Studien)-Aufenthalt in Deutschland, Kontakte mit Simmel, Max Weber, Rickert, Gundolf in Berlin und Heidelberg. Erste, große, von bürgerlichen Positionen ausgehende Arbeiten: »Die Seele und die Formen« (1910) und »Theorie des Romans« (1914/15), der Versuch einer geschichtsphilosophischen Bestimmung der literarischen Gattungen. Dezember 1918: Eintritt in die ungarische KP, 1919 Kommissar für das Unterrichtswesen in der Revolutionsregierung Béla Kun. Nach deren Sturz Flucht nach Wien, Verhaftung, nach seiner Freilassung lange und wechselvolle Auseinandersetzung mit der Kommunistischen Partei und ihren Führern Lenin, Bucharin, Sinowjew, wegen Linksabweichlertum und dem neu entstandenen Hauptwerk »Geschichte und Klassenbewußtsein« (1923). 1933 bis 1944 Exil in Moskau, 1944 Rückkehr nach Ungarn, Mitglied des Parlaments. Professor für Ästhetik und Kulturphilosophie an der Universität Budapest, 1951 Zwangsemeritierung. Nach neuen Schriften zur (vor allem deutschen) Literatur und Philosophie erschien sein Hauptwerk »Die Zerstörung der Vernunft« (1954). 1956 im ungarischen Aufstand Erziehungs- und Kultusminister der Regierung Nagy, deportiert nach Rumänien, nach der Rückkehr Debatte über den Lukácsschen »Revisionismus«. Regulierung des Verhältnisses zur KP. Letztes Werk »Ontologie desa gesellschaftlichen Seins«. Lukács starb am

4. Juni 1971, verehrt als der führende sozialistische Theoretiker auf dem Gebiet der Ästhetik.

GEORG LUKÁCS, »Geschichte und Klassenbewußtsein. Studie über marxistische Dialektik«, Malik-Verlag, Berlin 1923.
   Heute: in Sammlung Luchterhand 11, Neuwied 1976.

Marcuse, Herbert

Geboren am 19. Juli 1898 in Berlin, aus großbürgerlicher jüdischer Familie. Studium der Philosophie, beeinflußt von den Lehren Freuds und vom Existentialismus, Heidegger und von der in den zwanziger Jahren vollzogenen Entdeckung des Marxismus. Mit Max Horkheimer, Adorno, Grünberg, Fromm und Pollock gehörte er zu den Mitgliedern des Instituts für Sozialforschung. Marcuse ging 1932 über Genf, Paris nach New York, wurde dort 1940 naturalisiert. Er war Mitglied des Institutes of Social Research an der Columbia-Universität, war von 1942 bis 1950 im Dienst der amerikanischen Spionageabwehr, Mitarbeiter der russischen Forschungszentren an der Columbia und Harvard Universität, ab 1954 Professor für Politische Wissenschaften an der Brandeis-Universität in Waltham (Mass.), 1965 an der Universität in San Diego. Marcuse hatte nach Büchern über Hegel (1932 und 1941), »Eros and Civilisations. A Philosophical Inquiry Into Freud« (1955) und einer kritischen Analyse des sowjetischen Marxismus (1957) Studien über die Ideologie der fortgeschrittenen Industriegesellschaft gemacht, die er 1964 in seinem folgenreichsten Buch »Der eindimensionale Mensch« zusammenfaßte. Dieses wurde erst in den USA, dann in Deutschland zu einem Hauptwerk der rebellischen Studenten, zusammen mit seinem Aufsatz über »Repressive Toleranz«. Marcuse hatte 1967/68 auf vielen Vortragsreisen Kontakte mit Studenten und galt als der »Vater der Rebellion«. 1972 distanzierte er sich von den in Terror umschlagenden Aktionen. Weitere Publikationen: »Kultur und Gesellschaft« (1965, 2 Bände); »Versuch über die Befreiung« (1969); »Counter revolution and revolt« (1972); »Studies in Critical Philosophy« (1972) und »Zeitmessungen« (1975). Marcuse starb am 29. Juli 1979 in Starnberg (Oberbayern).

HERBERT MARCUSE, »Der eindimensionale Mensch. Studie zur Ideologie der fortgeschrittenen Industriegesellschaft«, Beacon Press, Boston, Mass. 1964. Deutsch von Alfred Schmidt, Luchterhand Verlag, Neuwied und Berlin 1967.
   Heute: 8. Aufl., Luchterhand Verlag, (Sammlung Luchterhand 4), Neuwied 1976.

Mitscherlich, Alexander

Geboren am 20. September 1908 in München, Sohn eines Chemikers. Studium der Geschichte, Philosophie, Literaturwissenschaft, 1932 abgebrochen, Buchhändler in Berlin, Auseinandersetzungen mit der Gestapo. Haft, dann Medizin-Studium in Heidelberg, ärztliche Tätigkeit als Neurologe, 1949 Gründer und Leiter der Abteilung für psychosomatische Medizin an der Universität Heidelberg, 1960 Direktor des Sigmund-Freud-Instituts in Frankfurt. Mitscherlich ist sehr wesentlich die Rehabilitierung der Freudschen Psychoanalyse im Nachkriegsdeutschland zu verdanken, er ging in seinen Fragestellungen aber weit über Freud hinaus und beschäftigte sich mit sozial- und gesellschaftspolitischen Themen unter dem übergeordneten Aspekt daraus resultierender Lebensschädigungen. Seine Schriften über Aggression, Toleranz, die Idee des Friedens, über Krankheit als Konflikt, die Beschreibung der »vaterlosen Gesellschaft« (1963), schließlich die Ausweitung der sozialpsychologischen Betrachtungen auf die Folgen der Veränderungen im Städtebau (»Die Unwirtlichkeit unserer Städte«, 1965) machten Mitscherlich zu einem der anregendsten, vielseitigsten Kulturkritiker der sechziger und siebziger Jahre. Das zusammen mit seiner Frau Margarete geschriebene Buch »Die Unfähigkeit zu trauern. Grundlagen kollektiven Verhaltens« berührte 1967 unmittelbar akute Probleme politischer Verhaltensformen, die die deutsche Nachkriegsgeschichte bestimmten.

Mitscherlich-Nielsen, Margarete

Dr. med., Ärztin und Psychoanalytikerin, wissenschaftliches Mitglied des Sigmund-Freud-Instituts und verschiedener internationaler Arbeitsgemeinschaften.

Veröffentlichungen: »Die Unfähigkeit zu trauern«, zus. mit Alexander Mitscherlich (1967); »Müssen wir hassen?« (1972); »Das Ende der Vorbilder« (1978); Aufsätze in verschiedenen Fachzeitschriften, insbesondere in »Psyche«.

ALEXANDER MITSCHERLICH UND MARGARETE MITSCHERLICH, »Die Unfähigkeit zu trauern. Grundlagen kollektiven Verhaltens«, Piper Verlag, München 1967.
Heute: Neuausgabe, Piper Verlag (Ln. und Serie Piper 168), München 1977.

Moeller van den Bruck, Arthur

Geboren am 23. April 1876 in Solingen, Sohn eines Königlichen Baurats, Familie mit nationaler Gesinnung. Aufgegebenes Studium, in Berlin in der literarisch-künstlerischen Bohéme, übersiedelt 1902 nach Paris, dort Bekanntschaft mit Mereschkowski, zusammen mit diesem Übersetzung und Herausgabe der ersten deutschen Gesamtausgabe der Werke Dostojewskis (Piper Verlag). 1906 Aufenthalt in Italien, starke politische Eindrücke vom Weg einer Nation (»Die italienische Schönheit«). Ab 1908 wieder in Berlin, intendiert nach den französischen und italienischen Erfahrungen eine europäische Enzyklopädie »Die Werte der Völker« und schreibt zur Weckung eines Bewußtseins der Deutschen die acht Bände »Die Deutschen«. 1910 in Italien, Erlebnis des Futurismus, 1912 in Rußland und dem Baltikum. 1914 in Dänemark und Schweden. Anfang des Ersten Weltkriegs Niederschrift von »Der preußische Stil«, dann »Das Recht der jungen Völker« (1918), ab 1918 ausschließlich politische Interessen, versucht die Revolution von 1918 für den nationalen Erkenntnisprozeß zu retten. Schrieb in der Wochenschrift »Das Gewissen«. Sein Buch »Das Dritte Reich« (1923), das sich gegen die Parteiherrschaft der Weimarer Republik wendet, versucht die Vision eines nationalen, sozialistischen, alle Kräfte zusammenfassenden dritten Reiches, einer konservativen Revolution. Moeller van den Bruck starb am 30. Mai 1925.

ARTHUR MOELLER VAN DEN BRUCK, »Das Dritte Reich«, Ring-Verlag, Berlin 1923. *Vergriffen.*

Ortega y Gasset, José

Geboren am 9. Mai 1883 in Madrid. Sohn eines Journalisten. Studium in Madrid, Berlin, Leipzig und Marburg, stark beeinflußt von der deutschen Historiographie und Philosophie (Ranke, Hegel, Nietzsche, Dilthey). Ortega, seit 1911 Professor für Philosophie und Literatur an der Madrider Universität, wurde einer der wichtigsten Vermittler deutschen Geistes in die spanisch-sprechenden Länder. Er verband die Kunst der literarischen Darstellung (»Betrachtungen über Don Quichote«) mit politischen Interessen (»Haltloses Spanien«) und kulturkritischen Analysen. Seine Zeitdiagnosen »Die Aufgabe unserer Zeit« (mit dem Essay über die »Enthumanisierung der Kunst«) und »Der Aufstand der Massen« (1933) machten ihn über Spanien hinaus bekannt. Politisch engagierte sich Ortega im Kampf gegen den Diktator Primo de Rivera, 1931 wurde er Abgeordneter im republikanischen Parlament, am Beginn des spanischen Bürgerkriegs emigrierte er dann nach Paris, Holland, Argentinien, kehrte 1946 zurück, lehrte ab 1949 wieder Philosophie an der Madrider Universität. Auf dem Höhepunkt seines Ansehens in Deutschland erschienen 1955 vier Bände »Gesammelte Werke«. Ortega starb im Herbst 1955 in Madrid.

JOSÉ ORTEGA Y GASSET, »Der Aufstand der Massen«, spanisch 1930. Deutsch von Helene Weyl, Deutsche Verlagsanstalt, Stuttgart 1935.
    Heute: Neuausgabe, Deutsche Verlagsanstalt, Stuttgart 1977 und Rowohlt Taschenbuch Verlag (rde 10), Reinbek.

Plessner, Helmuth

Geboren am 4. September 1892 in Wiesbaden, Sohn eines Arztes. 1920 Habilitation in Köln für Soziologie und Philosophie, 1926 dort außerordentlicher Professor. Emigration 1933. Professur an der holländischen Universität Groningen bis 1943, 1946 restituiert. 1951 Rückkehr nach Deutschland. Bis 1963 Professor für Philosophie und Soziologie an der Universität Göttingen. Plessners erste Arbeiten galten rein philosophischen Fragestellungen (»Die wissenschaftliche Idee«, 1913; »Die Einheit der Sinne«, 1923). In den zwanziger Jahren verstärkte er den anthropologischen Aspekt. »Die Stufen des Organischen und der Mensch« (1928), »Macht und menschliche Natur« (1931), »Grenzen der Gemeinschaft« (1924) zeigen Plessner auf dem Weg zu einer philosophisch wie soziologisch geprägten Anthropologie, deren Exemplifizierung und Darstellung Thema späterer Schriften wird (»Lachen und Weinen«, 1941, »Philosophische Anthropologie«, 1956). Unter den politischen Erfahrungen mit dem Nationalsozialismus wendet sich Plessner auch der geistesgeschichtlich-politischen Gesellschaftsanalyse zu. 1935 erscheint in Zürich »Das Schicksal deutschen Geistes im Ausgang seiner bürgerlichen Epoche«, die 1960 unter dem Titel »Die verspätete Nation« in Deutschland rezipiert wird. Das geschichtliche Erlebnis bestimmt noch die kleineren Arbeiten Plessners »Über die Menschenverachtung« oder »Die ideologische Anfälligkeit der Wissenschaftler« (1953 und 1954).

HELMUTH PLESSNER, »Die verspätete Nation«, Erstausgabe erschienen unter dem Titel »Das Schicksal deutschen Geistes im Ausgang seiner bürgerli-

chen Epoche«, Niehans Verlag, Zürich 1935.
    Heute: »Die verspätete Nation. Über die politische Verführbarkeit
bürgerlichen Geistes«, 5. Aufl., W. Kohlhammer Verlag, Stuttgart 1969
und Suhrkamp Verlag (stw Band 66), Frankfurt/M. 1974.

Rathenau, Walter

Geboren am 29. September 1867 in Berlin, Sohn des Begründers
der Allgemeinen Elektrizitäts-Gesellschaft (AEG). In jungen Jahren führende Positionen in der Industrie und der Kriegswirtschaft.
1915 – nach dem Tod seines Vaters – Präsident der AEG. Rathenau
verband in sich hohe Fähigkeiten zu industrieller Organisation
und Entwicklung mit politischen Neigungen und schriftstellerischen Ambitionen. Seine Schriften »Impressionen«, »Reflexionen«, »Zur Kritik der Zeit«, »Der Kaiser«, »Zur Mechanik des
Geistes« und sein wichtigstes Buch »Von kommenden Dingen«
zeigen den Industriellen als Kritiker der Zeit und als Befürworter
eines reformierten Kapitalismus. Nach 1918 wirtschaftlicher Berater der Reichsregierung, 1921 Wiederaufbauminister im Kabinett
Wirth. 1922 Außenminister des Deutschen Reiches. Er hatte
wesentlichen Anteil am Zustandekommen des Vertrags von Ra-
pallo, der zur Wiederherstellung der Beziehungen zwischen
Deutschland und der Sowjetunion führte. Rathenau wurde am 24.
Juni 1922 von nationalen Kräften ermordet, denen er als »Erfül-
lungspolitiker« gegenüber den Forderungen der Siegermächte des
Ersten Weltkrieges galt. – Rathenaus Ermordung, die heftige
Erregungen auslöste, war die erste nachhaltige Erschütterung der
jungen Weimarer Demokratie.

WALTER RATHENAU, »Von kommenden Dingen«. S. Fischer Verlag, Berlin
1917.
    Heute: in »Werke und Briefe«, Band II, Lambert Schneider Verlag,
Heidelberg 1977.

Rosenberg, Alfred

Geboren am 13. Januar 1893 in Reval. – Studium der Architektur
an der Technischen Hochschule in Riga, dann in Moskau. Erlebt
dort die Revolution. Erster politischer Auftritt am 30. November
1918 in Reval: Vortrag über »Die Judenfrage«. Reise nach Berlin
und München. Zusammentreffen mit Dietrich Eckart, durch ihn
erste Begegnung mit Hitler. Ab August 1921 mit Eckart Leitung
des Parteiblatts der NSDAP »Der Völkische Beobachter«, vom

10. März 1923 alleiniger Hauptschriftleiter. Teilnahme am Hitler-putsch vom 9. November 1923. Nach dem Partei- und Zeitungs-verbot Gründung der Zeitschrift »Der Weltkampf« (1924–1930), in dem er die weltanschaulichen Positionen der Partei für ihren »Kampf gegen Judentum, Freimaurerei und Bolschewismus« ent-wickelt. Rosenberg wird der Ideologe der Partei, verfaßt die erste Grundsatzerklärung »Wesen, Grundsätze und Ziele der NSDAP«, baut den »politischen Katholizismus« als Hauptgegner des »ras-sisch-völkischen Erwachens« auf, in dem er die Zukunft Deutsch-lands sieht. Im »Mythus des 20. Jahrhunderts« (1930) entwickelt er die Theorie von der Rassenseele und dem germanischen Men-schen. Unter Hitler wird Rosenberg 1933 Leiter des Außenpoliti-schen Amtes, seit 1934 der weltanschaulichen Schulung der NSDAP. 1941 Reichsminister für die besetzten Ostgebiete. Im Nürnberger Prozeß als Hauptkriegsverbrecher verurteilt und hin-gerichtet.

ALFRED ROSENBERG, »Der Mythus des 20. Jahrhunderts. Eine Wertung der seelisch-geistigen Gestaltenkämpfe unserer Zeit«, Hoheneichen-Verlag, München 1930. *Vergriffen.*

Schmitt, Carl

Geboren am 11. Juli 1888 in Plettenberg (Westfalen). Ordinarius für öffentliches Recht und Staatsrecht erst in Greifswald (1921), dann in Bonn, Handelshochschule Berlin (1928), ab 1933 an der Universität in Köln. Wurde bekannt durch seine staatsrechtlichen Untersuchungen und seine Behandlung von Zeitfragen. Er vertrat ein Autoritätsprinzip für den Staat, wollte eine starke Präsidialge-walt. Er war in der Weimarer Republik, im Dritten Reich wie in der Nachkriegszeit von starkem Einfluß auf das Denken der jungen Generation. Schriften: »Die Diktatur« (1921); »Die geistesge-schichtliche Lage des heutigen Parlamentarismus« (1923); »Der Begriff des Politischen« (1927); »Politische Romantik« (1928); »Verfassungslehre« (1932); »Hüter der Verfassung« (1931); »Le-galität und Legitimität« (1932); »Völkerrechtliche Großraumord-nung« (1938) und »Land und Meer« (1942). – 1933 Berufung zum Preußischen Staatsrat, Ordinariat an der Universität Berlin, als führender Staatsrechtler beteiligt an der Schaffung der Gesetze des nationalsozialistischen Staats (Reichsstatthaltergesetz), dann ein-setzende Distanz. 1945 Ende der Lehrtätigkeit. Weitere Wirkung als Schriftsteller und Rechtslehrer durch Bücher und Gesprächs-kreise. Schmitt wohnt in Plettenberg.

CARL SCHMITT, »Der Begriff des Politischen«, Heidelberger Archiv für Sozialwissenschaft und Sozialpolitik, September 1927. Neuausgabe: Hanseatische Verlags Anstalt, Hamburg 1933.
Heute: Duncker & Humblot, Berlin 1963.

Schneider, Reinhold

Geboren am 13. Mai 1903 in Baden-Baden. Schriftsteller, stark religiös geprägter Historiker. »Geschichtsdichter«. Schneider wurde bekannt mit seinem Buch über »Philipp II.« (1931), das schon die Kraft christlicher Gläubigkeit und ihr Wirken in geschichtlichen Entscheidungen als Schneiders Hauptthema sichtbar machte. Wichtigste Werke: »Das Leiden des Camões oder Untergang und Vollendung der portugiesischen Macht« (1930), »Die Hohenzollern« (1933), »Das Inselreich. Gesetz und Größe britischer Macht« (1936), »Las Casas vor Karl V.« (1938), »Macht und Gnade« (1940), »Der Dichter vor der Geschichte« (1943), »Die Heimkehr des deutschen Geistes«, »Verhüllter Tag«, autobiographisch (1955) u. a. Schneider setzte sich nach 1945 aus christlicher Position immer wieder für die Erhaltung des Friedens ein. Alle Katastrophen hätten sich im Geistig-Sittlichen ereignet, es gelte, eine dem Denken und Glauben bereite Welt herzustellen. In Schriften und Vorträgen nach Kriegsende suchte er Vertrauen in die unzerstörbaren Werte wiederherzustellen. Schneider starb am 6. April 1958 in Freiburg i. Br.

REINHOLD SCHNEIDER, »Das Unzerstörbare«, Herder Verlag, Freiburg 1945.
Heute: in »Gesammelte Werke«, Bd. 8, Insel Verlag, Frankfurt/M. 1977.

Sedlmayr, Hans

Geboren am 18. Januar 1896 in Hornstein (Burgenland), Sohn eines Universitätsprofessors. 1933 Privatdozent für Kunstwissenschaft an der Technischen Hochschule Wien, ab 1934 auch an der Universität Wien, von 1936 bis 1945 ordentlicher Professor für mittlere und neuere Kunstgeschichte und Leiter des kunsthistorischen Instituts der Universität Wien. Stark geistesgeschichtlich und systemtheoretisch interessiert. Ausgehend von der Betrachtung des mittelalterlichen und justinianischen Architektursystems (1933 und 1935) und der Architektur Borromis wandte er sich mehr den Künstlerpersönlichkeiten, »Michelangelo, Versuch über die Ursprünge seiner Kunst« (1940), »Größe und Elend der Menschen, Michelangelo, Rembrandt, Daumier« (1948), und Fragen nach Ursprung, Funktion und Sinnerfüllung von Kunst zu. Mit dem »Verlust der Mitte« (1948) entfachte Sedlmayr den ersten, lange nachwirkenden Streit über die moderne Kunst in der Nachkriegszeit. Seine Arbeiten »Die Entstehung der Kathedrale« (1950), »Ursprung und Anfänge der Kunst« (1952), vor allem »Die Revolution der modernen Kunst« (1955), »Der Tod des Lichtes – Perspektiven zur modernen Kunst« (1964) und »Gefahr und Hoffnung des technischen Zeitalters« (1970) machten seine konservative Kunstbetrachtung zum Gegenstand aktueller Auseinandersetzung. Sedlmayr lehrte von 1951 bis 1963 als Ordinarius für Kunstgeschichte an der Universität München.

HANS SEDLMAYR, »Verlust der Mitte. Die bildende Kunst des 19. und 20. Jahrhunderts als Symptom und Symbol der Zeit«, Otto Müller Verlag, Salzburg 1948.
   Heute: 9. Auflage, Otto Müller Verlag, Salzburg 1976. Ullstein Taschenbuch (39).

Sieburg, Friedrich

Geboren am 18. Mai 1893 in Altena i. W. Schriftsteller und einer der führenden deutschen Journalisten. 1919 Promotion, 1924 bis 1939 Korrespondent der »Frankfurter Zeitung« in Kopenhagen, in Paris (1926–1930), dann in London, viele Weltreisen für diese Zeitung, von 1939 bis 1944 in deren Redaktion in Frankfurt, 1948 bis 1955 Mitherausgeber der Zeitschrift »Die Gegenwart«, dann bis 1964 Leiter des Literaturteils der »Frankfurter Allgemeinen Zeitung«. – Sieburgs Ruf als Schriftsteller begann mit »Gott in Frankreich« (1929); das Buch hatte politisches Gewicht und zeigte den Autor als Meister des kulturpolitischen Essays. Viele Bücher Sieburgs sind an Geschichte und Erleben Frankreichs gebunden (Biographien über Robespierre, Napoleon, Chateaubriand). Sieburg trat aber auch als Kritiker deutscher Zustände hervor (»Es werde Deutschland«, 1932 oder »Die Lust am Untergang«, 1954). Durch seine Rezensionen in der »Frankfurter Allgemeinen Zeitung« wurde Sieburg zum führenden Literaturkritiker des Jahrzehnts. Er starb am 19. Juli 1964 in Gärtringen (Württemberg).

FRIEDRICH SIEBURG, »Gott in Frankreich. Ein Versuch«, Societäts-Verlag, Frankfurt/M. 1929. *Vergriffen.*

Spengler Oswald

Geboren am 29. Mai 1880 in Blankenburg/Harz, Sohn eines Postsekretärs. Studium der Mathematik und Naturwissenschaften, Promotion über Heraklit, Mathematik- und Physiklehrer im höheren Schuldienst, dann bald Privatgelehrter in München. 1914 Beginn der Niederschrift des »Untergangs des Abendlandes«, dessen Erscheinen 1918 ff. den unbekannten Spengler sofort zum Mittelpunkt heftiger Diskussionen über Selbstverständnis und Zukunft Europas machte. Nach diesem das ganze Jahrhundert über unvergessenen Ereignis behandelte Spengler in zahlreichen Schriften aktuelle Zeitfragen, so in »Preußentum und Sozialismus« (1920); »Pessimismus« (1921); »Politische Pflichten der deutschen Jugend« (1924); »Der Neubau des Deutschen Reiches« (1924), »Der Mensch und die Technik« (1931). Aufsehen erregte er ·aber erst wieder mit der kurz nach Hitlers Machtübernahme erschienenen Publikation »Jahre der Entscheidung«, die von vielen als eine prophetische Schrift zu dem gerade begonnenen nationalsozialistischen Staatsversuch gelesen wurde. Durch seine Verbindungen zu Gregor Strasser geriet er in die Röhm-Affäre, blieb trotz der Auseinandersetzungen mit dem Nationalsozialismus in Deutschland. Er starb am 8. Mai 1936 in München.

OSWALD SPENGLER, »Der Untergang des Abendlandes. Umrisse einer Morphologie der Weltgeschichte«, 1. Band »Gestalt und Wirklichkeit«, C. H. Beck'sche Verlagshandlung, München 1918; 2. Band: »Welthistorische Perspektiven«, C. H. Beck'sche Verlagshandlung, München 1922.
Heute: in Beck'sche Sonderausgaben, München 1973 und dtv 838 und dtv 839, München 1972.

Weber, Alfred

Geboren am 30. Juli 1868 in Erfurt, Bruder von Max Weber. Nationalökonom. 1904 ordentlicher Professor in Prag, 1907 bis 1933 in Heidelberg. Webers anfangs ökonomisch-wissenschaftliche Interessen (Buch über Standorttheorie der Industrie, 1909) erweiterten sich durch politische, sozialpsychologische und geschichtsphilosophische Fragestellungen, deren Zusammenfassung in Betrachtungen über »Deutschland und die europäische Kulturkrise«, »Deutschland und Europa« und in »Ideen zur Staats- und Kultursoziologie« (1927) geschah. Nach der Emeritierung 1933 erschienen seine wichtigen Bücher »Kulturgeschichte als Kultursoziologie« (1935), »Das Tragische in der Geschichte« (1943), »Abschied von der bisherigen Geschichte« (1945) und »Der dritte

oder der vierte Mensch – vom Sinn des geschichtlichen Daseins«
(1954). Weber nahm wiederholt zu Fragen aktueller deutscher
Politik wie der Stationierung von Atomwaffen in der Bundesrepublik Stellung. Er starb am 2. Mai 1958 in Heidelberg.

ALFRED WEBER, »Der dritte oder der vierte Mensch«, Piper Verlag, München
1953. *Vergriffen.*

Weber, Max

Geboren am 21. April 1864 in Erfurt, Sohn eines nationalliberalen
Berliner Abgeordneten. Schneller, spektakulärer Aufstieg des jungen Gelehrten nach seiner von Theodor Mommsen noch gerühm-
ten Disputation mit Enqueten über die ostelbischen Landarbeiter
und die Lage der Landarbeiter in Ostdeutschland zum Professor
für Nationalökonomie in Freiburg, ab 1897 nach Heidelberg. Von
dort große ausstrahlende Wirkung, Freund und Berater Friedrich
Naumanns, zwischen 1910 und 1918 eine der Vorbildfiguren für
die deutsche Jugend. Weber verband juristische, ökonomische und
politische Aspekte zu einer neuen, soziologisch geprägten Form
von Geschichtsbetrachtung. Die Schrift »Die protestantische Ethik
und der ›Geist‹ des Kapitalismus« begründet die Religionssoziolo-
gie und führt über weitere Werke, eine Rechtssoziologie, Reli-
gionssoziologie, Soziologie der Wirtschaft und »Wirtschaft und
Gesellschaft« (1922) zur Grundlegung der neuen Sozialwissenschaft. Der Politiker Weber, national gesonnen, war ein Kritiker
der wilhelminischen Kriegspolitik, suchte gleichwohl durch her-
beizuführende Reformen mit der Bewahrung vor der Revolution
die Rettung der Monarchie, er verfaßte das deutsche Gutachten
zum Weißbuch über die Kriegsschuldfrage, entwarf mit die Weimarer Verfassung. Ab 1919 an der Universität München. Weber,
verehrt als »Vater der Soziologie«, starb plötzlich am 14. Juni 1920
in München.

MAX WEBER, »Die protestantische Ethik und der ›Geist‹ des Kapitalismus«,
Teil I und II, Archiv für Sozialwissenschaft und Sozialpolitik, Verlag J. C. B.
Mohr, Tübingen 1905.
  Heute: 2. Bde., hrsg. von J. Winckelmann, Gütersloher Verlagshaus
(Siebenstern Taschenausgabe) o. J.

Die Autoren der Beiträge

Baier, Lothar

Geboren 1942 in Karlsruhe. Freier Schriftsteller; essayistische Beiträge in »Akzente«, »Ästhetik und Kommunikation« und in Sammelbänden: »Lehrstück Lukács« (1974); »Literaturmagazin 5« (1976); »Tintenfisch 10: Regionalismus« (1976); »Tintenfisch 13: Alltag des Wahnsinns« (1977). Herausgeber von »Über Ror Wolf« (1972).

Beaucamp, Eduard

Geboren 1937 in Aachen. Verlagslehre. Studium der deutschen Literaturgeschichte, der Kunstgeschichte und Philosophie. Promotion über Wilhelm Raabe. Redakteur und Kunstkritiker der »Frankfurter Allgemeinen Zeitung«.

Veröffentlichungen
»Literatur als Selbstdarstellung. Wilhelm Raabe und die Möglichkeiten eines deutschen Realismus« (1968); »Das Dilemma der Avantgarde« (1976).

Berglar, Peter

Geboren 1919 in Kassel. Bis 1966 Facharzt für Innere Krankheiten. Daneben zahlreiche Veröffentlichungen über philosophische, literarische und historische Themen; in der Folgezeit Studium der Geschichte und der Germanistik; 1969 Promotion, Habilitation (1970) für das Fach Mittlere und Neuere Geschichte an der Universität zu Köln, wo er seitdem lehrt.

Veröffentlichungen
»Welt und Wirkung-Gedanken über Menschen, Christen, Deutsche« (1961); »Die gesellschaftliche Evolution der Menschheit« (1965); »Personen und Stationen – Deutschlands, Europas, der Welt zwischen 1789 und heute« (1966); »Metternich« (1974); »Adenauer« (1975); Festschrift für Hans Tümmler, »Staat und Gesellschaft im Zeitalter Goethes« (1977); »Die Stunde des Thomas Morus« (1978); »Fortschritt zum Ursprung« (1978).

Bondy, François

Geboren 1915. Herausgeber der Monatsschrift »Preuves« in Paris 1951–1969. Derzeit »Schweizer Monatshefte«, Zürich, und Mitglied der Redaktion »Die Weltwoche«, Zürich.

Veröffentlichungen
»Aus nächster Ferne«; »Der Rest ist Schreiben«. Literarische Monographien über Ionesco und Gombrowicz. Mit Manfred Abelein, »Deutschland – Frankreich, Geschichte einer wechselvollen Beziehung«.

Busche, Jürgen

Geboren 1944 in Belzig, Mark Brandenburg. Studium der Alten Geschichte, Philosophie und Germanistik in Münster. 1971 Dr. phil. Seit 1972 Redakteur der »Frankfurter Allgemeinen Zeitung«.

Fetscher, Iring

Geboren 1922. Professor für Politikwissenschaft (Politische Philosophie) an der Universität Frankfurt/M. Gastprofessuren in New York, Tel Aviv und Nijmwegen.

Veröffentlichungen
»Von Marx zur Sowjetideologie« (1956); »Rousseaus politische Philosophie« (1960); »Karl Marx und der Marxismus« (1967); »Hegels Lehre vom Menschen« (1970); »Modelle der Friedenssicherung« (1972); »Demokratie zwischen Sozialdemokratie und Sozialismus« (1973); »Herrschaft und Emanzipation« (1976); »Terrorismus und Reaktion« (1977). – Außerdem: »Wer hat Dornröschen wachgeküßt? – Das Märchenverwirrbuch« (1974).

Figal, Günter

Geboren 1949 in Langenberg (Rheinland). Studium der Philosophie und Germanistik in Heidelberg, 1976 Dr. phil. Seitdem Lehrbeauftragter für Philosophie am Philosophischen Seminar der Universität und an der Pädagogischen Hochschule in Heidelberg.

Veröffentlichungen
»Theodor W. Adorno. Das Naturschöne als spekulative Gedankenfigur« (1977); zusammen mit H. G. Flickinger, »Die Aufhebung des schönen Scheins. Schöne und nicht mehr schöne Kunst im Anschluß an Hegel und Adorno« (1978).

Frenzel, Ivo

Geboren 1924. Nach dem Krieg Studium der Philosophie und Soziologie. Cheflektor und Verlagsleiter in Frankfurt/M. und

München, betreute die Redaktion »Geisteswissenschaften« im Fernsehprogrammbereich Kultur und Wissenschaft beim Westdeutschen Rundfunk Köln und ist heute Geschäftsführer im S. Fischer Verlag.

Glaser, Hermann

Geboren 1928. Studium der Geschichte, Germanistik, Philosophie und Anglistik; Dr. phil.; Kulturdezernent der Stadt Nürnberg.

Veröffentlichungen
»Spießer-Ideologie« (1964); »Eros in der Politik« (1967); »Die Wiedergewinnung des Ästhetischen« (zusammen mit Karl-Heinz Stahl, 1974); »Sigmund Freuds Zwanzigstes Jahrhundert« (1976); »Literatur des 20. Jahrhunderts in Motiven« (1978); Herausgeber des »Bundesrepublikanischen Lesebuch« (1978).

Gross, Johannes

Geboren 1932. Studium der Jurisprudenz und der Philosophie; 1959 Bonner Korrespondent der »Deutschen Zeitung mit Wirtschaftszeitung«; 1961 deren Ressortchef Politik; 1962 Leiter der Politischen Abteilung im Deutschlandfunk; 1968 Chefredakteur und stellvertretender Intendant der Deutschen Welle; 1974 Chefredakteur von »Capital«; 1972 Mitglied des PEN-Zentrums der Bundesrepublik (1976 Austritt); Moderator der ZDF-Sendung »Bonner Runde«.

Veröffentlichungen
»Die neue Gesellschaft« (1962 mit Rüdiger Altmann); »Lauter Nachworte« (1965); »Die Deutschen« (1967); »Absagen an die Zukunft« (1970).

Kaltenbrunner, Gerd-Klaus

Geboren 1939 in Wien, studierte dort Rechtswissenschaften, Philosophie und Soziologie. Seit 1962 in der Bundesrepublik. Nach jahrelanger Tätigkeit als Lektor seit 1974 freier Schriftsteller und Herausgeber des Taschenbuch-Magazins INITIATIVE; Mitglied des PEN-Clubs Liechtenstein.

Veröffentlichungen
Franz von Baader, »Sätze aus der erotischen Philosophie« (als Herausgeber, 1966); Hugo Ball, »Zur Kritik der deutschen Intelligenz« (als Herausgeber, 1970); »Hegel und die Folgen« (als Herausgeber, 1970); »Rekonstruktion des Konservatismus« (als Herausgeber, 1972); »Konservatismus international« (als Herausgeber, 1973); »Der schwierige Konservatismus. Definitionen – Theorien – Porträts«, 1975.

Kohlenberger, Helmut

Geboren 1942. Studium der Theologie, Philosophie und Pädagogik an den Universitäten Tübingen, Köln, München und Bochum. Promotion zum Dr. phil. 1969; als Wissenschaftlicher Assistent in Tübingen und Wien; freier Mitarbeiter im Hörfunk.

Veröffentlichungen
»Similitudo und Ratio. Überlegungen zur Methode bei Anselm von Canterbury« (1972); »Analecta Anselmiana« (Herausgeber und Mitherausgeber, 1969 ff.); »Sola ratione« (1970); »Virtus politica« (1974); »Die Verantwortung der Wissenschaft« (1975); »Die Wahrheit des Ganzen« (1976); »Von der Notwendigkeit der Philosophie in der Gegenwart« (1976).

Korn, Karl

Geboren 1908 in Wiesbaden. Studium. Seit 1934 Journalist: beim »Berliner Tageblatt« von 1934–1937; Alleinredakteur der »Neuen Rundschau« von 1938–1940. Ein halbes Jahr 1940 Feuilleton-Redakteur an »Das Reich«. Nach dem Krieg freier Journalist in Berlin; 1949–1973 Mitherausgeber und Leiter des kulturellen Teils der »Frankfurter Allgemeinen Zeitung«. Seitdem Schriftsteller.

Veröffentlichungen
»Die Rheingauer Jahre« (1946 und 1954), »Der gezähmte Mensch« (1949), »Sprache in der verwalteten Welt« (1958), »Lange Lehrzeit« (1975), »Über Land und Meer« (1977).

Krockow, Christian Graf von

Geboren 1927 in Ostpommern. Studium der Soziologie, Philosophie und des Staatsrechts in Göttingen. Promotion zum Dr. phil.; Professor für Politikwissenschaft in Göttingen, Saarbrücken und Frankfurt. Jetzt freier Wissenschaftler und Publizist.

Veröffentlichungen
»Nationalismus als deutsches Problem« (1974²); »Reform als politisches Prinzip« (1976).

Lepenies, Wolf

Geboren 1941. Dr. phil.; Professor für Soziologie an der FU Berlin.

Veröffentlichungen
»Melancholie und Gesellschaft« (1969), »Das Ende der Naturgeschichte« (1976).

Maschke, Günter

Geboren 1943 in Erfurt. Lehre als Versicherungskaufmann. 1963–65 Gasthörer in Tübingen, Redaktion der Studentenzeitung »notizen«. 1966 Desertation aus der Bundeswehr; bis Frühjahr 1968 in Wien, bis Ende 1969 in Kuba lebend. Seit 1971 in Frankfurt als Journalist.

Veröffentlichungen
»Kritik des Guerillero – Zur Theorie des Volkskrieges« (1973); Gedichte (1972); Herausgeber von Sun-Tze, »Die dreizehn Gebote der Kriegskunst« (1971).

Moltmann, Jürgen

Geboren 1926 in Hamburg. Theologiestudium in Göttingen. 1952 Promotion. 1953 bis 1958 Pfarrer und Studentenpfarrer. 1957 Habilitation in Göttingen. 1958 bis 1963 Professor an der Kirchlichen Hochschule in Wuppertal; 1963 bis 1967 Lehrstuhlinhaber für Systematische Theologie und Sozialethik an der Universität Bonn; seit 1967 Professor für Systematische Theologie an der Universität Tübingen. 1971 italienischer Literaturpreis premio d'Isola d'Elba; Mitglied der Synode der EKD.

Veröffentlichungen
»Theologie der Hoffnung« (1964); »Kritik der politischen Religion« (1970); »Die ersten Freigelassenen der Schöpfung« (1971); »Der gekreuzigte Gott« (1972); »Die Sprache der Befreiung« (1972); »Das Experiment Hoffnung« (1974); »Kirche in der Kraft des Geistes« (1975); »Im Gespräch mit Ernst Bloch« (1976).

Mommsen, Wolfgang J.

Geboren 1930. Studium in Marburg, Köln und Leeds. Promotion 1958. 1967/68 Professur für Neuere Geschichte an der Technischen Hochschule Karlsruhe; seit 1968 ordentlicher Professor für Mittlere und Neuere Geschichte an der Universität Düsseldorf. Seit 1978 Direktor des Deutschen Historischen Instituts London. Mitherausgeber von »Geschichte und Gesellschaft«.

Veröffentlichungen
»Das Zeitalter des Imperialismus«, Fischer Weltgeschichte, Band 28 (1969); »Die Geschichtswissenschaft jenseits des Historismus« (1971); »The Age of Bureaucracy. Perspectives on the Political Sociology of Max Weber« (1974); »Max Weber und die deutsche Politik 1890–1920« (2. überarbeitete und erweiterte Auflage, 1974); »Max Weber. Gesellschaft, Politik und Geschichte« (1974); »Imperialismustheorien. Ein Überblick über die neueren Imperialismusinterpretationen« (1977); »Der Imperialismus. Seine politischen, ideologischen und wirtschaftlichen Grundlagen. Ein Quellen- und Arbeitsbuch« (1977).

Noack, Paul

Geboren 1925 in Hagen. Studium der Geschichte, deutscher und französischer Literatur in Freiburg, Genf und Paris. Promotion. 1954–1958 Politischer Redakteur der »Frankfurter Allgemeinen Zeitung«; 1958–1968 Stellvertretender Chefredakteur des »Münchner Merkur«. Seit 1969 Professor für Politikwissenschaft an der Universität München.

Veröffentlichungen
»Die Intellektuellen« (1961); »Die Deutsche Nachkriegszeit« (1973²); »Deutsche Außenpolitik seit 1945« (1972); »Internationale Politik – eine Einführung« (1974²); »Grundbegriffe der politikwissenschaftlichen Fachsprache« (1976); »Das Scheitern der Europäischen Verteidigungsgemeinschaft« (1977); »Die manipulierte Revolution« (1978).

Rudolph, Hermann

Geboren 1939 in Oschatz/Sachsen. Studium von Literatur- und Sozialwissenschaft; Promotion. Seit 1970 bei der FAZ, seit 1975 als Korrespondent in Bonn, zugleich verantwortlich für politische und historische Bücher.

Veröffentlichungen
»Kulturkritik und konservative Revolution« (1971); »Die Gesellschaft der DDR – eine deutsche Möglichkeit? Anmerkungen zum Leben im anderen Deutschland« (1972).

Schmidt, Alfred

Geboren 1931 in Berlin. Studium der Geschichte, der englischen und klassischen Philologie an der Universität Frankfurt am Main, daneben und später der Philosophie und Soziologie. Schüler von Max Horkheimer und Theodor W. Adorno. Professor für Sozialphilosophie an der Universität Frankfurt am Main. Mitglied des PEN-Zentrums Bundesrepublik Deutschland.

Veröffentlichungen
»Der Begriff der Natur in der Lehre von Marx« (1962; überarbeitete, ergänzte und mit einem Postcriptum versehene Neuausgabe 1971); »Geschichte und Struktur. Fragen einer marxistischen Historik« (1971); »Emanzipatorische Sinnlichkeit. Ludwig Feuerbachs anthropologischer Materialismus« (1973); »Zur Idee der Kritischen Theorie« (1974); »Die Kritische Theorie als Geschichtsphilosophie« (1976); »Drei Studien über Materialismus« (1977). – »Existentialistische Marx-Interpretation« (zusammen mit Herbert Marcuse, 1973); »Was ist Materialismus?« (zusammen mit Werner Post, 1975). Herausgeber von Schriften Feuerbachs, Horkheimers und Friedrich Albert Langes; Übersetzer Herbert Marcuses.

Schulz, Eberhard

Geboren 1908 in Capelle/Dessau. Studium der Theologie und Archäologie in Berlin, Marburg und Bonn. Seit 1935 Redaktionsmitglied der »Frankfurter Zeitung«. Nach dem Krieg journalistische Tätigkeit am »Kurier« in Berlin und der »Deutschen Zeitung und Wirtschaftszeitung« in Stuttgart. Seit 1959 Redakteur der »Frankfurter Allgemeinen Zeitung«. – Preisträger für Architekturkritik (1963).

Veröffentlichungen
»Deutschland heute« (1958); »Zwischen Glashaus und Wohnfabrik« (1959); »Die Prediger mit dem Reißbrett« (1964); »Die große Rochade – Betrachtungen vor dem Schachbrett der Geschichte« (1966); »Die archäologische Landschaft« (1974); »Das kurze Leben der modernen Architektur« (1977).

Schwarze, Michael

Geboren 1945 in Ravensburg. Studium der Germanistik und Politischen Wissenschaften in Mainz und Frankfurt. 1973 Promotion. Feuilleton-Redaktion der »Frankfurter Allgemeinen Zeitung«.

Sombart, Nicolaus

Geboren 1923 in Berlin. Studium der Soziologie, Philosophie und Staatswissenschaften in Berlin, Heidelberg, Neapel und Paris, Promotion 1952. Als internationaler Beamter am Europarat in Straßburg; daneben publizistische und akademische Tätigkeit. Seit 1977 Lehrauftrag am Institut für wissenschaftliche Politik an der Universität Freiburg. Mitglied des PEN-Club.

Veröffentlichungen
»Krise und Planung«(1954).

Sontheimer, Kurt

Geboren 1928 in Gernsbach. Studium der Geschichte, Soziologie und Politikwissenschaft in Freiburg, USA, Erlangen und Paris, 1953 Promotion zum Dr. phil.; 1960 Habilitation für das Fach Wissenschaftliche Politik in Freiburg. 1960–1962 Professor für Politische Wissenschaft an der Pädagogischen Hochschule Osnabrück; 1962–1969 Professor für Politische Wissenschaft am Otto-Suhr-Institut Berlin. Seither am Geschwister-Scholl-Institut der Universität München.

Veröffentlichungen
»Antidemokratisches Denken in der Weimarer Republik« (1961, als dtv-Tb

1978); »Thomas Mann im Deutschen« (1962); Einführungstexte zum
Regierungssystem der Bundesrepublik, der DDR und Großbritannien;
»Das Elend unserer Intellektuellen« (1976) u. a.

Uthmann, Jörg von

Geboren 1936 in Düsseldorf. Jura-Studium in Berlin, Frankfurt,
Wien und München, Promotion. Seit 1962 im Auswärtigen Dienst
(Tel Aviv, Saigon und Vereinte Nationen in New York), ab 1976 in
der Kulturabteilung des Auswärtigen Amtes.

Veröffentlichungen
»Der Ring des Nibelungen im Lichte des deutschen Strafrechts« (1968);
»Doppelgänger, du bleicher Geselle – Zur Pathologie des deutsch-jüdi-
schen Verhältnisses« (1976).

Theunissen, Michael

Geboren 1932 in Berlin. Studium der Philosophie, Theologie und
Germanistik an den Universitäten Bonn und Freiburg. 1955 Pro-
motion. 1964 Habilitation für das Fach Philosophie an der Freien
Universität Berlin. 1967 Berufung auf ein Ordinariat für Philoso-
phie an der Universität Bern, seit 1971 Professor an der Universität
Heidelberg.

Veröffentlichungen
»Der Begriff Ernst bei Sören Kierkegaard« (1958); »Der Andere. Studien
zur Sozialontologie der Gegenwart« (1965); »Gesellschaft und Geschichte.
Zur Kritik der kritischen Theorie« (1969); »Hegels Lehre vom absoluten
Geist als theologisch-politischer Traktat« (1970); »Die Verwirklichung der
Vernunft. Zur Theorie-Praxis-Diskussion im Anschluß an Hegel« (1970);
»Sein und Schein. Die kritische Funktion der Hegelschen Logik« (1978).

Vietta, Silvio

Geboren 1941 in Berlin. Studium der Germanistik, Philosophie
und Anglistik an den Universitäten Tübingen, Berlin, Freiburg
und Würzburg. 1968 Promotion. 1968–1969 Lecturer für Deutsche Sprache und Literatur am Elmira College, N. Y. Seit 1973
wissenschaftlicher Assistent am Seminar für Deutsche Philologie
der Universität Mannheim.

Veröffentlichungen
»Sprache und Sprachreflexion in der modernen Lyrik« (1970); »Literatur-
theorie« (zusammen m. Susanne Vietta, 1972); »Expressionismus« (zusammen mit H.-G. Kemper, 1975); »Die Lyrik des Expressionismus«
(1976).

Wiegand, Wilfried

Geboren 1937 in Berlin. Studium der Kunstgeschichte, Archäologie und Philosophie. Promotion. Redakteur am Feuilleton der »Welt«, des »Spiegel« und seit 1969 bei der »Frankfurter Allgemeinen Zeitung« (Hauptarbeitsgebiet: Filmkritik).

Veröffentlichungen
»Die revolutionäre Ästhetik Andy Warhols« (1972, zus. mit Rainer Crone); »Pablo Picasso in Selbstzeugnissen und Bilddokumenten« (1973).

Wolfgang Kraus

Die verratene Anbetung
Verlust und Wiederkehr der Ideale. 1979. 191 Seiten. Geb.

Wolfgang Kraus gilt als einer der wichtigsten österreichischen
Essayisten unserer Tage. Als »unabhängiger Kopf« (Jean Améry) stellt
er sich, »von niemandem beauftragt« (Walter Jens) und »in seiner
unbeirrbaren Gangart« (Manès Sperber), sein Thema verfolgend, den
entscheidenden Fragen unserer Zeit, den Fragen nach den Normen
und Formen der Gesellschaftssysteme.

»Das Buch von Wolfgang Kraus, das sich den verbrauchten Kategorien
rechts und links ebenso entzieht wie den gerade im Schwange
stehenden Schlagworten, läßt uns aufhorchen auf leise Stimmen in
uns, die wir im Tageslärm kaum noch vernehmen.«
                                                    Jean Améry, Die Zeit

»Ein zeitkritisches Buch, das zugleich ein optimistisches ist, verdient
schon deshalb Aufmerksamkeit, weil es gegen immer mehr sich ver-
breitende Resignation und Zukunftsmüdigkeit geschrieben ist – ein
aufrichtiges Buch.«   Helmut Rath, Frankfurter Allgemeine Zeitung

Die Wiederkehr des Einzelnen
Rettungsversuche im bürokratischen Zeitalter. 1980. 200 Seiten. Geb.

Dieses Buch versucht, der Selbstaufgabe des Einzelnen entgegenzu-
wirken: es zeigt von verschiedenen Seiten her, daß nur die Individualität die Möglichkeiten von Sinn und Wert aufschließt. Ausgehend von
der Darstellung der großen Verführungen unseres Zeitalters, den nur
scheinbar schützenden Absicherungen durch Bürokratie einerseits,
des täuschenden Konsumglücks andererseits und darüber hinaus der
entstellenden Vereinfachung des Weltbildes durch doktrinäre Ideologien macht der Autor einen zwar unbequemen, aber weiterführenden
Weg sichtbar. Die Gefahr der Bürokratie wird als uralte Überlieferung
des nahen und fernen Ostens erkannt und analysiert. Der sowjetische
Kommunismus als Hochburg der Bürokratie ist so gesehen eine
adaptierte Übernahme asiatischer und byzantinischer Tradition in
neuem politischen Gewand. Der Autor befaßt sich mit vielen
existentiell wichtigen Fragen; Themen wie Kultur und Staat, Kunst als
Aufforderung zur Individualität, die Möglichkeiten des Humanismus
führen zu einem Plädoyer der Wiederkehr des Einzelnen.